Cryptovaluta voor dummies

SPIEKBRIEF

Houd je aan de volgende regels:

1. **Zet waar mogelijk 2FA aan.** 2FA is de afkorting van two-factor-authentication of authenticatie met een extra wijze van inloggen naast een normaal wachtwoord.

2. **Maak een kopie/foto/printje van je 2FA-code.** 2FA instellen is makkelijk: download een app zoals Google Authenticator op je telefoon en scan de **QR-code** of typ een speciale code in die je wordt getoond. Voor elke website moet je apart een item aanmaken in je Google Authenticator app. Als je je telefoon kwijtraakt, ben je je 2FA ook kwijt! Je kunt dit programma niet back-uppen. Wel kun je de QR-code en/of code printen en ergens veilig bewaren. Als je dan een andere telefoon hebt, kun je dezelfde codes gebruiken!

3. **Gebruik een speciale hardware-wallet.** Een hardware-wallet is de veiligste manier om de sleutels tot je cryptovaluta te bewaren en ook nog redelijk makkelijk te kunnen bereiken.

4. **Laat je fondsen niet op een exchange staan.** Als je niet actief handelt met je fondsen, laat ze niet op een exchange staan. Een exchange kan gehackt worden! Je hardware-wallet niet.

5. **Schrijf je seed op papier en bewaar dit veilig.** Je krijgt bijna altijd 12 of 24 speciaal voor jou gegenereerde woorden. Deze woorden moet je echt goed bewaren. Bewaar deze nooit in een bestand op je computer, maar schrijf ze op een briefje en sla dit briefje veilig op. Ben je ooit je wallet-bestand kwijt? Dan kun je weer bij je fondsen door je 12 of 24 woorden in te voeren.

6. **Controleer altijd een publieke sleutel na kopiëren en plakken.** Een veelvoorkomende manier om cryptovaluta te stelen, is door het wijzigen van het gekopieerde en vervolgens geplakte adres. Bepaalde malware herkent zo'n adres en verandert dit in een eigen adres. Veel mensen zien niet in één oogopslag dat het adres veranderd is. Dit is makkelijk te voorkomen door altijd de eerste paar en laatste paar cijfers van een adres te checken voor je verstuurt.

7. **Zorg voor je nalatenschap.** Hierover nadenken is niet leuk, maar zorg voor je nabestaanden. Laat iemand niet per ongeluk papiertjes met seeds weggooien omdat hij of zij niet weet wat het zijn. Licht daarom je familie of mensen die je vertrouwt in over hoe je met je cryptovaluta omgaat. Denk een systeem uit waarmee in geval van nood zij bij je sleutels en je wachtwoordmanager kunnen.

8. **Update je computer.** Zorg ervoor dat je altijd de laatste versie van je besturingssysteem op je computer hebt staan en update als er updates zijn. Heel veel mensen klikken updates weg. Dat moet je niet doen.

9. **Dek delen van je id's af bij KYC's.** Als je meedoet aan **ICO's** of als je lid wilt worden bij bepaalde exchanges, dan kan het zijn dat je identiteitsbewijzen moet overleggen. Zorg er altijd voor dat het duidelijk is dat het een kopie is en dek je bsn-nummer af. Zie ook informatie van de Rijksoverheid door te zoeken naar 'Hoe voorkom ik fraude met een kopie van mijn identiteitsbewijs?' (Zie ook https://laatjeniethackmaken.nl/)

Cryptovaluta dummies

SPIEKBRIEF

10. **Geef NOOIT je seed of geheime sleutels af.** Als je ooit ergens gevraagd wordt je geheime sleutel in te voeren … dan is er iets goed mis. Doe dit NOOIT, tenzij je 100 procent zeker bent van de noodzaak dit te doen. Een van de weinige momenten waarop je ooit je seed opnieuw ergens moet invullen, is als je MetaMask (een soort wallet voor ethereum, zie hoofdstuk 5) op een nieuwe browser installeert en je wilt dezelfde fondsen gebruiken. Dan weet je dat je dit doet en ook waarom je dit doet. Daarbuiten doe je dit dus niet.

11. **Alles wat gouden bergen belooft.** Er bestaan geen beleggingsopties waarbij je alleen maar winst maakt. Zeker als de beloofde winsten groot zijn, dan moeten er 100 alarmbellen gaan rinkelen.

12. **Niets in dit boek is beleggingsinformatie.** In dit boek staan geen adviezen met betrekking tot wat voor cryptovaluta 'goed' of 'slecht' zouden zijn. Als je een voorbeeld volgt, kun je het best een testnetwerk gebruiken.

Cryptovaluta

voor dummies®

VOOR DUMMIES MAKEN ALLES MAKKELIJKER!

9789045353470	**Apps maken voor kids voor Dummies** *Bergner & Leonhardt*
9789045353227	**Beleggen voor Dummies, 4e editie** *Oudshoorn & Siks*
9789045353241	**Big data voor Dummies** *Hurwitz e.a.*
9789045350233	**Boekhouden voor Dummies** *Steenwinkel*
9789045353234	**Financieel management voor Dummies, 6e editie** *Tracy*
9789045351940	**Gitaarspelen voor Dummies, 4e editie** *Phillips & Chappell*
9789045353494	**iPad voor Dummies, 2e editie** *Baig & LeVitus*
9789045353579	**Je baby's eerste jaar voor vaders voor Dummies** *Perkins e.a.*
9789045355788	**Kunstmatige intelligentie voor Dummies** *Mueller & Massaron*
9789045353517	**Mac voor Dummies, 14e editie** *Baig*
9789045353500	**Mac voor senioren voor Dummies** *Chambers*
9789045355771	**Microsoft Excel 2019 voor Dummies** *Harvey*
9789045353562	**Muziektheorie voor Dummies, 3e editie** *Pilhofer & Day*
9789045351902	**NLP voor Dummies, 3e editie** *Ready & Burton*
9789045353654	**Pensioen voor Dummies, 2e editie** *Beckers & Collignon*
9789045353524	**Programmeren met Python voor Dummies** *Mueller*
9789045353487	**Programmeren voor kids voor Dummies** *Minnick & Holland*
9789045350301	**Scrum voor Dummies** *Franken*
9789045350325	**Spaans voor Dummies, 2e editie** *Wald*
9789045353203	**Windows 10 voor Dummies, 2e editie** *Rathbone*
9789045351285	**Zakelijk schrijven voor Dummies** *Haaren*

Voor Dummies in voordelige pocketeditie

9789045353531	**HTML en CSS voor Dummies, 8e editie** *Tittel & Noble*
9789045353586	**Klussen voor Dummies** *Hamilton*
9789045353548	**PR voor Dummies, 3e editie** *Haaren*
9789045353593	**Wijn voor Dummies, 5e editie** *McCarthy & Ewing-Mulligan*
9789045353319	**Yoga voor Dummies, 2e editie** *Feuerstein & Payne*

De kleine voor Dummies

9789045351872	**De kleine Instagram voor Dummies** *Bruijn*
9789045353609	**De kleine Liefdestips voor Dummies** *Nederlof & Vane*
9789045350387	**De kleine Mindfulness voor Dummies** *Alidina*

Dit is een selectie uit ons Voor Dummies-aanbod.
Deze Voor Dummies zijn verkrijgbaar in de boekhandel.
Neem ook eens een kijkje op www.dummies.nl of www.facebook.com/voordummies
voor het laatste nieuws en leuke winacties!

Cryptovaluta voor dummies®

Krijn Soeteman

BBNC uitgevers

Amersfoort, 2018

ISBN: 978-90-453-5580-1
NUR: 980
Trefw.: cryptovaluta

Dit is een uitgave van BBNC uitgevers bv, Amersfoort
www.bbnc.nl
www.dummies.nl

Zetwerk: Imago Mediabuilders, Amersfoort
Omslagbeeld: © Shutterstock
Druk- en bindwerk: Ten Brink bv, Meppel

© Copyright 2018 BBNC uitgevers bv, Amersfoort

Deze uitgave is tot stand gekomen in overeenkomst met John Wiley & Sons, Inc. For Dummies®, Voor Dummies®, Dummies Man® en gerelateerde kenmerken zijn handelsmerken of geregistreerde handelsmerken van John Wiley & Sons, Inc. in de Verenigde Staten en/of andere landen. Gebruikt met toestemming.

Published by arrangement with John Wiley & Sons, Inc. For Dummies®, Dummies Man® and related trade dress are trademarks or registered trademarks of John Wiley & Sons, Inc. in the United States and/or other countries. Used by permission.

Alle rechten voorbehouden. Niets uit deze uitgave mag worden verveelvoudigd, opgeslagen in een geautomatiseerd gegevensbestand, of openbaar gemaakt, in enige vorm of op enige wijze, hetzij elektronisch, mechanisch, door fotokopieën, opnamen, of enige andere manier, zonder voorafgaande toestemming van de uitgever.
Voor zover het maken van kopieën uit deze uitgave is toegestaan op grond van artikel 16B Auteurswet 1912 j° het Besluit van 20 juni 1974, St.b. 351, zoals gewijzigd bij Besluit van 23 augustus 1985, St.b. 471 en artikel 17 Auteurswet 1912, dient men de daarvoor wettelijk verschuldigde vergoedingen te voldoen aan de Stichting Reprorecht. Voor het overnemen van gedeelte(n) uit deze uitgave in bloemlezingen, readers en andere compilatie- of andere werken (artikel 16 Auteurswet 1912), in welke vorm dan ook, dient men zich tot de uitgever te wenden.
Ondanks alle aan de samenstelling van dit boek bestede zorg kunnen noch de redactie, noch de auteurs, noch de uitgever aansprakelijkheid aanvaarden voor schade die het gevolg is van enige fout in deze uitgave.

Inhoud in vogelvlucht

Inleiding 1

Deel 1: De geschiedenis van geld en de komst van bitcoin .. 7
- HOOFDSTUK 1: Het begin: geld 9
- HOOFDSTUK 2: Cryptovaluta 17
- HOOFDSTUK 3: Bitcoin 33
- HOOFDSTUK 4: Altcoins en forks 57

Deel 2: De komst van ethereum en smart contracts 75
- HOOFDSTUK 5: Ethereum, smart contracts en heel veel mogelijkheden 77
- HOOFDSTUK 6: Alles wordt een token 99
- HOOFDSTUK 7: Wallets uitgebreid 111
- HOOFDSTUK 8: ICO's en airdrops 121

Deel 3: Geld verdienen met cryptovaluta en verschillende toepassingen 135
- HOOFDSTUK 9: Geld verdienen met cryptovaluta 137
- HOOFDSTUK 10: Ecosystemen 167

Deel 4: Het deel van de tientallen 181
- HOOFDSTUK 11: Tien grote handelsplatformen 183
- HOOFDSTUK 12: Tien misvattingen rond cryptovaluta 189

Verklarende woordenlijst 195

Index 199

Inhoud

INLEIDING 1

DEEL 1: **DE GESCHIEDENIS VAN GELD EN DE KOMST VAN BITCOIN** 7

HOOFDSTUK 1: **Het begin: geld** 9
Een beknopte geschiedenis van geld 9
    Ruilhandel en de eeuwige misvatting 10
    De komst van geld 10
    Komst van de gouden standaard 11
    Waarom goud? 12
    Verhouding voorraad-tot-stroom 12
Harde munt in een wereld zonder schaarste 13
    Digitaal beter dan goud 14
    Het begin van een nieuwe geschiedenis 14

HOOFDSTUK 2: **Cryptovaluta** 17
Cryptovaluta of -tokens? 17
Waarom, hoe en wat 18
    Waaróm zijn cryptovaluta interessant? 19
    Waardelaag op internet 22
Wanneer zijn cryptovaluta niet interessant? 22
Hoe werken cryptovaluta? 24
Wat kun je met cryptovaluta? 25
Hoeveel cryptovaluta zijn er? 28
    Munten 28
    Tokens 28
    Munten, tokens, forks en altcoins 29
Overtuigingen 29

HOOFDSTUK 3: **Bitcoin** 33
De bedenker: Satoshi Nakamoto 33
    Politiek 35
    Satoshi's voorlopers en vroege gebruikers 36
    Satoshi's verdwijntruc 37
    21 miljoen 38
Bitcoin en de blockchain 39
Sleutels 40
    Bitcoin-adressen genereren 41
Transacties 44
    Basistransacties 44
    Block explorer 46
    Ondertekenen 49
    Meerdere ondertekenaars 49
Hoe werkt de bitcoin-blockchain? 49
    Vertrouwens- of waardelaag 50

Inhoud   ix

	Merkle-boom	51
	De verbinding tussen de blokken	51
	Mijnen	51
	Het eerste blok	53
	Nodes in het netwerk	53
	Bitcoin-wallets	54

HOOFDSTUK 4: Altcoins en forks ... 57
    Wat is een altcoin? ... 57
    Wat is een fork? ... 58
        Verschillende forks bij cryptovaluta ... 59
        Foutjes in de blockchain: miniforks ... 60
        Waarde-overheveling bij forks ... 61
        Bitcoin cash (BCH) ... 62
        Ethereum classic (ETC) ... 64
        Ripple (XRP) ... 64
        EOSIO (EOS) ... 65
        Stellar (XLM) ... 66
        Monero (XMR) ... 66
        Cardano (ADA) ... 67
        Dash (DASH) ... 67
        IOTA (MIOTA) ... 68
        TRON (TRX) ... 69
        NEO (NEO) ... 69
        Binance Coin (BNB) ... 70
        NEM (XEM) ... 71
        Zcash (ZEC) ... 71
        OmiseGO (OMG) ... 72
        0x (ZRX) ... 72
        DigiByte (DGB) ... 73

DEEL 2: DE KOMST VAN ETHEREUM EN SMART CONTRACTS ... 75

HOOFDSTUK 5: Ethereum, smart contracts en heel veel mogelijkheden ... 77
    Wat is ethereum? ... 78
    Ethereum Virtual Machine ... 79
    Mijnen ... 80
    Consensus ... 82
    Smart contracts ... 82
    DApps ... 83
    Wallets en interactie met ethereum ... 85
    Interactie met het netwerk ... 87
        MetaMask ... 88
        Block explorer ... 95
    De toekomst ... 96
        RSK ... 96
    Vitalik Buterin ... 97
        Community ... 97

HOOFDSTUK 6:	**Alles wordt een token** 99
	Wat zijn tokens? 99
	Tokens of valuta 102
	ERC20-tokens 104
	Waar zijn m'n tokens? 106
	Tokens en gebruik 107
	Toekomst 108
	RSK (side chain) 108
HOOFDSTUK 7:	**Wallets uitgebreid** 111
	Basiswallets 112
	Hot en cold wallets 112
	Seed en geheime sleutels opslaan 112
	Software-wallets 113
	Web-wallets 113
	Multicoin-wallets 114
	Hardware-wallets 115
	Papieren wallets 116
	Wallet-trucs voor gevorderden 117
	Fees 117
	Seeds en deterministische wallets 118
	Hiërarchisch deterministische wallets 118
	Extended Public Key 119
	Publieke HD-sleutels vinden in Ledger Wallet Bitcoin: 120
HOOFDSTUK 8:	**ICO's en airdrops** 121
	Wat is een ICO? 121
	Whitepaper 122
	Waar begin je? 128
	Wat is een airdrop? 130
	Hoe werkt een airdrop? 131
	Scams en ponzi's 132
	Ponzifraude of piramidespel 133
DEEL 3:	**GELD VERDIENEN MET CRYPTOVALUTA EN VERSCHILLENDE TOEPASSINGEN** 135
HOOFDSTUK 9:	**Geld verdienen met cryptovaluta** 137
	Verdienen met cryptovaluta 137
	Marktkapitalisatie 140
	Strategieën 141
	Hodl of kopen en vasthouden 141
	Laat je betalen in cryptovaluta 142
	Zelf mijnen 142
	Geld verdienen met het draaien van een node 143
	Handelsplatformen 144
	Centrale en decentrale exchanges 146
	Api's en bots 153
	Atomic swaps 154
	Basistechnieken op exchanges 156
	Bestensorder of market order 157

Inhoud **xi**

Limietorder	159
Stop-limiet-order	160
Stop-loss-order	160
Trailing-stop-(limiet)-order	160
Technische analyse	161
Doelen	161
Waar pas je technische analyse op toe?	162
De grafiek	162
De trend	162
Trendlijnen	163
Volume	163
Eindspel	164
De Belastingdienst	164
Belastingopgave 2018	164
Toekomst	166

HOOFDSTUK 10: Ecosystemen 167

Veelheid aan functies	167
De belofte van blockchain	168
De commons of meent	168
Fat protocol	168
Toepassingen nader bekeken	172
Authenticiteit	172
Financieel of fintech	173
Soevereiniteit: beheer je eigen data	175
Data en waarde opslaan en delen	176
Ontwikkelaarstools	177
Eindgedachte	178

DEEL 4: HET DEEL VAN DE TIENTALLEN 181

HOOFDSTUK 11: Tien grote handelsplatformen 183

Binance	183
Kraken	184
Bittrex	184
Bitfinex	185
Huobi	185
Idex.market	185
Cryptopia	186
OKEx	186
Bitstamp	186
Liquid	187
Bonus: Bitmex	187

HOOFDSTUK 12: Tien misvattingen rond cryptovaluta 189

Cryptovaluta zijn anoniem	189
Het is voor illegale activiteiten!	190
Investeren in cryptovaluta is gevaarlijk	191
Cryptovaluta zijn ponzifraude	191
Het gaat alleen om geld!	191
Elke transactie kost heel veel energie	191

Bitcoin is gehackt 192
Cryptovaluta worden gebruikt om mensen af te persen 192
Voldoende computerkracht kan het bitcoin-netwerk overnemen 192
Als alle munten gemijnd zijn, stort het systeem in 193

VERKLARENDE WOORDENLIJST 195

INDEX 199

Over de auteur

Krijn Soeteman is wetenschaps- en techjournalist en daardoor komt hij vaak als een van de eersten met nieuwe technologie en onderzoek in aanraking. Hij werkte onder andere voor verschillende televisieprogramma's als (onderzoeks)redacteur en schreef daarnaast voor verschillende tijdschriften, kranten en online media. Toen hij voor een onderzoek eind 2011 voor het eerst over bitcoins hoorde, bleef hij dit onderwerp volgen. Inmiddels dringen dit soort decentrale systemen steeds meer de gewone wereld in en bieden verschillende cryptovaluta interessante mogelijkheden voor de toekomst.

Dankwoord

Het schrijven van een boek over een onderwerp dat nog zo snel verandert, was niet mogelijk geweest zonder de kritische blikken van René van der Hoofd, Isabella Cobelens, Stephan van Duin, Jop de Vrieze en Henk van Cann. Daarnaast waren er natuurlijk de vele gesprekken met tal van mensen die zich al langere tijd bezighouden met verschillende cryptovaluta en niet te vergeten de kritische blik en het geduld van mijn vriend Arno. Ook de redactie van Barbara Stuart was onmisbaar.

Inleiding

Stel, je reist met de trein, pakt vervolgens een huurfiets, waarna je die neerzet bij een café voor de volgende huurder. Daar drink je een biertje en eet je wat. Al die transacties gaan vanzelf: de btw van je treinkaartje gaat automatisch naar het rijk, de huur van je fiets wordt automatisch aangepast aan de populariteit van de plek waar je hem neerzet en de accijns van je biertje gaat ook zonder tussenkomst van een accountant naar de schatkist. Dat kan allemaal met slim ingerichte blockchainsystemen. Of het wenselijk is dat dit voorbeeld werkelijkheid wordt, mag je - nadat je dit boek hebt gelezen - zelf bedenken.

Mijn eerste kennismaking met cryptovaluta in de vorm van bitcoin was tijdens onderzoek voor Labyrint, een televisieprogramma over wetenschap. Het was eind 2011, midden in de crisis, en de aflevering moest gaan over economie. Tijdens dat onderzoek leerde ik hoe ons huidige geldsysteem in elkaar zit, onder andere door te spreken met antropologen die onderzoek doen naar menselijk gedrag en dus ook geld. Denk aan tijden met veel economische onrust: dan is ineens goud of zilver interessant. In tijden van zekerheid kan alles echter wel met waardepapier en schuldbekentenissen. Uiteindelijk heb ik het fenomeen bitcoin niet gebruikt in het programma, maar ik bleef het wel volgen.

Inmiddels zijn we zeven jaar verder en is er heel wat veranderd. Niemand kon eind 2017 heen om de grote bubbel waarin de prijzen van alle cryptovaluta stegen alsof het niets was. Dat zorgde achteraf misschien voor veel teleurstelling bij mensen die toen startten met het spelen met cryptovaluta. Gelukkig is er van teleurstelling weinig te merken bij crypto-nerds.

Waarom zijn zo veel mensen nog steeds bezig met al die systemen? Hoe werken die cryptovaluta nou en wat zou je er in de toekomst allemaal mee kunnen doen? In dit boek hoop ik die vragen en nog veel meer te beantwoorden.

In dit boek gebruikte conventies

Om het lezen makkelijker te maken, gebruik ik een aantal conventies in dit boek:

- » **Vetgedrukt** wordt gebruikt voor een specifieke term die in de verklarende woordenlijst staat.
- » *Cursief* wordt gebruikt voor een (van oorsprong) Engelstalige term, maar wordt ook voor boektitels gebruikt.

Namen van cryptovaluta: om verwarring te voorkomen schrijf ik het woord 'bitcoin' zonder hoofdletter, net als de muntnaam zelf. Dit geldt ook voor andere munten, zoals 'ether' of 'monero'. Er bestaan conventies waarbij het protocol met

Inleiding 1

een hoofdletter geschreven wordt, maar dan krijg je Bitcoin en bitcoin. Om verwarring te voorkomen zal ik het dan hebben over het bitcoin-netwerk of -blockchain, net als bij de andere munten, bijvoorbeeld de ethereum-blockchain. Om de leesbaarheid te bevorderen heb ik ervoor gekozen om sommige termen met een verbindingsstreepje te schrijven, bijvoorbeeld blockchain-netwerk, hardwarewallet, enzovoort.

Afkortingen van munten: omdat niet bij alle munten of tokens dezelfde consensus bestaat over de gebruikte afkorting, zal ik die niet gebruiken.

Delven, mijnen of minen? Technisch gezien is 'delven' de Nederlandse vertaling van *minen*. Maar in de volksmond is minen inmiddels verbasterd tot 'mijnen'. Daarom gebruik ik het woord 'mijnen' en niet 'delven' voor het genereren van nieuwe muntjes van dezelfde soort.

Voor wie is dit boek?

Dit boek is voor iedereen die meer wil weten over cryptovaluta, tokens en assets, zowel voor de beginner als de meer gevorderde gebruiker. Als je ook cryptovaluta wilt gebruiken, moet je minstens over een smartphone beschikken, maar een computer of laptop is ook praktisch.

Als je na het lezen van dit boek iets wilt doen met cryptovaluta, dan weet je dat verantwoord gebruik van cryptovaluta geheel bij jezelf ligt en dat het een snel veranderend landschap is. Ook weet je dan dat je in dit veld nooit bent uitgeleerd en dat investeren in cryptovaluta niet begint met geld te wisselen in cryptovaluta, maar eerst zeker weten dat je begrijpt hoe je cryptovaluta koopt, opslaat en veilig bewaart.

Dit boek is niet bedoeld als een advies om te investeren in cryptovaluta.

Opbouw van dit boek

Je kunt elk hoofdstuk los van de andere hoofdstukken lezen, maar dat hoeft niet. Omdat de cryptovaluta die in dit boek behandeld worden in principe allemaal hun oorsprong vinden bij de bitcoin, begin ik daarmee. In sommige gevallen zul je vergelijkbare uitleg tegenkomen, of onderwerpen die al eerder behandeld zijn, maar dit is soms niet te vermijden omdat je het verhaal ook moet begrijpen als je bijvoorbeeld het hoofdstuk over bitcoins hebt overgeslagen. Aan de andere kant: het onderwerp is complex genoeg om af en toe wat herhaling te kunnen gebruiken.

Om je te helpen met het opzoeken van specifieke informatie is achter in het boek een index opgenomen. Daar vind je ook een verklarende woordenlijst, waarin de belangrijkste begrippen uitgelegd worden.

Deel 1: De geschiedenis van geld en de komst van bitcoin

De geschiedenis van geld is lang en complex, maar enkele basale onderdelen zijn belangrijk om te kennen. Hierdoor snap je ook beter waarom cryptovaluta zijn zoals ze zijn. Ook zul je beter begrijpen waarom cryptovaluta interessanter kunnen worden voor de wereldwijde economie dan wat je op basis van het dagelijkse nieuws zou denken.

Daarop volgt logischerwijs het waarom van cryptovaluta en daarna de bitcoin in het bijzonder. Bitcoin is tenslotte de moeder van alle cryptovaluta zoals we ze nu kennen. Je bent vrij om het systeem te gebruiken en niemand kan je tegenhouden. De macht ligt niet meer bij een overheid of grootbank, maar bij het individu. Maar hoe werkt dat nou, zo'n systeem zonder leider?

Cryptovaluta worden ook wel altcoins genoemd. Dat zijn alle cryptovaluta die geen bitcoin zijn. Maar hoe maak je nou nieuwe munten? Dat behandel ik in hoofdstuk 4, Altcoins en forks.

Deel 2: De komst van ethereum en 'smart contracts'

Misschien ken je wel mensen die ether mijnen in Nederland, al is het goed mogelijk dat de baten de kosten inmiddels niet meer overstijgen. Al met al is de munt ether van de ethereum-blockchain de bekendste cryptovaluta na bitcoin. Eigenlijk is ethereum zelf niet helemaal bedoeld als valuta, maar meer als token om bepaalde processen uit te kunnen voeren in de zogenaamde Ethereum Virtual Machine. Je kunt kleine computerprogrammaatjes uitvoeren en zo processen automatiseren. Daar gaat hoofdstuk 5 voornamelijk over.

Maar waar blijven nou al die cryptovaluta waar je sinds eind 2017 mee om de oren geslagen wordt? Als je dat wilt weten, is hoofdstuk 6 voor jou: de *tokenization* van de wereld, die in eerste instantie ingezet is door de komst van ethereum met z'n smart contracts. Hier zijn de afgelopen tijd vele miljarden ingepompt (en vaak ook weer verloren). Hoe dat zit, staat in hoofdstuk 8, ICO's en airdrops.

Daartussen zit nog een uitgebreid hoofdstuk over wallets en alles wat daarmee samenhangt. Het lijkt soms een woud aan opties, maar uiteindelijk valt het allemaal wel mee. Je moet alleen even decentraal leren denken. Wat dat met wallets te maken heeft, kun je uitvinden in hoofdstuk 7.

Deel 3: Geld verdienen met cryptovaluta en verschillende toepassingen

Inmiddels zijn er vele duizenden cryptovaluta, waar heel wat mee gespeculeerd wordt. Hoe werkt die handel en kun je er eigenlijk echt geld mee verdienen? Die laatste vraag is niet te beantwoorden, omdat dit voor iedereen anders kan zijn. Wel behandel ik enkele basistechnieken op verschillende cryptovaluta-exchanges of handelshuizen in hoofdstuk 9.

Je kunt geld verdienen of verliezen met handelen in cryptovaluta, maar je kunt er ook andere dingen mee doen. Heel veel mensen zijn druk bezig met het zoeken naar manieren waarmee decentrale systemen nuttige functies kunnen vervullen. We staan nog maar aan het begin van die revolutie, maar dat houdt velen niet tegen om te experimenteren met allerlei (on)mogelijkheden van cryptovaluta, blockchains en andere decentrale ecosystemen. Meer dan tachtig procent van alle projecten is niet financieel van aard. Daar liggen veel interessante kansen. Enkele van die functies passeren de revue in hoofdstuk 10.

Deel 4: Het deel van de tientallen

Elk *Voor Dummies*-boek heeft een 'deel van de tientallen'. Hier vind je een lijst van tien bekende cryptovaluta-exchanges, maar ook een lijst met de tien bekendste misvattingen over cryptovaluta.

Pictogrammen die in dit boek worden gebruikt

In dit boek staan in de marge verschillende pictogrammen die in alle *Voor Dummies*-boeken gebruikt worden. De volgende pictogrammen kom je tegen:

BELANGRIJK

Vergeet niet deze belangrijke punten te onthouden. Of maak een ezelsoor in de pagina's zodat je ze later terug kunt vinden.

TECHNISCHE INFO

Omdat cryptovaluta een behoorlijk technische aangelegenheid zijn, kom je dit pictogram geregeld tegen. Ik gebruik het ook om lastige informatie aan te geven, die je niet altijd direct hoeft te begrijpen om de werking van verschillende cryptovaluta en tokens te begrijpen.

VOORBEELD

Dit pictogram wordt gebruikt wanneer in een passage een voorbeeld wordt toegepast, zoals de verduidelijking van de werking van een smart contract.

PAS OP

Dit pictogram waarschuwt je voor gevaar, maar geen paniek: als je goed oplet, trap je hier niet in.

TIP

De tekst die met dit pictogram gemarkeerd is, bevat waardevolle tips, bijvoorbeeld over interessante websites.

1

De geschiedenis van geld en de komst van bitcoin

IN DIT DEEL . . .

Als je de geschiedenis van geld kent, dan weet je ook waarom bitcoin en cryptovaluta interessant zijn, misschien zelfs wel belangrijk voor de wereldeconomie. We kijken naar bitcoin en de werking daarvan. Met deze basis gaan we naar het 'maken' van andere cryptovaluta.

> **IN DIT HOOFDSTUK**
>
> Waar is geld voor nodig?
>
> Goud als standaard
>
> Een digitale standaard voor waardeoverdracht
>
> Bitcoin

Hoofdstuk 1
Het begin: geld

Waar begin je met een boek over cryptovaluta? Bij snel geld verdienen en verliezen? Bij de **bitcoin** of de werking van een **blockchain**? Met een opsomming van alle in het oog springende cryptovaluta en tokens van de afgelopen jaren?

Dat kan allemaal, maar dan mis je een belangrijk onderdeel, namelijk waar cryptovaluta vandaan komen en dat is in de basis: geld. Als je weet hoe geld tot stand kwam, is ook veel duidelijker waarom cryptovaluta in het algemeen en bitcoin in het bijzonder zo interessant zijn.

Een beknopte geschiedenis van geld

Als je denkt dit allemaal al te weten, lees er toch even rap doorheen. Niet in de laatste plaats omdat enkele eigenschappen van geld heel bijzonder zijn en het is jammer als je die niet scherp hebt.

Die tumultueuze geschiedenis van geld laat het bestaansrecht van cryptovaluta zien en in het bijzonder dat van bitcoin. Het systeem zorgde voor de mogelijkheid digitale schaarste te creëren, waardoor de munt waarde kreeg en – in tegenstelling tot vrijwel alle andere digitale zaken – niet onbeperkt vermeerderd kan worden. Het loste direct een ander probleem op: hoe verplaats je waarde via internet?

Je kunt natuurlijk je zinnen gezet hebben op een heel andere cryptomunt en misschien vind je bitcoin al hopeloos ouderwets, maar zonder bitcoin was die munt waar je zo dol op bent er ook niet geweest. En die ouwe bitcoin heeft wel een eigenschap die geen enkele andere munt heeft, namelijk geen eigenaar.

Ruilhandel en de eeuwige misvatting

Eerst neem ik je mee naar vroeger. Naar een tijd waarin de mens in plaats van geld aan ruilhandel deed om elkaar te betalen. Althans, dat is de meest gehoorde 'oplossing' voor het afhandelen van transacties in het verre verleden. Om uit te vinden dat dit helemaal niet zo logisch is, kun je een snel gedachte-experiment uitvoeren.

VOORBEELD

Je hebt één kip en je wilt eigenlijk een koe. Die kip is niet voldoende voor die koe. Dan moet er of meer kip bij of minder koe. Een levende koe is niet deelbaar en tien kippen fokken duurt ook wel even. Oh ja, je hebt dan ook een haan nodig. Je kunt natuurlijk besluiten de kippen na te leveren en dan heb je een schuld.

Al met al: dit is een lastig probleem. In oude samenlevingen viel dat mee: de grootte van de gemeenschap was goed te overzien, en iedereen wist wel dat Harm een ploeg van Isaac had geleend en dat Yasmina goed is in het maken van kleding en Esma in het bakken van brood. Iedereen sloeg de boekhouding als het ware in het publieke geheugen op. Op den duur kwamen daar echte boekhoudingen bij. Nu hadden we in ieder geval een overzicht van wat iedereen aan anderen schuldig was. In eerste instantie was er helemaal geen geld, alleen maar schuld. In sommige samenlevingen werd schuld zelfs eens in de zoveel tijd door de heerser vereffend, zodat iedereen weer met een schone lei kon beginnen. Je ziet: er is nog geen stuiver aan te pas gekomen.

De komst van geld

Zo'n systeem van schuldvereffening werkt prima op kleine schaal en in tijden van rust. Het wordt lastiger als je over langere afstand of in grotere groepen dit soort dingen wilt bijhouden. Al snel zit je met een complex probleem. Het is handiger om schulden direct te vereffenen en daarvoor zijn heel veel systemen bedacht in de loop van de millennia. Van het elkaar betalen met schelpen, kralen en glimmende metalen tot het gebruik van grote ronde stenen die eigenlijk niet te verplaatsen waren, maar waarvan iedereen wist wie ze bezat. Soms werden zelfs alcohol en sigaretten als betaalmiddelen ingezet. Je ziet: al deze zaken hebben bepaalde problemen waardoor ze slecht als geld functioneren over langere tijd. Alcohol raakt op, schelpen slijten of gaan kapot en grote ronde stenen die ergens liggen zijn alleen maar waardevol als er nergens op de wereld andere grote ronde stenen zijn.

Voor een groter economisch stelsel is het belangrijk dat het middel dat we gebruiken voor de uitwisseling van waarde aan een paar eigenschappen voldoet. Ten eerste geven we het een naam: geld.

Geld voldoet aan de volgende eigenschappen:

» Geld is niet om op te eten

» Geld mag niet bederven

» Geld gebruik je voor niets anders, dat wil zeggen: geld is nooit onderdeel van andere spullen

Ook is het handig als geld aan de volgende eigenschappen voldoet, maar dit zijn geen ultieme voorwaarden:

» Geld is op te delen in kleinere eenheden (1 euro, 50 cent, 20 cent enzovoort)
» Geld is makkelijk te vervoeren (1 staaf goud is niet makkelijk te vervoeren, kleine stukjes of muntjes van goud wel)
» Geld behoudt zijn waarde (dit kun je als voorwaarde zien, maar is niet in alle gevallen nodig)
» Geld is lastig om te vernietigen

Als je de voorgaande alinea's even tot je door laat dringen, bedenk je waarschijnlijk dat er niet veel dingen goed als geld kunnen functioneren. Het is best lastig iets te vinden dat aan alle voorwaarden en eigenschappen voldoet. Maar de mens zou de mens niet zijn als daar nooit een oplossing voor kwam en die kwam in de vorm van edelmetalen. Goud, zilver en koper. Sommige munteenheden hebben het eeuwen volgehouden, zoals de florijn die voor het eerst in 1252 in Florence geslagen werd. De munt werd praktisch overal in Europa erkend, had een vaste waarde en werd op heel veel verschillende plekken gemaakt of gemunt. Zo'n munt moest dan aan dezelfde eigenschappen van de florijn voldoen. Hij moest bestaan uit 3,5368 gram goud. De waardevaste munt was een veilig toevluchtsoord om kapitaal in op te slaan en zorgde voor steeds groter wordende rijkdom in verschillende stadstaten in heel Europa.

Komst van de gouden standaard

We maken een grote sprong door de geschiedenis naar de gouden standaard, die in een groot aantal landen over de hele wereld vanaf 1814 werd ingevoerd. Nederland voerde vanaf 1850 een zilveren standaard en ging in 1875 over op een gouden standaard. De meest duidelijke vorm van een goudstandaard is een systeem waarbij goud ook als munteenheid wordt gebruikt. Bij de goudstandaard die in 1875 werd ingevoerd, ging het om een iets andere vorm, de goudenmuntenstandaard. Bankbiljetten werden volledig gedekt door goud en een houder van een biljet kon deze in principe inwisselen voor goud. Het muntgeld bestond uit andere metalen en was waard wat het metaal in kwestie waard was. Deze goudenmuntenstandaard werd in 1914 afgeschaft toen de Eerste Wereldoorlog uitbrak. Het afschaffen van de gouden standaard gaf landen in oorlog de mogelijkheid onbeperkt geld bij te drukken en zo de oorlog te financieren. Na de oorlog keerde een soort van gouden standaard terug. Tussen 1918 en 1936 was in Nederland nog maar 40 procent van alle bankbiljetten door goud gedekt en heette het 'goudkernstandaard'. Je kon je geld niet meer inwisselen tegen goud, behalve in speciale gevallen.

Na de Tweede Wereldoorlog was er nog een soort van goudstandaard, maar die liep via een vaste verhouding tot de Amerikaanse dollar, die op zijn beurt weer aan goud was gekoppeld. Dit liep via het systeem van Bretton Woods en hier kwam in 1971 een einde aan toen Amerika de dollar loskoppelde van goud om de Vietnamoorlog te bekostigen (lees: om geld bij te drukken).

Ik wil hier niet een verhandeling gaan houden over de verschillende economische denkrichtingen. Wij zitten in een tijd waarin inflatie als sturend middel gebruikt wordt en mensen geld uit moeten geven omdat het anders minder waard wordt. Een andere denkrichting is dat dit niet handig is en dat geld altijd dezelfde waarde moet hebben. De bedenker van bitcoin komt uit die laatste school. We kunnen ook niet ontkennen dat ondanks de inflatie centrale banken nog steeds goud achter de hand houden, ook al gebruiken we de goudstandaard niet meer.

Waarom goud?

We komen bijna bij 'waarom cryptovaluta', maar eerst moeten we deze vraag nog beantwoorden: waarom goud? Je begrijpt inmiddels dat goud al eeuwen wordt gezien als belangrijke grondstof met een vrij vaste waarde per hoeveelheid en het is daarom een goede manier om rijkdom in op te slaan. Dit heet ook wel *store of value*.

Hoe kan het zijn, dat een stof die eigenlijk nergens goed voor is, behalve voor sieraden en sinds heel kort in bepaalde elektronica, toch een waarde vertegenwoordigt? Dit gaat allemaal terug op het lijstje van voorwaarden, dat waardeopslag moet zitten in iets dat niet mag bederven, dat je niet kunt opeten, dat je nergens anders voor kunt gebruiken en dat het waardevast is.

Waardevastheid is heel lastig te verkrijgen. Iets is waardevast als het aan alle eigenschappen uit het eerste lijstje voldoet en er ook nog de mogelijkheid is om te weten hoeveel je er in de toekomst nog van kunt verkrijgen.

VOORBEELD

Stel, stenen zijn bijzonder, want je woont op een eiland met alleen maar bomen en zand. Die stenen komen van een ander eiland dat alleen met een boot bereikbaar is. Op jouw eiland zonder stenen is een steen moeilijk te vermeerderen, omdat je alleen maar kleine bootjes hebt. Totdat iemand een grote boot weet te bouwen die veel meer kan vervoeren en verder kan varen en ineens heel veel stenen kan leveren. Ineens blijken stenen te bestaan in een vrijwel onuitputtelijke hoeveelheid. Daar gaat de waarde van je stenen.

Dit klinkt natuurlijk als een flauw voorbeeld, maar het is afgeleid van een voorbeeld rond het eiland Yap. Als je dit voorbeeld doortrekt naar andere grondstoffen, dan zie je al snel dat vrijwel niets meer in aanmerking komt voor een waardevaste investering. Goud is dat tot nu toe nog steeds. Dit komt doordat de bestaande voorraad maar heel langzaam groter wordt en doordat we weten dat er in de toekomst niet bijzonder veel meer van gevonden zal worden. Dit heet de verhouding voorraad-tot-stroom, een vrije vertaling/interpretatie van *stock to flow*-ratio.

Verhouding voorraad-tot-stroom

Je ziet al dat als je een grondstof hebt waarmee je snel veel meer van iets kunt maken, daardoor de waarde ook snel zal dalen. Om te berekenen of iets voor langere tijd zijn waarde zal behouden, is er de verhouding (ratio) voorraad-tot-stroom. Voorraad is daarbij de bestaande voorraad (alles dat is geproduceerd in het verleden minus alles dat inmiddels is vernietigd) en 'stroom' is wat er in de toekomst nog gemaakt zal worden. Hoe makkelijker je iets kunt vermeerderen, hoe lager de verhouding voorraad-tot-stroom (oftewel de ratio).

VOORBEELD

Je hebt 10 munten en je kunt heel makkelijk 20 munten bijmaken. Dan is de verhouding 0,5 oftewel: 10:20. Als je er maar 5 bij kunt maken, dan is de verhouding hoger: 10:5=2. Bij munteenheden geldt dus: hoe hoger de verhouding, hoe sterker de munt. In jargon heet dat een 'harde munt'. Iedereen die zich de tijd voor de euro nog kan herinneren, weet bijvoorbeeld nog dat de gulden en Duitse mark harde munten waren: ze hadden een lage inflatie en daardoor een hoge waarde ten opzichte van andere munten waar er meer van bijgeslagen en/of –gedrukt werden. Ze waren dus goed om voor langere tijd waarde in op te slaan als je zelf in een land leefde waar de munt snel in waarde daalde.

De waarde die iets heeft, is dus afhankelijk van deze verhouding. Als meer mensen een harde munt kiezen om hun tegoeden in op te slaan, wordt deze munt ook meer waard omdat er veel vraag naar is. Als je de maker van zo'n munt bent, is het heel verleidelijk om meer van zo'n munt te produceren. Als dat technisch niet mogelijk is, ben je ook geen bedreiging voor de waarde, omdat die niet ineens in kan storten omdat de maker er ineens heel veel van bij drukte. Je wilt dus iets dat moeilijk is om te maken en lastig is om te vernietigen.

Nu stop ik met het lesje geschiedenis van het geld. Sinds de laatste kredietcrisis zijn er veel dikke boeken verschenen over geld en hoe dat wel of niet moet functioneren. Een van mijn favorieten in dat rijtje is van antropoloog David Graeber, het boek *Schuld, de eerste 5000 jaar*. Maar er is natuurlijk veel meer interessants te lezen.

Harde munt in een wereld zonder schaarste

Je hebt net gelezen dat de waarde van geld niets te maken heeft met emotionele waarden, maar alles met afspraken. Die afspraken zijn: niet om op te eten, niet bederfelijk, niet voor iets anders geschikt dan waardeuitwisseling, op te delen in kleinere eenheden, lastig om te vernietigen, makkelijk over te dragen en niet makkelijk te vermeerderen.

In de digitale wereld is de afspraak 'niet makkelijk te vermeerderen' een van de moeilijkste zaken om na te komen. Denk maar aan de muziekindustrie die bijna ten onder ging aan kopieergedrag.

Onze digitale wereld heeft niet zo veel aan goud. Het past niet door koperen draden of glasvezelkabels. We moeten dan maar vertrouwen op derde partijen zoals banken en overheden. Die partijen bleken niet lang geleden verre van onfeilbaar voor het opslaan van waarde tijdens de kredietcrisis. Allemaal een eigen baar goud aanschaffen en in de kluis leggen is ook geen optie. Is er geen betere manier om digitale schaarste te creëren? Hoe zouden we dat voor elkaar moeten krijgen? En nog sterker: kun je beter zijn dan goud?

Digitaal beter dan goud

Waarom wil je beter zijn dan goud met je schaarste? Omdat goud schaars is op aarde, maar we hebben geen idee hoeveel goud er eigenlijk nog in de bodem zit. We hebben geen idee hoeveel goud we nog vinden als we grondstoffen gaan delven op meteoren en andere planeten. De voorraad-tot-stroomverhouding van goud zal er niet heel snel drastisch op achteruit gaan, maar we kunnen digitale systemen verzinnen die écht eindig zijn en waar je echt moeite voor moet doen om het digitale goed te bereiken. En daar is hij dan eindelijk: de bitcoin.

Het systeem van bitcoin is zo ingericht dat er maximaal 21 miljoen bitcoins gemaakt kunnen worden door een systeem van computers die daarvoor rekenkracht in moeten zetten. Dit systeem heet in jargon **mijnen** of delven. De analogie met het zoeken naar grondstoffen is duidelijk: het kost moeite om bitcoins te verkrijgen. Eerst ging het makkelijk, toen waren ze ook nog verre van een harde munt, want de voorraad-tot-stroomratio was heel laag. Dat mijnen van die bitcoins wordt steeds moeilijker en ook steeds duurder. Reken maar na: toen er 1000 bitcoins waren, konden er nog 20.999.000 gedolven of gemijnd worden. 1000:20999000=0,000047621. Op het moment van schrijven zijn er 17.282.713 bitcoins in omloop en kunnen er nog 3.717.287 gemijnd worden. Een verhouding van 4,65.

Waarin verschilt bitcoin nog meer van goud en zilver? Dat zit hem in het werkelijke bezit. Goud en zilver worden verhandeld, maar niet werkelijk verplaatst. Als je goud koopt, koop je een claim, zonder dat je werkelijk weet of je het hebt. Als je dit goud zou willen bezitten, moet je door heel wat hoepels van banken en overheden springen om het bij je thuis op de schoorsteenmantel te kunnen zetten. Als je bitcoins krijgt, dan zijn die echt onder jouw eigen beheer.

Het begin van een nieuwe geschiedenis

Bitcoin heeft al geschiedenis geschreven in de zoektocht naar een digitaal betaalmiddel dat functioneert als contant geld. Dit systeem is door een tot nu toe onbekende persoon met het pseudoniem Satoshi Nakamoto aan de wereld gegeven in de vorm van opensourcesoftware. Hij of zij wist(en) de eigenschappen van een schaars goed te simuleren in de digitale wereld. Daarmee heeft Satoshi Nakamoto een mogelijkheid gegeven aan mensen om in de digitale wereld direct en definitief een waardetransactie te doen, praktisch zonder vertraging en zonder dat het nodig is dat beide partijen dicht bij elkaar in de buurt zijn of dat de partijen elkaar kennen of vertrouwen. Een soort van contant geld in de digitale wereld zonder grenzen. Onze wereld.

Dit systeem is nu al vele duizenden keren gekopieerd in vele cryptovaluta. Bitcoin heeft ten opzichte van al die kopieën een bijzonder voordeel: bitcoin heeft geen leider en niemand bezit het bitcoin-netwerk of kan dit claimen of aansturen. Het bitcoin-netwerk is een verdeeld **peer-to-peer-netwerk** zonder een enkel punt waar het netwerk kan falen. Elke computer in het netwerk, ook wel **node** genoemd, heeft de beschikking over alle transacties die ooit zijn gedaan in dit systeem. Al die transacties zijn gecontroleerd met **digitale handtekeningen** en vastgelegd met digitale sleutels en een systeem dat *proof-of-work* heet.

Het maken van de nieuwe muntjes kost energie. De eerste keer dat een waarde werd toegekend aan bitcoin was door de energiekosten per bitcoin te berekenen, toen 0,0008 cent per bitcoin of 1309,03 bitcoin per dollar. Sommigen vinden de energievraag van het netwerk groot, maar de veiligheid van het netwerk speelt ook een rol. De vraag is waar je energie voor over hebt. Je tv of een superveilig netwerk?

De belangrijkste niet-technische eigenschap van het bitcoin-netwerk is dat het niet politiek is en geen eigenaren heeft. Iedereen mag meedoen, niemand moet meedoen. Het lot van het netwerk ligt in handen van de gebruikers. Door de werking van het systeem kan de toegang niet geblokkeerd worden door overheden of andere instanties. Het netwerk kijkt niet wie of wat iemand is en is in die zin neutraal. Daarmee is bitcoin een krachtig middel, omdat het monopolie van geldschepping ineens niet meer bij banken en overheden ligt. Niemand verplicht je om bitcoins te gebruiken.

Het gaat te ver om hier nog heel veel dieper op in te gaan in dit boek. Ik hoop dat je hierdoor beter begrijpt waarom bitcoin door velen als een interessant beleggingsobject gezien wordt en niet zozeer als handig online betaalmiddel. Daarvoor is het systeem te log, niet in de laatste plaats om de veiligheid te waarborgen. We zullen verderop in dit boek gaan zien dat het ook mogelijk is om systemen aan bitcoin te koppelen via zijketens of *side-chains*, zodat je wel miljoenen betalingen per seconde kunt verwerken en dat dit niet direct op het bitcoin-netwerk hoeft te gebeuren.

Wil je meer weten over de filosofie rond bitcoin en andere online betalingssystemen, lees dan *The Bitcoin Standard* van Saifedean Ammous en *Streaming Money* van Andreas Antonopoulos.

> **IN DIT HOOFDSTUK**
>
> Hoe werken cryptovaluta?
>
> Munten, tokens, allemaal heel leuk, maar hoeveel zijn er?
>
> Waardelaag op internet

Hoofdstuk 2
Cryptovaluta

De volgende stap is het beantwoorden van de vraag of de naam 'cryptovaluta' wel de lading dekt, of dat een ander woord misschien beter is. Vanuit die positie neem ik je mee langs een hele schare aan cryptovaluta en -tokens, samen met hun mogelijke nut en ook hun valkuilen.

Dan volgt een stoomcursus bitcoin, want als je die basis begrijpt, is de rest ook veel duidelijker. Ethereum is de volgende, niet te missen basis en daarna vliegen we over heel wat verschillende ecosystemen heen met allemaal hun eigen inzichten en doelen.

Misschien heb je al in een paar cryptovaluta geïnvesteerd, maar heb je geen idee wat ze doen. Ja, de koers ten opzichte van de euro, dollar en andere (crypto)valuta gaat op en neer en dat blijft veel mensen bezighouden. Maar cryptovaluta zijn veel meer dan een investeringsmiddel. Start-ups blijven toepassingen ontwikkelen bovenop bestaande blockchains of ze bouwen er zelf een. Aan geld voor ontwikkeling lijkt nog steeds geen gebrek (al kan dat nu je dit leest heel anders zijn). Is het een uit de hand gelopen hobby van een paar nerds, of zit er echt meer achter?

Cryptovaluta of -tokens?

Ik had beloofd nog in te gaan op de term 'cryptovaluta'. Die komt niet uit de lucht vallen: al vanaf het prille begin wordt gesproken over *cryptocurrencies* dat letterlijk vertaald 'cryptovaluta' betekent. Daarom heet dit boek ook niet 'cryptotokens voor dummies' of 'cryptoassets voor dummies' omdat dit geen standaard aanduidingen zijn voor al die verschillende cryptografisch onderbouwde muntjes.

BELANGRIJK

Het woord 'cryptovaluta' verwijst naar een digitaal goed dat is ontworpen om te functioneren als *medium of exchange* of ruilmiddel en dat veilig te gebruiken is op internet door sterke versleuteling (zie hoofdstuk 3). Het woord vindt zijn oorsprong bij bitcoin, dat letterlijk bedoeld was als digitale vorm van contant geld.

Je voelt het al aan: de term cryptovaluta past eigenlijk niet. Een valuta verwijst naar een geldsoort die in circulatie is als middel om waarde uit te wisselen. Euro's, yens en dollars zijn valuta's en met een iets ruimere interpretatie kun je bitcoin misschien ook wel aan dit illustere rijtje toevoegen. Enkele andere cryptovaluta's streven het ook na tot de valuta's te behoren, maar het gros van de muntjes die ik in dit boek behandel, zijn geen muntjes in de vorm van valuta of geld. Ook bitcoin beschikt over bepaalde aspecten waarom het anders dan een conventionele valutasoort kan functioneren. Zo is het ook zijn eigen transactielog of kasboek en dat is bij geen enkele 'normale' munt binnen **fiat**-geldsystemen ingebouwd.

Het komt er dus op neer dat we het in de meeste gevallen hebben over tokens met verschillende eigenschappen. Daar zit bijna altijd een financiële component in, maar die maakt het nog geen valuta.

Waarom, hoe en wat

Vaak begin je met *wat* iets is, maar bij cryptovaluta is het *waarom* misschien belangrijker. Pas als je de waaromvraag kunt beantwoorden, volgt het hoe en wat. Dan wordt al snel duidelijk waarom een blockchain, het systeem dat als eerste het levenslicht zag in de vorm van de bitcoin, meer is dan alleen een speeltje van een stelletje obscure *cypherpunks* of mensen die zich graag met cryptografie bezighouden.

BELANGRIJK

OMREKENBEDRAGEN

Door het boek heen gebruik ik verschillende voorbeelden waar ook bestaande munten in voorkomen. De exacte waarde van een munt ten opzichte van de euro of dollar is in de meeste gevallen niet relevant, daarom kies ik voor praktische, hele getallen, tenzij een koers van een bepaald moment uit de geschiedenis relevant is. Bijvoorbeeld 10.000 euro per bitcoin rekent best makkelijk. 1000 had ook gekund, maar dat is op moment van schrijven wel erg uit de buurt. Of die waarde op het moment dat je dit boek leest (veel) te hoog of te laag is, maakt voor het voorbeeld niet uit; het rekent vooral makkelijk.

Voor veel mensen is de eerste waaromvraag de vraag waarom de digitale muntjes waarde hebben. Alleen is het de verkeerde waaromvraag om als eerste te stellen. De waarde hangt niet zozeer af van de wisselkoers tussen bijvoorbeeld een bitcoin en een euro, nee, de waarde van een ministukje bitcoin, bijvoorbeeld 0,00001 bitcoin, kan net zo goed het bezit van een huis vertegenwoordigen. Dan vertegenwoordigt dit kleine stukje bitcoin dat is gekoppeld aan die specifieke transactie die de koop van een huis vastlegt in de blockchain, een heel wat groter bedrag dan die 0,1 euro (bij een dagkoers van 10.000 euro).

Waaróm zijn cryptovaluta interessant?

Cryptovaluta zijn interessant omdat ze extreem veilig en transparant kunnen zijn in het bieden van zekerheid over de uitgevoerde transactie. Een goed ingericht blockchain-netwerk, een van de belangrijke systemen achter de meeste cryptovaluta, zorgt ervoor dat elke activiteit vastgelegd wordt en achteraf niet meer gewijzigd kan worden.

Het geeft daarnaast mensen de mogelijkheid onderling transacties uit te voeren zonder dat er een derde partij tussen hoeft te zitten. Dit maakt dat iedereen toegang heeft tot de geboden diensten, zonder dat er verschil gemaakt wordt naar afkomst of land. Daarmee is zo'n netwerk in potentie niet te stoppen.

Omdat iedereen transacties kan uitvoeren die niet terug te draaien zijn, is zo'n netwerk ook te gebruiken als *settlement layer* voor vertrouwen. Afspraken die gemaakt zijn in het verleden, kunnen niet achteraf gewijzigd worden. Afspraken wijzigen kan overigens wel, maar dan moeten alle partijen, of een van tevoren ingesteld minimum, het opnieuw eens worden en een nieuwe afspraak maken. De oude kan immers niet gewijzigd worden.

VOORBEELD

Voor het uitgeven van grote bedragen binnen je bedrijf, moeten meerdere mensen tekenen. Dit is met een goed ingerichte blockchain niet te vervalsen. In het systeem dat jouw bedrijf gebruikt, zijn vier mensen nodig om te tekenen van de in totaal zes bestuurders. Zo kun je veilig en met instemming van de meerderheid bedragen overmaken of juist niet.

BELANGRIJK

De voorbeelden die hier staan zijn erg simpel. Je kunt systemen op allerlei manieren inrichten zodat ze voldoen aan je eisen.

VOORBEELD

Een heel basaal voorbeeld van een gemaakte afspraak kan zijn: je betaalt 1 bitcoin aan een vriendin. De 'afspraak' of de transactie is hiermee vastgelegd: je kunt de betaling nooit zelf terugdraaien. Je vriendin kan de transactie niet ongedaan maken, maar wel een nieuwe transactie doen, waardoor het voor jouw gevoel lijkt alsof de transactie ongedaan is gemaakt. Met de nieuwe transactie geeft ze de bitcoin bijvoorbeeld weer terug.

Dit soort manieren van werken vraagt wel om heel duidelijke regels. Je kunt niet, zoals bij veel software het geval is, 'even' een bug repareren. Je begrijpt dat dit soort systemen zich in de loop der jaren moet gaan bewijzen.

Er zijn een paar basisregels waar goede cryptovaluta aan moeten voldoen:

» een sterk netwerk: hoe groter het netwerk van computers, hoe veiliger het is
» elke activiteit die vastgelegd wordt, kan niet meer gewijzigd worden
» iedereen kan het netwerk controleren

CHINESE RECHTBANK GEBRUIKT BLOCKCHAIN ALS BEWIJS

VOORBEELD

Een rechtbank in China, het Internet Court of Hangzhou, oordeelde op 28 juni 2018 dat data die opgeslagen zijn op de blockchain van bitcoin en Factom (een zij-blockchain die gebruikmaakt van de bitcoin-blockchain) bruikbaar zijn als bewijs in een rechtszaak. De zaak was niet heel ingewikkeld en ging over een geschil rond intellectueel eigendom en copyright van de inhoud van een website. De gedaagde bewees dat de inhoud oorspronkelijk door hem was geproduceerd door twee hash-waarden te tonen: één op de bitcoin-blockchain en een op Factom. Hij had de betreffende gegevens gehashed op de blockchains en het tijdstempel bewees dat inbreuk op de inhoud onmogelijk was. Een hash, of eigenlijk **hash-functie**, is een veelgebruikte techniek in de digitale wereld om grote getallen of stukken tekst om te zetten in een meestal kleiner getal, in dit geval een stuk tekst dat omgezet was in een getal. De uitkomst van de functie heet dan een 'hash'.

Het interessante aan de zaak is dat de rechtbank blijk gaf van het openstaan voor nieuwe technologie. Een citaat uit het vonnis, vertaald door Katherine Wu op Twitter: 'Deze rechtbank is van mening dat wanneer blockchain-technologie betrokken is bij een zaak, een open en neutrale houding aangenomen moet worden. We moeten het niet afwijzen of hogere normen opleggen simpelweg omdat er nieuwe technologie toegepast is.'

Deze uitspraak was op dat moment de eerst bekende die daadwerkelijk op deze manier een bewijs uit de bitcoin-blockchain toepaste, waardoor de Chinese rechtbank liet zien informatie die opgeslagen is op een blockchain serieus te nemen.

Om dat nog wat duidelijker te maken, ga ik terug naar het begin: de bitcoin, want als je die basis goed doorhebt, dan zie je direct waarom deze systemen zo'n belangrijke aanvulling op internet kunnen zijn.

VOORBEELD

Stel, je geeft een briefje van 20 euro aan een vriendin. Op het moment dat die vriendin het briefje aanpakt en jij het loslaat, weet je honderd procent zeker dat jij die 20 euro niet meer bezit en je vriendin wel. Probeer dat maar eens op internet zonder dat je een bank of andere instantie gebruikt: dat gaat geheid mis. Internet en uniciteit zijn geen goed huwelijk: al vanaf het eerste begin deelde en kopieerde iedereen alles.

Als je een foto maakt en die naar een vriend stuurt, kun je zeggen: ik heb die foto niet meer, écht niet! Hij weet dan niet zeker of dat inderdaad waar is. Bovendien weet jij ook niet wat hij met die foto doet. Hij kan die foto natuurlijk ook weer kopiëren en delen. Nou is dat met de gemiddelde vakantiefoto niet zo erg, maar met 20 euro wordt dat al minder plezierig, want wat is die 20 euro nog waard als je die constant kunt kopiëren? Niks.

Als het om geld gaat, zul je zeggen: daar hebben we toch banken voor uitgevonden?! Dat klopt, maar banken zijn online uiteindelijk natuurlijk net zo beperkt als de diensten die ze leveren. Toen bitcoin opkwam begin 2009, duurde het nog ten minste een dag voordat jouw geld bij een andere bank stond binnen Nederland. Apps als Tikkie bestonden nog niet en het overschrijven van geld naar het buitenland duurde meerdere dagen. En al die 1,7 miljard volwassen mensen op de wereld zonder bank konden sowieso al niets in het digitale domein als er iets van geld nodig was. Zonder bank geen credit- of debetkaart en zonder zo'n kaart geen mogelijkheid tot betalen aan een webshop of om zaken te doen met mensen op afstand, zelf diensten of producten te leveren en deel te nemen aan de economie.

Eigenlijk zaten we in 2009 met een enorm *legacy*-bank- en geldsysteem: een systeem dat het prima lijkt te doen in landen waar alles keurig in regeltjes gevat is, met ogenschijnlijk vrij betrouwbare instellingen en instanties, maar als zo'n instelling niet zo goed te vertrouwen is, dan heb je gewoon een probleem.

En daar komt eindelijk die blockchain om de hoek kijken, of in eerste instantie natuurlijk bitcoin: iemand met het pseudoniem Satoshi Nakamoto combineerde verschillende bestaande cryptografische technieken met een systeem dat later 'blockchain' zou gaan heten. En het is die blockchain die kan zorgen voor een superveilig netwerk waarin je er honderd procent zeker van kunt zijn dat je transactie, dus die 20 virtuele euro's, echt is uitgevoerd. Die 20 virtuele euro's, bij een koers van 10.000 euro voor 1 bitcoin dus 0,002 bitcoin, die je virtueel aan je vriend stuurt, zijn net als die 20 fysieke euro's écht bij hem en niet meer bij jou.

TECHNISCHE INFO

BEZIT JE CRYPTOVALUTA OF EIGENLIJK NIET?

Als je al wat beter bent ingevoerd in de werking van blockchains, dan merk je dat ik in sommige gevallen kort door de bocht ga, bijvoorbeeld bij het 'hebben' van bitcoins of andere cryptovaluta. Want hoe zit het nou eigenlijk? Niemand bezit zelf bitcoins. Je hebt geen bitcoins op je computer staan als je een **wallet** hebt, maar je bezit wel de sleutels tot de bitcoin-waarde op de blockchain zelf. Die sleutels zitten in je wallet. Eigenlijk heb je dus helemaal niets, alleen maar sleutels. Toch praat het makkelijker als je zegt 'ik heb 1 bitcoin' dan 'ik bezit de geheime sleutel tot 1 bitcoin op de bitcoin-blockchain'. Als je die sleutels kwijtraakt, dan kun je nooit meer bij je digitale valuta. Hoe dat werkt, behandel ik uitgebreid in hoofdstuk 7, Wallets.

Wat verwarrend is, is dat vaak wordt gesproken over 'dingen op een blockchain zetten', maar technisch gezien staat er niet veel meer op een blockchain dan transacties, want daar is het ook niet voor bedoeld. Er staat alleen heel basale informatie, zoals '10 bitcoin van bitcoin-**adres** van Piet naar bitcoin-adres van Mo'. Verderop in het boek gaan we ook kijken naar blockchains die bijvoorbeeld toegang geven tot grote bestanden met behulp van digitale aanwijzers of *pointers*. Een videobestand staat dan niet op die blockchain zelf, denk aan Siacoin of Interplanetary File System, maar de toegangsrechten worden bepaald via een blockchainsysteem. De bestanden zelf zijn opgedeeld in heel veel kleine stukjes en die zijn op zo'n manier met elkaar verbonden dat als je de juiste sleutel hebt, je het hele bestand weer kunt reconstrueren tot een foto of een video.

In een ander geval, bijvoorbeeld dat van die andere bekende cryptomunt ethereum, staat de contract- of applicatiecode zelf op de blockchain, maar de uitvoering daarvan gebeurt niet op de blockchain zelf, maar in een virtuele machine, de Ethereum **Virtual Machine**. Hoe dat allemaal werkt, lees je in hoofdstuk 4 en 5.

Waardelaag op internet

Cryptovaluta zijn een veilige transactie- of waardelaag op internet zonder dat er een derde partij nodig is om te controleren of het klopt. Al dat controleren gebeurt met cryptografische principes. Omdat die principes niet kijken naar afkomst, geloof, etniciteit of locatie, is het systeem waardeneutraal.

Kwam dat niet eerder voor? Nee, vergelijkbare systemen, maar dan zonder de blockchain, hadden ergens altijd een veiligheidsprobleem. Tot nu toe is de blockchain van bitcoin nog nooit gehackt en is daarmee een van de veiligste onlinesystemen ooit. Verderop bij de uitleg over blockchains ga ik dieper in op het waarom van de veiligheid van een blockchain (en wanneer die minder veilig is).

Nu weet je waarom op blockchains gebaseerde systemen zo interessant kunnen zijn. Alle blockchains die na de blockchain van bitcoin komen zijn overigens vaak van bitcoin afgeleid of kunnen (veel) meer en zijn in die zin nieuwe programmacode. De basis is echter vergelijkbaar.

Als je het voorbeeld over het briefje van 20 euro in een paar woorden wilt uitleggen, kom je op: een blockchain voorkomt dat je dezelfde munt, bijvoorbeeld een bitcoin, vaker kunt uitgeven (*double spending problem*) en dit wordt gecontroleerd door een netwerk van computers of *nodes* waarbij weer andere computers zorgen voor het opbouwen van de zogenaamde blockchain. Die laatste zijn de *miners*. Samen met een niet te veranderen moment in de tijd, de *timestamp*, zorgt het netwerk voor de veiligheid, zonder dat de computers in het netwerk elkaar hoeven te vertrouwen.

Verschillende cryptovaluta onderscheiden zich van elkaar door verschil van inzicht in hoe bepaalde problemen opgelost moeten worden, maar ook in wat er specifiek met een soort cryptovaluta kan. Dit betekent niet dat iedereen die een nieuw muntje begint, ook een muntje maakt dat ooit werkelijk waarde zal hebben. Dat hangt helemaal af van de vraag of mensen deze muntjes ooit willen bezitten en deze willen gebruiken om diensten of goederen aan te schaffen. Dit kan een waarde uitgedrukt in geld zijn, maar ook iets anders zoals een waarde in hoeveelheid bomen die aan een token of muntje gekoppeld zijn.

Wanneer zijn cryptovaluta niet interessant?

Velen zien cryptovaluta als interessante investeringsobjecten. Lekker veel fluctuatie en daar kun je soms veel geld mee verdienen, of verliezen. Medio 2018 zijn meer mainstream-media gaan berichten over cryptovaluta en in het bijzonder blockchains, aangezien dat het grote hypewoord was van 2017 en een deel van 2018. Elk bedrijf, elke radio- of televisie-uitzending, elke krant, elk tijdschrift, iedereen 'moest' er wat mee en iedereen die er zelf wat mee deed, kon gouden bergen verwachten. Een mooi voorbeeld is het icetea-bedrijf dat 'blockchain' in zijn naam zette en vervolgens een enorme koerssprong op de beurs maakte. Het is daar overigens achteraf voor beboet. Maar ook elk bedrijf dat ineens een blockchain-onderzoeksafdeling oprichtte, al waren de woorden vaak groter dan de werkelijke daden. Dit heeft, samen met de hausse aan *initial coin offerings* of **ICO's** (zie hoofdstuk 8), gezorgd voor een gevaarlijke cocktail die leidde tot een bubbel. Niet onverwacht, maar wel onprettig. Het geheel loopt verdacht goed mee met de vaak aangehaalde Gartner Hype Cycle waar het woord blockchain pas voor het eerst in juli 2016 op staat en dan al bijna aan de top. Blockchain racete door de hype-cycle heen en in juli 2018 stond hij aan de vooravond van de 'trog van desillusie'. Nou heeft de grafiek van Gartner ook geen tijdsaanduiding op de x-as staan, dus het kan zo snel en langzaam gaan als het gaat.

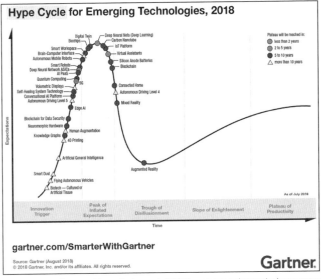

FIGUUR 2.1: Gartner Hype Cycle van juli 2018 met een schematische weergave van het algemene gevoel in de technologie-wereld rond verschillende onderwerpen. Blockchain staat hier op het punt de 'trog van desillusie' in te gaan.

De werkelijk interessante ontwikkelingen gaan langzaam, maar omdat het zo ontzettend makkelijk is om zelf een cryptomuntje te beginnen, lijkt het alsof de ontwikkelingen razendsnel gaan. Zo'n nieuw muntje beginnen, kun je doen door de code van bitcoin te kopiëren en met iets andere eigenschappen uit te brengen of door een token te starten op een van de blockchains met meer smart contract-ondersteuning. Maar zoals met de meeste zaken: het gaat traag. Tcp/ip, het internetprotocol, werd al in 1974 bedacht en vormt nog steeds de basis van ons internet. Nou ja, geduld is een schone zaak.

Ineens kan er een doorbraak zijn, iets wat al enkele jaren pruttelt. Of iets wordt weer weggegooid omdat er toch ergens een beveiligingsprobleempje zit. In die zin hebben velen die in de tweede helft van 2018 ineens dachten dat ze het grote publiek maar moesten inlichten over alle scams en de vele onzin die er rond blockchains uitgekraamd werd (en wordt), gelijk.

Alles met cryptovaluta en blockchains is nog steeds een groot experiment. Ik denk dat er uiteindelijk nut in zit, maar ik denk ook dat je nu in veel gevallen nog heel sceptisch moet zijn bij grote verhalen. Kom eerst maar eens met een product dat ook doet wat het moet doen *buiten* je cryptovalutabubbel.

Als je niet gaat voor snel investeren en snel geld verliezen of verdienen, volg dan het volgende schema:

Heb ik een database nodig? → nee: geen blockchain nodig
↓
→ ja: zijn er meerdere schrijvers? → nee: geen blockchain nodig
↓
→ ja: vertrouwen ze elkaar? → ja: geen blockchain nodig
↓
→ nee: is er een centrale autoriteit? → ja: geen blockchain nodig
↓
→ nee: blockchain nodig!

Dit schema gaat heel specifiek om publieke blockchains, zoals die van bitcoin en ethereum. Voor mij kostte het best wat tijd om decentraal te leren denken omdat het zo buiten je normale denkpatroon ligt. Ons centralistisch denken begint al met hoe wij opgevoed zijn: je hebt een computer en op die computer staan bestanden die je gebruikt. Als je een website wilt bouwen, zet je die op een server. Die server is in je hoofd één computer in een rack ergens in een gebouw. Ondanks dat internet zo ingericht is dat het decentrale trekjes heeft, zijn de meeste diensten die je erop gebruikt centraal. Je Dropbox of een vergelijkbare dienst: een server ergens in een land en een tweede als back-up. Als je dat idee eenmaal uit je systeem hebt, ben je al aardig op weg. Maar dan nog: hoe functioneert iets zonder centrale autoriteit? Hoe werkt iets waarbij de achterliggende wiskunde voor de beslissingen zorgt en waarbij je niet aan iemand kunt vragen iets te herstellen? Denken op een manier waarbij geen centrale autoriteit meer aanwezig is.

Dus, in welke situatie zijn cryptovaluta niet interessant? Als je snel resultaat wilt behalen, buiten mogelijk financieel gewin (of verlies).

Hoe werken cryptovaluta?

Je zult inmiddels begrepen hebben dat er verschillende waaroms te beantwoorden zijn en dat het antwoord op de belangrijkste waarom is: gedeeld vertrouwen in een netwerk waarin je niemand hoeft te vertrouwen. Van de 'hoe' zijn ook al enkele elementen langsgekomen: het is een gecombineerd systeem van cryptografische en spel-theoretische elementen.

De blockchain-netwerken zelf zijn bereikbaar via internet, maar door allerlei cryptografische hash-technieken, hoef je nooit online te gaan, zelfs niet om een ontvangstadres voor jezelf te maken. Dit klinkt natuurlijk absurd: een systeem dat volledig draait bij gratie van het internet en dat ook offline-functionaliteit heeft.

VOORBEELD

Om je niet helemaal in verbazing achter te laten, een klein tipje van de sluier: het gaat hier bijvoorbeeld om papieren wallets. Die kunnen bestaan doordat bitcoins en andere cryptovaluta niet opgeslagen worden *in* je wallet, maar *op* de blockchain, voor iedereen zichtbaar. Je kunt geheel offline op een computer een sleutelpaar genereren, een privé- en een publieke sleutel, en die printen om vervolgens de computer te vernietigen waardoor je honderd procent zeker bent dat niemand ooit je privésleutel ergens elektronisch kan terugvinden. Hoe kun je er nou zeker van zijn dat niet datzelfde sleutelpaar door iemand anders gegenereerd is? Omdat het nummer dat je gebruikt om je publieke sleutel te maken, enorm is. Het aantal mogelijkheden is niet voor te stellen, zo groot. Het aantal zandkorreltjes op aarde komt niet eens in de buurt van het aantal mogelijk te genereren bitcoin-privésleutels. Is dat veilig, je geld zo openbaar zetten? Kan niemand dan die sleutels verzinnen? Nee, dat is echt onmogelijk. Op moment van schrijven bevat het bitcoin-adres met de meeste bitcoins 172.236 bitcoins, oftewel met een dagkoers van zo'n 6000 euro, ruim 1,03 miljard euro. Dat adresje zou best iemand willen plunderen ...

Cryptovaluta die van blockchains gebruikmaken, werken dus met behulp van verschillende cryptografische technieken en spel-theorie. In hoofdstuk 2 gaan we dieper in op de werking van de blockchain van bitcoin, want zonder die basis klinkt het allemaal heel ingewikkeld, terwijl het dat niet is.

Wat kun je met cryptovaluta?

Elke soort cryptovaluta en token heeft zijn eigen interessante onderdelen. Je kunt bij vrijwel alle cryptovaluta stellen dat iedereen, zelfs gebruikers zonder internet, cryptovaluta kunnen ontvangen. Dit maakt cryptovaluta in essentie onpartijdig. Iedereen kan dus in principe iets met cryptovaluta en dat maakt ze zo bijzonder.

VOORBEELD

Ook zonder directe toegang tot je digitale portemonnee of *wallet* van je cryptovaluta kun je ze ontvangen. Het werkt namelijk ook zonder internet. Je kunt gewoon een QR-code, zo'n vierkante 'streepjes'-code, in je fysieke portemonnee stoppen en op die manier cryptovaluta ontvangen. Je hebt namelijk helemaal geen internet nodig om transacties te ontvangen, je hebt alleen internet nodig voor het versturen van een transactie. Er is bij zo'n papieren versie van je publieke cryptovaluta-adres wel één belangrijke zaak die je op orde moet hebben: je moet de geheime sleutel hebben om ooit bij de fondsen te komen. Die mag dus best in een kluis liggen, als je maar 100 procent zeker weet dat je er ooit nog bij kunt.

Zo heeft in feite iedereen de mogelijkheid cryptovaluta te ontvangen. In het hoofdstuk over de digitale portemonnee (de wallet) leer je hoe je een papieren versie van je wallet kunt maken.

VOORBEELD

Van ethereum kun je zeggen dat het iedereen de vrijheid geeft zelf applicaties of **smart contracts** te maken waar vervolgens iedereen gebruik van kan maken. Denk aan het verhuren van een huis: iemand kan een smart contract verzinnen en opstellen waar een aantal regels in staan voor het verhuren van een huis. Denk aan: huurprijs, duur van de huur, borg, het uitgeven van een elektronische sleutel aan de huurder en het controlemoment waarna de borg en de huursom automatisch verrekend worden. Dit contract dat op de ethereum-blockchain staat, kan iedereen gebruiken en niemand is op dat moment nog eigenaar van dit smart contract. Iedereen die zijn huis wil verhuren, kan dat contract gebruiken.

Dit werkt precies tegengesteld aan hoe het nu werkt. Nu: een bedrijf biedt de mogelijkheid om je huis te verhuren en slaat alle informatie op zijn servers op, waarna je via hun website het huis moet verhuren en aan de site commissie betaalt voor het verhuren. Bij een smart contract bezit jij zelf de sleutels tot de informatie op het smart contract, waardoor je zelf weer de macht hebt over jouw voorwaarden en je geen derde partij meer nodig hebt voor het verhuren van je huis. Hier zijn initiatieven voor opgestart, zoals FairBnB.

Maar je kunt ook eigenaarschap van digitale kunst op de blockchain vastleggen. Of het vastleggen van landbezit, zoals gedaan is in Georgië. Of het volgen van een voedselketen, zoals het vastleggen van hoeveel koffie een boer levert aan een vervoerder die dan niet even 50 kilogram kan afromen, omdat de boer 100 kilogram heeft opgegeven. En niemand kan die 100 kg wijzigen naar 50, ook niet met een pistool tegen het hoofd. Wel kun je in een volgende transactie de hoeveelheid naar beneden bijstellen, maar dan is vastgelegd dat de transactie eerder 100 kg bevatte. Je kunt nooit iets uit het verleden wijzigen. Dat ligt onherroepelijk vast.

Uiteraard geeft een blockchain niet de mogelijkheid fraude in de andere delen van de keten te voorkomen, maar het is een begin.

Of het verstrekken van speciale tokens aan vluchtelingen in kampen die op die manier zelf in kampwinkels kunnen kopen wat ze nodig hebben, in plaats van dat ze passief een pakket ontvangen met daarin zaken die ze misschien niet nodig hebben of juist te weinig van iets wat ze wel nodig hebben. Gewoon geld kun je niet geven aan mensen in kampen, dat zou te link zijn, maar de tokens zijn met een druk op de knop onder iedereen met de juiste app te verdelen. Het verspreiden van de tokens kost praktisch niets en het gevaar voor vervoer of het distribueren van geld is ook geëlimineerd.

Dit is overigens een echt experiment van de Verenigde Naties in vluchtelingenkampen in Syrië, waarbij nog wel een private blockchain-omgeving wordt gebruikt. Hierdoor verdwijnt het werkelijke nut van een blockchain, namelijk het nut dat niemand transacties in het verleden kan wijzigen, maar is het een proeftuin met hopelijk ooit een echte spin-off naar publieke systemen.

TECHNISCHE INFO

WORLD FOOD PROGRAMME GEBRUIKT BLOCKCHAIN OM GELD TE VERDELEN

Hoe zorg je ervoor dat mensen in een vluchtelingenkamp direct geld op hun naam krijgen, dat zij alleen kunnen uitgeven? Dat is een probleem uit de dagelijkse praktijk van het World Food Programme van de Verenigde Naties. Het programma voorziet in een financiële bijdrage in vluchtelingenkampen waar het leven redelijk zijn normale gang gaat en het geld zorgt voor een belangrijke injectie in de lokale economie. Alleen, hoe leg je vast wie waar recht op heeft? Ja, inderdaad: daar kun je prima een blockchain voor gebruiken!

Januari 2017, een vluchtelingenkamp diep in het hart van de provincie Sindh in Pakistan en tegelijkertijd een plek voor een experiment met een private versie van de ethereum-blockchain. In het kamp legden medewerkers van de WFP elke transactie vast met behulp van een simpele smartphone. Dit gebeurde allemaal onder de vlag van WFP Building Blocks.

In navolging experimenteerde de VN datzelfde jaar met een uitgebreider systeem in het Jordanese vluchtelingenkamp Azraq. De pilot begon met zo'n 10.000 mensen die een equivalent van contant geld konden gebruiken, samen met een biometrisch systeem van de UNHCR. Een simpele scan van het oog laat vluchtelingen zo hun dagelijkse boodschappen afrekenen zonder gedoe met vouchers, cash, papier of creditcards.

Het systeem zorgt voor meer veiligheid en er is een logboek van transacties bij elke winkel. Ook nam het aantal geweldsincidenten enorm af in de kampen. Gevoelige data hoeven niet met banken en telefoonmaatschappijen worden gedeeld voor het overboeken van elektronisch geld, dus het is veiliger voor de mensen zelf. In januari 2018 paste de hulporganisatie het systeem bij 106.000 Syrische vluchtelingen toe met als doel om aan het eind van dat jaar in totaal minstens 500.000 mensen zo te ondersteunen.

Het is belangrijk op te merken dat het hier om een private versie van de ethereum-blockchain gaat. Of dit zo zal blijven, is mij niet bekend, maar het haalt het echte nut van een blockchain een beetje weg: zo zijn er namelijk slechts enkele partijen in het netwerk, waardoor een normale database inzetten eigenlijk makkelijker is. Maar het is bijzonder prijzenswaardig dat de organisatie er op zo'n grote schaal mee experimenteert en hopelijk het geleerde meeneemt naar openbare blockchains.

Tussen de enorme hausse aan ICO's en sterk fluctuerende koersen, vallen zeer praktische toepassingen van blockchain-technologie vaak weg. De VN experimenteert sowieso veel met blockchain-technologie en is bezig met het ambitieuze programma ID2020 om iedereen van een digitale identiteit te voorzien. Maar er zijn ook veel kleine experimenten; zo was het een tijdje mogelijk de videokaart van je computer in te zetten voor het inzamelen van geld voor de VN door mee te mijnen naar ethereum. Later experimenteerde Unicef Australië met een monero-webminer.

Of ... of ... of ... We staan nog maar aan het begin van dit experiment, dat tegelijk een stille revolutie is. Constant denken mensen na de zoveelste crisis in cryptovalutaland dat het allemaal toch afgelopen is, maar die hebben niet door wat de mogelijkheden zijn. Overigens ontslaat dat niemand van de plicht om kritisch te blijven. Stel altijd de vraag óf een blockchain wel echt nodig is. Als het antwoord 'ja' is, zorg dan dat je dit antwoord echt goed kunt onderbouwen.

Wat bedoel ik met 'kunnen onderbouwen'? Je kunt je best voorstellen dat er een systeem is om bepaalde zaken te verkopen. Daar is een database voor nodig die de transacties opslaat en het verkochte, digitale, goed naar de koper stuurt. Is hier een blockchain voor nodig? Nee. In eerste instantie niet, een gewone database werkt daar prima voor: sneller en goedkoper. Maar stel, je zit in een *business* waar veel gefraudeerd wordt en veel onduidelijke prijsafspraken gemaakt worden. Dat levert bij veel klanten frustratie op. Het feit dat frauderen moeilijker of onmogelijk wordt, is de onderbouwing voor het gebruik van een blockchain.

VOORBEELD

Een bekend voorbeeld is de wereld van concert- en festivalkaartjes. Dit is een wereld waarin veel gefraudeerd wordt en waarin veel mensen de dupe worden van 'ticket scalping', het opkopen van grote partijen tickets en die later voor veel geld verkopen op de doorverkoopmarkt. Dit is een markt waar transparantie heel nuttig kan zijn. Een publieke blockchain kan dan een goed middel zijn om de ultieme transparantie te bereiken. Zo kan iedereen controleren of er niet gesjoemeld is. Doorverkopen van kaartjes blijft binnen zo'n systeem en zorgt ervoor dat je met behulp van een smart contract wel een kaartje kunt doorverkopen (misschien kun je ineens niet naar het theater), maar dat je geen woekerprijzen kunt vragen omdat het smart contract dat niet toestaat.

Het woord 'publieke blockchain' suggereert dat er ook private blockchains bestaan. Dat is natuurlijk zo, maar dit soort blockchains of afgeleide systemen waar elementen van blockchains in verwerkt zijn, zijn niet echt bruikbaar voor de cryptovaluta-enthousiast. Ook kun je de vraag stellen of een private blockchain niet een beetje onzinnig is.

Hoeveel cryptovaluta zijn er?

Inmiddels zijn er ontzettend veel cryptovaluta. Op het moment van schrijven, eind juni 2018, staan er zo'n 2000 op Coin Marketcap en bijna 2400 op World Coin Index, maar dat is slechts een fractie van alle munten en tokens die bedacht zijn, om niet te spreken van alle munten die inmiddels weer ter ziele zijn. Alhoewel, ter ziele? Soms leven ze gewoon door en vertegenwoordigen ze nog wel een waarde, al is de betekenis weggevallen en werkt er niemand meer aan. En vergeet niet: iedereen kan met een paar simpele kopieer- en plak-commando's zelf een nieuwe munt op het ethereum-netwerk beginnen. Daar is het ook voor bedoeld: zo kun je een token maken voor een heel specifiek doel dat de veiligheid van het netwerk benut en nadat het z'n ding gedaan heeft, gebruik je hem gewoon niet meer.

Munten

Bitcoin, litecoin, dogecoin. De namen zelf zeggen het al: ze zijn bedoeld als munt om op een bepaalde manier digitaal geld te vertegenwoordigen. We scharen deze onder cryptovaluta, cryptomunten of cryptocurrencies. Of en wanneer ze daadwerkelijk vergelijkbaar zijn met digitale *cash*, of dat ze eigenlijk onder goederen of *assets* vallen, dat is een discussie die tot in academische kringen gevoerd wordt. Omdat die discussie de komende tijd vermoedelijk nog wel kanten op gaat en misschien zelfs wel een nieuwe naam vereist, houd ik het hier gewoon op munt of valuta, al bleek in het voorgaande deel van dit hoofdstuk dat ook 'simpele' munten als de bitcoin en litecoin niet per se veroordeeld zijn om alleen te functioneren als digitaal contant geld. Het is tenslotte programmeerbaar geld dat ook voor heel andere doeleinden gebruikt kan worden!

Tokens

Een token is zowel een munt als een ander goed en daarmee zijn alle cryptovaluta in essentie tokens. Het gaat er vooral om hoe ze gebruikt worden. Alle cryptovaluta die smart contracts ondersteunen, zijn in mijn ogen tokens. Deze tokens hebben wel een economische waarde binnen hun eigen ecosysteem. Vaak zijn ze specifiek bedoeld om bepaalde acties uit te voeren binnen een specifieke applicatie. Verder zijn er tokens die fungeren als security, een soort van aandeel zonder stemrecht. Je begrijpt dat sommige munten en tokens elkaar aardig overlappen in gebruik.

Hiermee heb je een heel basale definitie van de woorden 'munt' en 'token'. Als je even verder bladert in dit boek, zie je dat het aantal mogelijke functies dat toe te kennen is aan de tokens bijna oneindig lijkt. Dat brengt ons weer mooi terug bij de vraag: hoeveel cryptovaluta zijn er en dat het antwoord is: zo veel als nodig zijn.

Munten, tokens, forks en altcoins

Maar munten en tokens staan niet gelijk aan blockchains. Het gros van de momenteel in omloop zijnde tokens zijn zogenaamde **ERC20-tokens** die 'leven' op de ethereum-blockchain. Iedereen met een beetje kopieer-en-plak-ervaring kan op die blockchain een nieuwe token in het leven roepen. Dat is echt bijna te makkelijk. En ook nieuwe munten met een eigen blockchain zijn simpel te fabriceren door een **afsplitsing** of *fork* te maken van een bestaande munt, al vereist dat iets meer programmeerervaring of gewoon een klein plukje bitcoins om een 'nieuwe' blockchain via geautomatiseerde processen te kopen via internet.

De eerste **fork** van bitcoin was litecoin en die munt is vrijwel identiek aan bitcoin. Het grote verschil is dat litecoin een ander hashing-algoritme gebruikt dan bitcoin om de blokken van de litecoin-blockchain te mijnen.

Met litecoin ontstond ook de eerste *altcoin*, oftewel een munt die niet-bitcoin is, al kun je beargumenteren dat Namecoin de eerste was. De definitie van een **altcoin** is heel simpel: alle munten die geen bitcoin zijn. Dus alle cryptovaluta min bitcoin. Meer daarover in hoofdstuk 3.

Overtuigingen

Ik heb je nu overspoeld met heel veel informatie. In vogelvlucht zijn we over heel veel termen heen gescheerd en her en der heb ik iets al een klein beetje uitgediept, maar de verdere verdieping volgt in de komende hoofdstukken. Wat vaak onderbelicht blijft, zijn de redenen waarom bitcoin ooit bedacht is, wie er allemaal mee aan de haal gingen en de enorme hoeveelheid verschillende overtuigingen die leven in de cryptovaluta- en tokenwereld. Ik denk dat je er wat aan hebt om dit mee te krijgen. Het maakt argumenten voor cryptovaluta ook sterker, zelfs met alle problematiek waar ze nu nog mee kampen.

De groep cryptografen waar bitcoin vermoedelijk uit voortkomt, heet niet voor niets 'cypherpunks'. Ze zochten naar een manier om geen derde partij nodig te hebben bij het uitvoeren van transacties op internet. De onbetrouwbare derde partij wel te verstaan. Misschien denk je: hoezo onbetrouwbaar? Ik vertrouw mijn bank wel! Maar als je even een paar jaar terug in de tijd gaat naar het begin van de economische crisis die tussen 2008 en 2015 in een groot deel van de wereld huishield, toen was dat vertrouwen een stuk minder groot. Als je in Cyprus leefde, werd je spaargeld gehalveerd, als je in Griekenland woonde, werd gewoon alles de nek omgedraaid. Als je in de Verenigde Staten woonde, werd je prompt je huis uitgegooid, zonder verdere voorzieningen. De banken in Europa werden door de Europese Centrale Bank overeind gehouden en diezelfde ECB pompte tot kortgeleden 60 miljard euro per maand in het systeem.

Andere landen, die niet direct met 'onze' crisis te maken hadden, maar wel met hun eigen crises, zoals Venezuela en Zimbabwe en nu Turkije, hebben te maken met een enorme inflatie van hun eigen fiat geldsysteem. Daarnaast beschikken miljarden mensen niet eens over de mogelijkheid elektronisch geld over te maken, want ze hebben geen papieren en dus geen bankrekening. Maar ze hebben wel een mobiel en toegang tot internet.

Je kunt je voorstellen: voldoende redenen om onbetrouwbare derde partijen de deur te wijzen en een experiment te beginnen dat tot nu toe nog steeds loopt, met inmiddels ontelbare spin-offs: de bitcoin.

Over de bedenker van bitcoin, Satoshi Nakamoto, doen veel verhalen de ronde en er is niet helemaal bekend aan welke kant van het politiek spectrum hij/zij/ze stond(en), al is het vermoeden sterk aanwezig dat Satoshi naar de libertarische kant neigt(de) volgens analyses van berichten die hij op fora plaatste en zijn manier van schrijven op de cryptografiemailinglijst waar hij voor het eerst wereldkundig maakte dat hij de bitcoin bedacht had.

De oudste groep die in het begin actief was met bitcoins en een enkele altcoin, bestond uit mensen uit alle geledingen van de samenleving met zeer diverse denkbeelden, van libertariërs en kunstenaars tot meer louche figuren en criminelen. Overtuigingen botsten dan ook vaak, wat in sommige gevallen tot het zelf opzetten van andere munten leidde. Als je zelf zo'n andere munt opzet, kun je ook zelf kiezen welke basisregels moeten gelden.

Wat deelden en delen al die mensen? Het idee dat je, als je dat wilt, zelf verantwoordelijk moet kunnen zijn voor je eigen bezit. Daarnaast uiteraard het ideaal van vrijheid: je moet zelf kunnen bepalen wie of wat je betaalt. Net zoals internet: zonder grenzen. De belangrijke extra laag op internet: de laag van waarde.

Bitcoin was en is niet bedoeld om het bestaande geldsysteem te vervangen, sowieso wist iedereen in het begin al dat op dat moment daar de capaciteit niet voor was. Dat soort problematiek moest in de toekomst maar opgelost worden.

En dat laatste, het oplossen van al die problemen van schaalbaarheid van de hoeveelheid transacties, privacy en de grote energievraag, daar wordt nu al jaren hard aan gewerkt door mensen met idealen, maar ook zeker mensen met dollartekens in de ogen. Ja, er zijn veel scams, veel foute mensen die een graantje proberen mee te pikken voordat het publiek niet meer in hun fratsen zal trappen.

Door de gebeurtenissen van de tweede helft van 2017, de tijd waarin de tegenwaardes van *alle* cryptovaluta zo stegen, dat velen de zeepbel insprongen, dat was misschien niet zo'n goeie timing. Geen van de toen bestaande blockchainsystemen kon hier goed mee overweg en gesteggel over oplossingen zorgde niet bepaald voor een knusse sfeer in bepaalde geledingen van de bitcoin-**community**. Overigens ontstonden tussen 2013 en 2017 heel wat projecten om de groeipijnen van het oudste blockchain-netwerk te pareren. Sommige projecten proberen bitcoin te verbeteren door er protocollen of zogenaamde *side chains* aan vast te hangen, andere projecten bouwden eigen blockchains, alle met hun eigen voor- en nadelen, niet in de laatste plaats door verschillende inzichten of, daar is ie weer, dollartekens in de ogen.

Weer anderen proberen al die projecten te koppelen door systemen te verzinnen die als intermediairs tussen de systemen functioneren en dat maakt het voor de buitenstaander en leek allemaal niet overzichtelijker.

De grote vraag is of al die systemen uiteindelijk nodig blijken te zijn. Waarschijnlijk niet en dat is niet erg, want door veel te experimenteren, wordt ontzettend veel kennis opgedaan die vaak volgens de open-source-gedachte gedeeld wordt of in ieder geval door anderen kan worden ingezien.

BELANGRIJK

Cryptovaluta zijn nog een groot experiment en ondanks dat het al heel erg op grotemensenwerk lijkt, staat het nog in de kinderschoenen. Een prachtig moment om ermee aan de slag te gaan of te blijven, maar zie niets in dit boek als beleggingsadvies. Het kan morgen weer anders zijn.

TIP

Het is niet moeilijk om zonder geld te experimenteren met blockchainsystemen door bijvoorbeeld gebruik te maken van een testnet. Ook kunnen cryptovaluta tot in het oneindige opgedeeld worden, dus je hoeft nooit één hele bitcoin of één hele ether te kopen (al zijn er voorbeelden die anders functioneren, zoals neo: die kun je alleen als rond getal kopen, maar hoe dat zit lees je in hoofdstuk 3). Een klein plukje voor een paar euro kan ook. Of, in het geval dat alles inmiddels ingestort is, koop je misschien wel weer een bitcoin of ether voor een paar euro …

> **IN DIT HOOFDSTUK**
>
> De eerste bitcoins en de community
>
> Van bitcoin naar blockchain
>
> Hoe werkt de bitcoin-blockchain eigenlijk?

Hoofdstuk 3
Bitcoin

Hoofdstuk 2 behandelde in sneltreinvaart heel veel verschillende onderwerpen die allemaal met blockchains, cryptovaluta, tokens en assets te maken hebben. Als dit je eerste aanraking daarmee is, dan duizelt het je misschien nu al. Maar geen zorgen: al die onderwerpen komen verderop in dit boek aan bod.

Eén onderwerp staat met stip bovenaan: de bitcoin zelf, daar kan niemand omheen. Ik stipte al enkele zaken aan met betrekking tot de bekendste cryptomunt, waaronder het pseudoniem van de bedenker, Satoshi Nakamoto, en dat is een prima startpunt. Wie was Satoshi Nakamoto?

De bedenker: Satoshi Nakamoto

Voordat Satoshi Nakamoto de eerste 50 bitcoins mijnde op 3 januari 2009, bestond zijn naam slechts kort. Zowel het e-mailadres als het adres van de website waar Satoshi naar verwijst in zijn *Bitcoin Whitepaper*, bestond niet voor de aankondiging van het artikel zelf op een cryptografiemailinglijst. We weten niet eens of Satoshi een man, vrouw of groep mensen was of is. In februari 2009 omschreef Satoshi zichzelf op het forum van een p2p-foundation als een 34 jaar oude man die in Japan woont. Voor het gemak gebruik ik daarom 'hij' als ik naar het pseudoniem Satoshi Nakamoto verwijs.

De Bitcoin Whitepaper, het artikel waarin Satoshi Nakamoto de werking van de bitcoin uiteenzet, publiceerde hij op 31 oktober 2008. Een dag later, op 1 november, publiceerde hij de link op een mailinglist voor cypherpunks, oftewel mensen die veel met cryptografie bezig zijn. Enkele leden van deze groep zijn dan al jaren bezig met het ontwikkelen van een digitale munt die veilig is zonder tussenkomst van een vertrouwde derde partij, zoals een bank of overheid.

VOORBEELD

Dat laatste klinkt in eerste instantie misschien heel simpel: bedenk een systeem om via internet te kunnen betalen, zonder dat dit gecontroleerd hoeft te worden door een derde partij. Een systeem dat gewoon werkt. Nog even in herinnering uit hoofdstuk 2: vergelijk dit met het fysiek betalen van 20 euro aan iemand anders: op het moment dat je het biljet van 20 euro loslaat en de ander heeft het vast, dan weet je honderd procent zeker dat jij die 20 euro niet meer hebt en de andere partij weet ook honderd procent zeker dat hij of zij die 20 euro wél heeft.

Eigenlijk staat dit hele proces in omfloerste bewoordingen zo beschreven in de samenvatting aan het begin van de whitepaper van Satoshi Nakamoto. De titel van het artikel is: 'Bitcoin: a peer-to-peer electronic cash system'. Het is sowieso interessant om het artikel een keer te lezen. Een simpele zoekopdracht op internet levert al snel het juiste resultaat op, maar omdat je nu een boek leest en je even niet op internet aan het zoeken bent, is hier de samenvatting van het artikel in het Nederlands:

> Een echte peer-to-peer-versie van elektronisch contant geld zou het mogelijk maken om online betalingen direct van de ene naar de andere partij te sturen zonder via een financiële instelling te gaan. Digitale handtekeningen bieden een deel van de oplossing, maar de belangrijkste voordelen gaan verloren als een vertrouwde derde partij nog steeds nodig is om dubbele uitgaven te voorkomen. We stellen een oplossing voor om het probleem van de **dubbele besteding** met behulp van een peer-to-peer-netwerk tegen te gaan. Het netwerk timestampt de transacties door ze in een doorlopende keten van een op hashes gebaseerd proof-of-work-systeem te plaatsen, wat een document vormt dat niet kan worden gewijzigd zonder de proof-of-work weer opnieuw uit te voeren. De langste keten dient niet alleen als bewijs van de volgorde van de vastgelegde gebeurtenissen, maar ook als bewijs dat deze afkomstig was van de grootste *pool* van cpu-kracht. Zolang een meerderheid van de cpu-kracht wordt bestuurd door nodes die niet samenwerken om het netwerk aan te vallen, genereren ze de langste keten en blijven ze aanvallers voor. Het netwerk zelf vereist een minimale structuur. Berichten worden uitgezonden op een 'best effort'-manier en nodes kunnen zich naar believen aan het netwerk toevoegen en het netwerk verlaten. De nodes accepteren de langste proof-of-work-keten als bewijs van wat er gebeurde toen ze weg waren.

De eerste zin van de conclusie luidt dan ook:

> We have proposed a system for electronic transactions without relying on trust.

In alle eerlijkheid: toen ik de whitepaper lang geleden voor het eerst las, begreep ik er weinig van en ik was waarschijnlijk op de helft van het stuk al elders met mijn gedachten. De paper is dan ook niet bedoeld om leken warm te maken, maar om doorgewinterde cryptografen geïnteresseerd te krijgen.

TECHNISCHE INFO

Je ziet: het woord 'blockchain' komt niet eens voor in de samenvatting en staat ook nergens in de rest van het document. Wel gebruikt Satoshi een keer de zinsnede 'chain of blocks' oftewel 'keten van blokken'. Toch staat in deze summiere samenvatting alles wat laat zien waarom bitcoin zo'n interessante uitvinding is. Satoshi combineert namelijk enkele bestaande technieken uit de werelden van cryptografie en spel-theorie met die 'chain of blocks' of, zoals we die vanaf nu zullen noemen: de blockchain (die een enkele taalpurist ook wel 'blokketen' noemt).

Voordat Satoshi de paper schreef, had hij zelf alle code al geschreven voor bitcoin. Dit deed hij omdat hij zichzelf eerst moest overtuigen dat hij alle problemen kon oplossen. Vermoedelijk startte Satoshi met het werken aan het bitcoin-concept ergens in 2006 en begon hij met het schrijven van de code rond mei 2007.

Politiek

Het zal niemand zijn ontgaan dat het moment waarop bitcoin de eerste tekenen van leven vertoonde, samenvalt met het begin van de financiële crisis. De Lehman Brothers waren net bankroet gegaan en zakenbank Merrill Lynch moest voor zo'n 50 miljard dollar overeind gehouden worden door de Bank of America. De American International Group, de grootste verzekeraar in de Verenigde Staten, moest ook geholpen worden met een bedrag van 85 miljard dollar van de Federal Reserve Bank of New York.

In Europa ging het ook niet bepaald goed: Griekenland stortte de afgrond in, in Nederland nationaliseerde de overheid Fortis voor 16,8 miljard euro, waarbij de voormalige ABN-AMRO-onderdelen de grootste punt van de taart waren. ING kreeg een kapitaalinjectie van 10 miljard euro, de IJslandse bank Landsbanki kon zijn verplichtingen niet nakomen en de Europese Centrale Bank kocht elke maand voor 80 miljard euro aan leningen en obligaties op, tot dit in 2017 werd teruggeschroefd naar 60 miljard per maand en in 2018 tot 30 miljard. Tot wanneer dit programma doorgaat, is op moment van schrijven niet bekend.

Satoshi schrijft op 7 november 2008 aan de cryptografiemailinglijst dat hij niet denkt dat cryptografie een oplossing is voor politieke problemen, maar dat er wel een grote slag te winnen is in het bereiken van een nieuw vrijheidsterritorium voor een aantal jaar (Yes, *[we will not find a solution to political problems in cryptography,] but we can win a major battle in the arms race and gain a new territory of freedom for several years.*). Daarbij verwijst hij onder andere naar p2p-netwerken als Tor en Gnutella die, in tegenstelling tot het centraal aangestuurde Napster, niet zo makkelijk de nek om te draaien zijn.

Dan is het wellicht niet zo vreemd dat Satoshi Nakamoto in het eerste **blok** van de bitcoin-blockchain de volgende tekst opnam: 'The Times 03/Jan/2009 Chancellor on brink of second bailout for banks', oftewel de woorden op de voorpagina van de Britse krant *The Times* op drie januari 2009. Naast de vermoedelijke reden om te bewijzen dat het eerste blok op of na die datum geproduceerd was, is het ook een commentaar op de instabiliteit in het financiële systeem die door fractioneel bankieren was ontstaan. Daarnaast wekt het de suggestie dat Satoshi op dat moment in het Verenigd Koninkrijk woonde of zich daar bevond.

Waarom Satoshi Nakamoto bitcoin ooit creëerde wordt duidelijk uit berichten die hij achterliet op het forum van P2P Foundation. Uit die berichten blijkt dat hij het beheer over geld niet bij (overheids)instanties wilde laten. Uit de conversaties blijkt in ieder geval dat hij een probleem had met 'conventionele valuta' en de manier hoe vertrouwen in die systemen geregeld is.

De centrale bank moet erop worden vertrouwd dat de munt niet wordt gedevalueerd, maar de geschiedenis van fiatvaluta's zit vol met schendingen van dat vertrouwen. Banken moeten worden vertrouwd dat ze ons geld aanhouden en elektronisch overmaken, maar ze lenen het ondertussen uit met nauwelijks een fractie van het geld in echte reserve. (Forum P2P Foundation, 11 februari 2009)

In hetzelfde bericht schrijft hij dat het tijd wordt om geld ook zo te beveiligen dat anderen geen toegang meer hebben tot je fondsen en dat het tijd wordt dat de *middleman* uitgeschakeld wordt. Zo moeten geldtransacties veilig en makkelijk worden, net zoals iedereen makkelijk zijn bestanden kan beveiligen met versleuteling, waardoor anderen daar geen toegang meer toe hebben.

Maar voordat we dieper op de achtergrond van woorden als 'timestamp', 'proof-of-work', 'Genesis-blok' en 'nodes' ingaan, duiken we nog kort de geschiedenis in van cryptovaluta zelf, want de ideeën daarover bestaan al heel wat langer dan de bitcoin.

Satoshi's voorlopers en vroege gebruikers

De ideeën rond cryptovaluta bestaan al heel wat langer dan de bitcoin en hebben zelfs een Nederlands tintje.

Een belangrijke naam in de wereld van cryptografie is David Chaum. Deze Amerikaan kwam in de jaren tachtig terecht bij het Centrum Wiskunde & Informatica op het Science Park in Amsterdam en zou samenwerken met verschillende Nederlandse banken en instellingen, waarbij geen van zijn systemen uiteindelijk in gebruik is genomen, niet in de laatste plaats omdat hijzelf altijd beren op de weg zag. Maar voordat hij in Nederland terechtkwam, bedacht hij 'ecash' in 1983. Via dit systeem moest je veilig en anoniem online kunnen betalen. Het systeem vereiste dat de gebruiker zelf eCash-software op zijn computer had staan. De software sloeg elektronisch geld op dat cryptografisch ondertekend was door een bank. Een gebruiker kon vervolgens het digitale geld besteden in winkels die eCash accepteerden, zonder eerst zelf een account bij de verkopende partij te moeten openen of creditcardnummers uit te moeten wisselen.

In 1990 startte Chaum het bedrijf DigiCash, waarmee hij in Nederland onder andere samenwerkte met Rijkswaterstaat voor een systeem van tolbetalingen voor de rijkswegen. Dat systeem werd in de ijskast gezet en hij had zijn baan bij het CWI kunnen vervolgen, maar hij besloot voor het grote geld te gaan en ging smartcards verkopen voor gesloten geldsystemen. Uiteindelijk bleek Chaum volgens medewerkers vooral een control freak en wilde nooit iets uit handen geven. Hij was zelfs nog betrokken bij I-Pay, een systeem van verschillende Nederlandse banken, maar vlak voor de deal met de banken rond was, vertelde Chaum aan Nederlandse kranten dat het nieuwe Chipknip en Chipper-systeem onveilig was, waar banken net 250 miljoen gulden in gestopt hadden. Einde I-Pay-deal kun je wel zeggen. In 1998 werd de stekker definitief uit DigiCash getrokken.

Een ander waar je niet omheen kunt, is Nick Szabo met zijn ontwerp voor een mechanisme voor een decentrale cryptomunt die hij 'bit gold' noemde. Het systeem is nooit werkelijk van de grond gekomen, maar het wordt vaak 'de directe voorloper van de bitcoin-architectuur' genoemd. Het is dan ook niet vreemd dat hij vaak in verband gebracht wordt met het pseudoniem Satoshi Nakamoto, maar hij houdt zelf vol dat hij dit niet is. Zijn bit gold-systeem gebruikt een principe waarbij deelnemers een cryptografische puzzel moeten oplossen. De opgeloste puzzels worden vervolgens naar een publieke database gestuurd die met een **byzantijns fouttolerantiemodel** is beveiligd en de uitkomst van de puzzel wordt daar aan de publieke sleutel van de oplosser gekoppeld. Elke oplossing wordt weer onderdeel van de volgende opdracht waarbij de hele keten verder groeit. Op die manier kan het netwerk elke nieuwe munt verifiëren en voorzien van een timestamp. Dat klinkt al aardig als bitcoin, al wordt hier nog geen blockchain toegepast.

Hall Finney is de eerste ontvanger van een bitcoin-transactie en was de eerste persoon naast Satoshi om de bitcoin-software te gebruiken. Helaas overleed hij op 56-jarige leeftijd op 28 augustus 2014. Finney wordt vaak in verband gebracht met Satoshi, niet in de laatste plaats omdat hij niet ver van een man met de naam Dorian Nakamoto woonde, iemand die door het tijdschrift Newsweek ooit werd aangewezen als de bedenker van bitcoin, al blijft Dorian Nakamoto volhouden dat hij nooit van de munt gehoord had voordat Newsweek hem daarmee in verband bracht. Wilde ideeën doen de ronde: Finney zou Nakamoto's echte naam, Satoshi, als pseudoniem gebruikt hebben. Finney droeg veel bij aan de vroege code van de bitcoin-software.

Er is één persoon die nog steeds beweert Satoshi te zijn, dat is Craig Steven Wright, een Australische academicus. Het tijdschrift Wired dacht even dat Wright inderdaad Satoshi was, maar stapte daar uiteindelijk weer vanaf. Bottom line is: zolang niemand de bitcoins van Satoshi verplaatst, is Satoshi van de aardbodem verdwenen. Als deze wel ooit verplaatst zouden worden, kan dit onvoorziene gevolgen hebben. De waarde zou kunnen kelderen, omdat er dan ineens toegang is tot 1 miljoen bitcoins. Ook weer genoeg voer voor speculatie trouwens, maar dat is voor een ander verhaal.

Satoshi's verdwijntruc

Nog geen twee jaar na het mijnen van de eerste bitcoins, wordt Satoshi Nakamoto steeds minder actief binnen de inmiddels steeds groter wordende bitcoin-community, om in de lente van 2011 in het niets te verdwijnen na het sturen van een e-mail aan bitcoiner van het eerste uur Gavin Andresen met de tekst 'moved on to other things'.

Satoshi heeft zijn sporen op internet en daarbuiten zeer goed weten te verbergen. Dat is bijzonder prijzenswaardig, zeker als je bedenkt dat hij binnen de open-source bitcoin-community natuurlijk een belangrijk persoon was. Al die tijd heeft hij blijkbaar aan niemand, of in ieder geval niet iemand die het deelt, ook maar iets van zijn persoonlijk leven vrijgegeven. De naam doet natuurlijk heel Japans aan, maar zijn Engels is van zeer hoog niveau. Ook gebruikt hij bij tijd en wijle zeer Brits-Engelse uitdrukkingen en de Britse schrijfwijze, maar de Bitcoin Whitepaper was dan weer in Amerikaans-Engels opgesteld.

Wie hij of zij (zowel enkel- als meervoud) ook was of waren, met de naam Satoshi Nakamoto wilde hij vermoedelijk wel het een en ander aangeven. Satoshi is te vertalen als 'helder denkend', 'vlug van begrip' en 'wijs'. Naka en moto kunnen respectievelijk betekenen: 'medium', 'binnenin' of 'relatie' en 'herkomst' of 'grondbeginsel'. Maar anderen zeggen weer dat nakamoto 'bron' betekent. Het ligt in de richting van 'bron van wijsheid' of een vergelijkbare combinatie.

21 miljoen

Een van de belangrijke financiële inzichten van Satoshi is dat zijn munt deflatoir is. We zijn gewend met ons huidige geldsysteem dat er inflatie is, omdat er constant meer geld gecreëerd wordt, maar bij bitcoin kunnen maximaal 21 miljoen munten gemunt worden. Of, naar analogie met goud, gedolven of *gemijnd*. Op dit moment kan een mijner nog hele bitcoins binnenhalen, namelijk 12,5 bitcoin per ongeveer tien minuten. De hoeveelheid bitcoins die een mijner voor het vinden van een blok ontvangt, halveert elke vier jaar.

TECHNISCHE INFO

Mijners kunnen allang niet meer in hun eentje een blok van de bitcoin-blockchain vinden, daarom werken ze samen in zogenaamde *mining pools*. Het woord 'mijner' verwijst in de meeste gevallen dus naar een 'groep mijners'. Stel je hierbij een heleboel computers-zonder-beeldscherm voor in een grote hal.

Medio 2018 zijn er ruim 17 miljoen bitcoins gemijnd en met 12,5 bitcoins per ongeveer tien minuten, komt dat neer op zo'n 1800 nieuwe bitcoins per dag. Rond 2032 kunnen er geen hele bitcoins meer gemijnd worden. Het laatste ietsiepietsiebeetje bitcoin zal ergens tussen 2136 en 2140 (!) digitaal gegenereerd worden. In die laatste vier jaar komen er *in totaal* nog 0,0021 bitcoin bij. De bitcoin is dus ontworpen om meer waard te worden omdat hij een vooraf vastgestelde en niet te wijzigen schaarste heeft.

BELANGRIJK

Mijners zijn van groot belang voor het veilig houden van het netwerk. Hoe meer mijners, hoe veiliger het netwerk. Dit doen ze niet voor niets: doordat ze bitcoins krijgen voor hun inspanning, blijven mijners hun werk doen. Zo kunnen de kosten van hardware en energie betaald worden.

TECHNISCHE INFO

Satoshi Nakamoto heeft ook bedacht wat er gebeurt als er bijna geen bitcoins meer zijn om te mijnen. Op dat moment moet het systeem zo veel gebruikt worden, dat de kleine **transactiekosten** die iedereen betaalt voor elke transactie, voldoende opleveren voor de mijners om nog steeds de blokken aan te maken. Ook moet er dan zo veel waarde in het netwerk zitten, een bitcoin moet dus heel veel waard zijn, dat het stoppen met mijnen weggegooid geld zou zijn.

BITCOIN EN WIKILEAKS IN 2010

TECHNISCHE INFO

Satoshi vond dat bitcoin nog niet klaar was voor grootschalig gebruik toen WikiLeaks, de klokkenluiderswebsite onder leiding van Julian Assange, geen betalingen meer kon ontvangen van grote creditcardmaatschappijen. Op het bitcoin-talk-forum schrijft op 4 december 2010 iemand dat het tijd wordt om bitcoin te gebruiken om WikiLeaks te ondersteunen. 'Basically, bring it on', schrijft Robert S. Horning. Een dag later reageert Satoshi met 'No, don't "bring it on"'. Satoshi zegt verder dat het project rustig moet groeien omdat bitcoin nog slechts een kleine bèta-community is in zijn begintijd. De bekendheid die het aan bitcoin zou geven, zou het project in Satoshi's ogen op dat moment vernietigen. Overigens hebben donaties in bitcoin WikiLeaks geen windeieren gelegd. Een WikiLeaks-donatie-adres dat sinds 15 juni 2011 actief is, heeft tot nu toe 4042 bitcoins mogen ontvangen. Da's niet mis!

Bitcoin en de blockchain

Wat maakt de blockchain in het bitcoin-protocol zo interessant? Het zorgt voor een mogelijkheid om transacties op zo'n manier te synchroniseren dat een hele reeks wiskundige en cryptografische principes zorgt voor de zekerheid dat transacties ook werkelijk gedaan kunnen worden. Dat Pietje geen 2 bitcoin kan geven aan Jetje als Pietje ze niet heeft. De blockchain speelt daarin een belangrijke rol voor het vastleggen van transacties, zodat die niet meer achteraf aangepast kunnen worden en je dus kunt zien of iemand wel of niet aan z'n verplichting, in dit geval het betalen van 2 bitcoin, kan voldoen.

BELANGRIJK

'Blockchain is een manier om heel veel verschillende databases te synchroniseren. Het is geen magie. Het doel van een blockchain is niet om data op te slaan of te verspreiden, het is er om er zeker van te zijn dat partijen die elkaar niet vertrouwen allemaal dezelfde informatie gebruiken', aldus Oleg Andreev, een van de bitcoin-core-ontwikkelaars op Twitter.

Ja, dat is aardig, zo'n citaat, maar hoe werkt dat dan? Als je het voorgaande citaat tot je door laat dringen, lijkt het eigenlijk niet zo ingewikkeld. Toch zegt bijna iedereen tegen mij: ach, die bitcoin, ik snap er niets van! Het lastige met alles dat met blockchains te maken heeft, is dat het niet alleen vraagt om iets te leren over bepaalde cryptografische technieken en aanverwante zaken, maar vooral dat je ineens anders moet durven denken, namelijk decentraal. Daar staat of valt elke cryptovaluta, token of asset mee. Het moet zin hebben de boel decentraal te verwerken en anders moet je het helemaal niet willen oplossen met een blockchain. Je kunt misschien onderdelen van de systematiek lenen, maar dan kom je meer in de hoek van private blockchains en andere ledger-systemen, zoals hyperledger, interledger en private ethereum-blockchains. In dit boek blijven we voornamelijk aan de publieke kant en bij de crypto's die voor iedereen bereikbaar zijn.

VOORBEELD

De meeste mensen hebben wel ervaring met decentrale opslag, vaak zonder dat ze dit zelf door hebben, namelijk door films en muziek te downloaden via bittorrentnetwerken. Zo'n filmbestand staat dan op heel veel verschillende computers in de hele wereld en jij als downloader kopieert overal kleine stukjes van dat totale filmbestand vandaan. Alsof je iedereen die een bepaald boek heeft, vraagt om elk een paar pagina's te kopiëren en die naar je toe te sturen via de post. Dan kun je daarna dat boek samenstellen uit al die losse pagina's. Ondertussen kun jij ook aan het kopiëren slaan en pagina's naar anderen versturen. Nou ja, dat doe je natuurlijk niet, maar je snapt het principe.

Omdat er geen centrale dienst is die het filmbestand aanbiedt, is het niet mogelijk dit bestand te verwijderen van internet. Tenzij je bij elke individuele persoon die dit bestand via bittorrent aanbiedt, persoonlijk zorgt dat het bestand niet meer zo wordt aangeboden. Het voordeel van een decentrale opslag is wel duidelijk: omdat het bestand op heel veel plaatsen is opgeslagen, is het bijna niet mogelijk zo'n bestand echt te verwijderen.

BELANGRIJK

HOEVEEL BITCOINS ZIJN ONBEREIKBAAR?

Je weet inmiddels dat er maximaal 21 miljoen bitcoins ooit kunnen bestaan, maar ondertussen zijn er sinds 2009 natuurlijk ook een hoop verdwenen, of beter gezegd: onbereikbaar geworden. Dit kan komen door verloren of vergeten wallets (wie kent de verhalen niet uit het gewone nieuws van mensen die naarstig op zoek zijn naar hun oude computer op een vuilnisbelt), verkeerde transacties en natuurlijk de ruim 1 miljoen bitcoins die Satoshi ooit bij elkaar sprokkelde door te mijnen. Er is nog nooit een bitcoin verplaatst van Satoshi's verzameling, behalve helemaal in het begin, de eerste transactie tussen hem en Hal Finney op 12 januari 2009. Als er ooit maar één satoshi (de kleinste maat van bitcoin, 0,00000001) van die hele verzameling verplaatst wordt, dan is de wereld in rep en roer: óf Satoshi bestaat nog óf iemand heeft ergens de wallet of geheime sleutels weten te vinden.

Schattingen van het aantal onbereikbare bitcoins lopen uiteen van 3 tot 6 miljoen. Hoeveel het er precies zijn, is lastig te zeggen: sommige mensen hebben misschien wel cold wallets die ze al jaren niet aangeraakt hebben. In september 2018 werden ineens ruim 11.000 bitcoins verplaatst naar een exchange uit een wallet met 111.000 bitcoins die al sinds 2014 niet aangeraakt was. Reken dat maar eens om in euro's. Het is dus soms lastig te bepalen wat slapende bitcoins zijn en welke echt als verloren beschouwd moeten worden.

Sleutels

Bitcoin en alle andere cryptovaluta werken met cryptografische sleutels om alle controles uit te voeren en om de cryptovaluta te kunnen gebruiken. Dit valt allemaal samen onder de noemer 'cryptografie', wat zoveel betekent als 'geheimschrift', gevormd door het Griekse kruptos (verborgen) en graphein (schrijven). In ons geval betekent het het 'dataversleuteling'. Soms korten mensen cryptovaluta wel af tot 'crypto's', maar dat is nogal kort door de bocht en doet geen recht aan alles dat met cryptografie te maken heeft (al is het wel eens praktisch in discussies op twitter).

TECHNISCHE INFO

Het systeem waar onder andere bitcoin gebruik van maakt heet *public-key cryptography* of asymmetrische cryptografie. Dit type cryptografie stamt uit de jaren zeventig en is een van de belangrijkste onderliggende veiligheidssystemen in de informatica.

Al die sleutels zijn een onmisbaar onderdeel van alles wat met cryptovaluta te maken heeft. In dit boek behandel ik kort de structuur van bitcoin-adressen en het aanmaken daarvan, hoe het uitvoeren van transacties werkt, hoe de blockchain in elkaar zit en hoe die blockchain aan elkaar gesmeed wordt door de mijners in het netwerk.

VOORBEELD

VERSLEUTELEN IS VAN ALLE TIJDEN

Het versleutelen van berichten is van alle tijden. Je kunt een bericht simpel versleutelen door met iemand je manier van versleutelen te delen. Bijvoorbeeld: cjudpjo is opgemaakt volgens de versleuteling: <letter alfabet>-1. Om erachter te komen wat er staat, hoef je alleen maar c-1 te doen. Dat is dus de b. Wat er staat zal wel duidelijk zijn. Misschien had je dit ook wel doorzien zonder mijn uitleg. Dat is dan ook de hoofdreden dat er een nieuw soort versleuteling nodig was toen computers en masse hun intrede deden. De versleuteling bij bitcoin heet **asymmetrische versleuteling**. Bij een bericht werkt dit als volgt: je geeft je publieke sleutel aan iemand anders en die stuurt jou een bericht versleuteld met de publieke sleutel. Nu kun je zeggen: dan kan iedereen dat toch weer ontsleutelen? Helaas, het systeem zit zo in elkaar dat de publieke sleutel opgebouwd is vanuit een geheime sleutel die vermenigvuldigd is met een getal dat gevormd wordt via elliptische kromme-cryptografie en dat is in het geval van bitcoin-adressen onmogelijk terug te berekenen. En zonder die geheime sleutel kun je het bericht niet ontsleutelen, dus zijn je bitcoins veilig zolang je geheime sleutel veilig is. Een belangrijk onderdeel van versleuteling is het toepassen van hash-functies. Bij cryptovaluta worden hash-functies op allerlei manieren toegepast, bijvoorbeeld om bitcoin-adressen leesbaarder te maken, maar ook om de blokken van de blockchain aan elkaar te koppelen.

Bitcoin-adressen genereren

Een bitcoin-adres is het adres waar je bitcoins op ontvangt. Dit is ook het adres dat je deelt met anderen om bitcoins naar over te maken en wat de ander ziet als jij bitcoins naar hem of haar overmaakt.

BELANGRIJK

Een bitcoin-adres is dus publiek zichtbaar en als iemand je adres weet, kan hij alle transacties die ooit naar en van dat bitcoin-adres gingen, inzien op een zogenaamde *block explorer*. Een **block explorer** is vaak een website waarop je kunt zien wat er allemaal in de blockchain gebeurt.

Het concept 'bitcoin-adres' bestaat in hoofdzaak uit drie onderdelen:

- » een publiek bitcoin-adres
- » een publieke sleutel
- » een privé- of geheime sleutel

Je bitcoin-adres wordt via een zogenaamde *hash-functie* uit de publieke sleutel gegenereerd. Iedereen kan dan ook inzien wat er op dat publieke adres staat, maar alleen de persoon met de geheime sleutel kan ook iets doen met de bitcoins die met dat adres geassocieerd zijn.

De publieke en geheime sleutel horen bij elkaar. Via een hash-functie wordt het publieke adres uit het geheime adres berekend. Uit dat publieke adres wordt het bitcoin-adres weer berekend.

BELANGRIJK

Je kunt een bitcoin-adres heel makkelijk berekenen vanuit een willekeurig gekozen geheime sleutel, maar het is onmogelijk ooit de geheime sleutel te berekenen vanuit de publieke sleutel. De berekening is een *eenrichtingsfunctie*: de ene kant op heel makkelijk en de andere kant op praktisch onmogelijk. Het is gebouwd op wiskundig vertrouwen.

VOORBEELD

7 x 20 = 140. Maar als je alleen '140' weet, weet je dan ook welke getallen daar ooit voor gebruikt werden om het te berekenen? 1 x 140 of 2 x 70 of 10 x 14 of 28 x 5? Als je publieke sleutel 60 cijfers lang is, wordt het lastig om uit te vinden wat voor geheim getal daarachter schuilgaat. Met alle extra cryptografische systemen die toegepast worden om een publieke sleutel vanuit een geheime sleutel te genereren, is dat eigenlijk onmogelijk.

TECHNISCHE INFO

Een hash-functie is een belangrijk onderdeel van cryptografie. Dit werkt als volgt: je voert een bericht in, vaak in de vorm van een groep cijfers en letters, en via een vaststaande berekening reken je uit wat er aan de andere kant uitkomt. Als je ook maar één letter of cijfer wijzigt in het bericht dat je invoert, komt er een totaal ander bericht uit aan de andere kant.

Een mooie vergelijking is een van de letterlijke vertalingen van het woord hash: hachee of mengelmoes. Bij een hachee gooi je allerlei voedingsmiddelen door elkaar volgens een bepaald recept, maar de uiteindelijke hachee terugbrengen naar de oorspronkelijke ingrediënten is vooralsnog onmogelijk.

Bij een hash-functie bereken je de uitkomst van het bericht ook via een bepaald recept. Zo'n recept heet dan bijvoorbeeld SHA-256 of scrypt. Bij bitcoin worden verschillende hash-functies gebruikt.

HASH-FUNCTIES BIJ BITCOIN

TECHNISCHE INFO

Dit hoef je niet te onthouden, maar het laat zien hoe ingenieus zo'n sleutelsysteem in elkaar zit. De hash-functies die bij bitcoin worden toegepast zijn SHA-256, RIPEMD-160 en Base58. De openbare sleutel van 65 bytes wordt met SHA-256 gehasht en dat zorgt voor een getal van 32 bytes. Dat getal wordt weer gehasht, nu met RIPEMD-160 waaruit een getal van 20 bytes rolt. Aan dit getal wordt één getal toegevoegd aan de voorkant, het versienummer. Bij 'normale' bitcoin-adressen is dit een 0. Nu heb je een getal van 21 bytes. Dan wordt er een controlegetal berekend door het getal van 21 bytes twee keer met SHA-256 te hashen. Van de uitkomst daarvan worden de eerste vier bytes genomen, die vormen het controlegetal. Dat getal wordt aan de 21 bytes geplakt. Je houdt 25 bytes over van het getal van 65 bytes, maar dit is nog steeds een getal van bijna 60 cijfers. Dat wordt met Base58 weer omgezet naar cijfers en letters waarbij de nul en hoofdletter O niet gebruikt worden en de hoofdletter I en kleine L ook niet. Daaruit krijg je een beter leesbaar bitcoin-adres.

TECHNISCHE INFO

Een publiek bitcoin-adres begint met een 1 (1BvBMSEYstWetqTFn5Au4m4GFg7x-JaNVN2) of met een 3 (3J98t1WpEZ73CNmQviecrnyiWrnqRhWNLy). Er is ook een ander formaat, maar dat wordt nog niet overal geaccepteerd (bc1qar0srrr7xfk-vy5l643lydnw9re59gtzzwf5mdq).

Een bitcoin-adres wordt vaak vergeleken met een bankrekeningnummer en de geheime sleutel met een pincode. De analogie werkt in het echt slecht en je mag die van mij snel vergeten omdat deze vergelijking alleen in het simpelste geval geldt: ik geef 0,001 bitcoin aan jou, waarbij het totale bedrag uit één publiek zichtbaar bitcoin-adres komt en het eigenaarschap wisselt naar jouw bitcoin-adres. Als ik je 0,3 bitcoin wil overmaken, en ik heb dat niet op één adres staan in waarde maar wel in totaal in mijn wallet, dan wordt de waarde bereikt door de waardes van verschillende bitcoin-adressen te combineren. En dat doe je niet met rekeningnummers.

De geheime sleutel zul je als eindgebruiker bij bitcoin eigenlijk nooit zien. In de bitcoin-core-wallet (wat tevens de eerste wallet was), moet je de geheime sleutel zelfs via de console zichtbaar maken. Er is geen knopje of menu-item.

Er zijn nu een paar termen langsgekomen met sleutels. Wat voor sleutels zijn er eigenlijk?

HOOFDSTUK 3 **Bitcoin** 43

TABEL 3.1   Sleutels (simpelste vorm)

Sleutelnaam	Formaat	Doel
Geheime sleutel	18e14a7b6a307f426a94f8114701e-7c8e774e7f9a47e2c2035db29a206321725	Willekeurig gegenereerd adres waaruit de publieke sleutel opgebouwd wordt.
Publieke sleutel	0250863ad64a87ae8a2fe83c1af1a8403cb-53f53e486d8511dad8a04887e5b2352	Sleutel wordt in zeven stappen omgezet naar een beter leesbaar adres, het bitcoin-adres.
Bitcoin-adres	1PMycacnJaSqwwJqjawXBErnLsZ7RkXUAs	Publiek zichtbaar, het adres waar je bitcoins naartoe laat sturen en het adres dat zichtbaar is voor de ontvanger. Er zijn nog twee soorten: de ene begint met een 3, de andere met letters.

Transacties

Transacties zijn eigenlijk het hart van het bitcoin-netwerk. Alles draait om die transacties. Dat we veilig transacties kunnen doen, dat je zeker weet dat ze uitgevoerd worden en dat ze niet meerdere keren gedaan kunnen worden. Daarvoor moeten ze gemaakt worden, aan het netwerk gegeven worden, gecheckt worden en uiteindelijk in de blockchain opgenomen worden.

Eindgebruikers zien in een block explorer zoals blockchain.com/explorer (voorheen blockchain.info) een aantal herkenbare onderdelen, namelijk je eigen bitcoin-adres, dat van de andere partij, het aantal transacties en het aantal ontvangen en verzonden bitcoins en transacties. Als je even de tijd neemt, dan kun je redelijk goed begrijpen wat je ziet als het aantal transacties beperkt blijft.

Basistransacties

Transacties in het bitcoin-netwerk bestaan uit een keten die pas stopt bij de laatste onbestede transactie. De hele geschiedenis van elke transactie die daarvoor plaatsvond, is te volgen tot aan de begintransactie. Die eerste transactie komt voort uit de beloning die een miner krijgt voor het inzetten van zijn computerkracht. Op dit moment dus 12,5 bitcoin. Die nieuwe bitcoins komen uit het niets. Dit heet ook wel de *coinbase* en dit systeem gaat door tot er 21 miljoen bitcoins zijn.

VOORBEELD

In dit voorbeeld blijven we bij een gewone transactie waarbij Aisha een transactie doet naar Bert, die vervolgens een transactie uitvoert naar Cecile.

Aisha heeft 1 bitcoin en maakt 1 bitcoin over aan Bert. Vervolgens betaalt Bert 0,5 bitcoin aan Cecile. Elk blokje geeft een transactie weer.

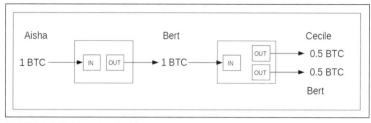

FIGUUR 3.1: Geld en wisselgeld.

Als je naar de loop van de plaatjes kijkt, zie je dat bij de laatste transactie, die van 0,5 bitcoin aan Cecile, er ook nog 0,5 bitcoin naar Bert gaat. Dat klopt: je kunt namelijk nooit een deel van je bitcoin overmaken, je moet altijd alles naar de volgende transactie doorschuiven. Het werkt een beetje als wisselgeld: Bert geeft 1 bitcoin en krijgt 0,5 bitcoin terug op een nieuw bitcoin-adres in zijn eigen wallet. Hier merk je als eindgebruiker niets van, tot je in een block explorer de transacties bekijkt.

Dit geldt ook andersom. Cecile heeft ooit 0,5 bitcoin van Bert gekregen en 0,25 van Dirk. Cecile wil 0,6 bitcoin aan Erik overmaken (zie figuur 3.2). Nu zie je in het plaatje dat ze al haar bezittingen naar de volgende transactie meeneemt en het 'wisselgeld', 0,15 bitcoin, weer naar zichzelf overmaakt en 0,6 naar Erik.

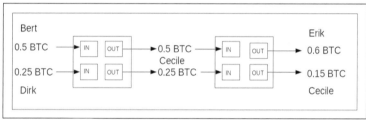

FIGUUR 3.2: Cecile stuurt 0,6 bitcoin aan Erik, samengesteld uit twee eerder ontvangen transacties van Bert en Dirk met respectievelijk 0,5 en 0,25 bitcoin. Cecile krijgt 0,15 bitcoin terug.

In dit voorbeeld zijn we even 'vergeten' dat je ook transactiekosten moet betalen aan het netwerk voor de uitvoering van de transactie. Eigenlijk moet bij elke uitvoer nog een heel klein beetje naar een mijner toe. Als Cecile dus 0,6 bitcoin aan Erik moet overmaken en dit uit haar vermogen van 0,75 bitcoin haalt, maakt ze dus 0,6 over aan Erik, 0,14 aan zichzelf en 0,01 aan de mijner.

BELANGRIJK

De verzender betaalt ook transactiekosten. Afhankelijk van de drukte op het netwerk kunnen die variëren. Als het een paar cent is, zal het je misschien niet uitmaken, maar als het bijvoorbeeld ter grootte van een euro is op een betaling van een paar euro, dan wordt het wel vervelend.

Block explorer

We gaan een transactie na via een block explorer, want dan krijg je het best een gevoel bij wat er aan de zichtbare kant gebeurt. Je ziet in de afbeelding een bitcoin-adres, namelijk: 359Mzsv6oQJ3SqPCfJCwgJDoJUz5HvmiZL.

FIGUUR 3.3: Blockchain.com/explorer laat hier een transactie zien naar adres 359M...vmiZL

Je ziet verschillende dingen gebeuren in het gedeelte onder 'Transactions', namelijk: een lang nummer in een kleiner lettertype, dat is het transactie-identificatienummer, 09ca0df... Direct daaronder staat een lang nummer dat begint met 36u6g... (0,034 BTC - Output), dan een in werkelijkheid groene pijl met daarnaast 'ons' nummer en daarachter (Unspent). Daaronder staan nog twee nummers.

Als je de bedragen optelt achter de drie bitcoin-adressen aan de rechterkant, kom je niet op 0,034 BTC, maar op 0,03390306 BTC. Dat klopt, want er is ook een klein beetje naar het netwerk gegaan als transactiekosten, in dit geval 0,00009694 BTC.

Als je nu op het transactienummer klikt met 09ca... dan kom je bij de samenvatting van de transactie. Een paar dingen zijn interessant, namelijk de grootte in bytes, de tijd wanneer de transactie ooit voor het eerst ontvangen is door het netwerk (*received time*), daaronder het blok waarin de tijd vastgelegd is en daarna het blok waarin de transactie daadwerkelijk is opgenomen (dan is de transactie dus doorgerekend en goed bevonden). In dit geval 11 minuten nadat de transactie uitgestuurd was. Daaronder staat het aantal **bevestigingen**.

Aan de rechterkant zie je inderdaad de transactiekosten en ook hoeveel er per byte betaald is aan transactiekosten. Dat is dus 282 x 34.376 satoshi = 9685.572 satoshi of 0,00009694 BTC (1 satoshi is 0,00000001 bitcoin).

Als je nu op het adres met 36u6g... klikt, dan zie je dat die transactie weer voortkwam uit een transactie waar ooit 0.03457143 BTC in ging waarvan een klein beetje naar een ander adres ging. Op deze manier kun je alle transacties nalopen en dat kan al rap heel ingewikkeld worden.

FIGUUR 3.4: Gedetailleerde transactie-informatie van transactienr. 09ca... 8645 (beeld: blockchain.com/explorer).

FIGUUR 3.5: Transactie-invoer en -uitvoer van adres 36u6g...Qf1A4 (beeld: blockchain.com/explorer).

TECHNISCHE INFO

Een transactie heeft dus altijd een invoer en een uitvoer. Als een transactie uitgevoerd is, kan deze nooit meer gebruikt worden, want die is vanaf dat moment 'leeg' of eigenlijk besteed. De transactie is vanaf dat moment een bestede transactie-uitvoer. In het plaatje heet zo'n uitvoer *spent*. Een **niet-bestede transactie-uitvoer** is *unspent* en heet ook wel UTXO (unspent transaction output).

Transacties 'bewegen' dus niet op de bitcoin-blockchain. Nu wordt ook duidelijk waarom er alleen transacties op een blockchain kunnen staan en geen 'bewegende' zaken, zoals de muntjes zelf.

TECHNISCHE INFO

Je kunt dit ook vergelijken met een transactie met fysiek geld als je elke keer het geld naar een nieuw ondoorzichtig potje moet overbrengen en daarop aan de buitenkant schrijft wat erin zit samen met het nummer van het potje waar het geld vandaan kwam. Je kunt daarna nooit meer iets op het potje schrijven, dus ook niet naar welk nieuw potje de transactie gaat. Om de hele transactieketen te volgen, moet je van elk potje checken of er ergens een potje is met een terugverwijzing

HOOFDSTUK 3 **Bitcoin** 47

naar dat potje. Als er niet zo'n terugverwijzing is, dan moet in dat laatste potje nog zitten wat erop staat. Zo hoef je dus nooit een potje open te maken om te weten of er wel of niet iets in zit.

VOORBEELD

Stel, je hebt 50 euro, dan was dat je niet-uitgegeven transactie die je ooit ergens anders vandaan kreeg. Op dat potje staan het nummer van het vorige potje, het nummer van dit potje en het bedrag van de transactie die in het potje zit. De transactie kwam van potje met nummer 10, er zit 50 euro in het potje en het nummer van het potje zelf is 80.

Dit betekent dat als je een transactie doet, dat in jouw transactie altijd het nummer van je eigen potje moet staan en wat je waar naartoe overmaakt. Dus als je 30 euro over moet maken aan Pierre, dan krijgt hij een potje met een nieuw nummer, zeg potje 102, met daarin 30 euro en een terugverwijzing naar jouw eerste potje, potje 80.

Je kunt geen 20 euro laten zitten in je eigen potje 80, want je kunt de tekst op het potje niet meer aanpassen, dus je moet jezelf een nieuw potje geven. Op dit potje staat dan een terugverwijzing naar potje 80, het nieuwe bedrag van 20 euro en een nieuw nummer voor het potje 103.

Als je nu wilt weten of Pierre zijn 30 euro ooit heeft verplaatst, moet je dus op zoek gaan tussen alle potjes naar een pot met nummer 102 in de terugverwijzing. Enfin, je snapt dat dit met potjes of emmertjes al snel een onmogelijke opgave wordt. Voor een computer is een beetje zoeken in een heleboel transacties natuurlijk een peulenschil.

Op het moment van schrijven, zijn er zo'n 55 miljoen van die open en niet-bestede transacties. Dat is heel makkelijk na te lopen voor een computer. Waarom maar zo weinig? Omdat, zoals je ook al gezien hebt, transacties ook samengevoegd kunnen worden en dan worden bijvoorbeeld 10 niet-bestede uitvoeren samen 1.

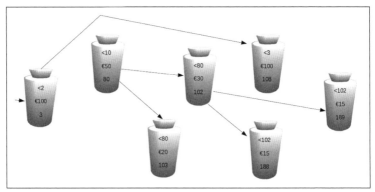

FIGUUR 3.6: Spel met fysieke, afgesloten potjes waarbij je altijd uit kunt vinden waar de voorgaande transactie vandaan komt.

BELANGRIJK

Waarom is dit zo belangrijk? Omdat een blockchain-netwerk nooit iets in het verleden kan veranderen. Je moet dus nieuwe transacties zo opbouwen, dat die een verwijzing maken naar het verleden toe. Gelukkig zorgt de software voor de opbouw van een transactie, waardoor het uiteindelijk neerkomt op de vraag of je voldoende fondsen hebt om je transactie uit te voeren en zo ja, dat je die kunt uitvoeren.

Nu weet je dat:

» een transactie wordt opgebouwd uit één of meerdere invoertransacties

» wisselgeld terug gaat naar je eigen wallet, maar op een ander adres (dit is een advies in verband met de veiligheid en je privacy, het is niet verplicht)

» een bitcoin-adres altijd blijft bestaan, maar het is beter om steeds een nieuw bitcoin-adres aan te maken voor een nieuwe transactie

Ondertekenen

Nu weet je hoe transacties eruitzien, maar hoe weet een node in het netwerk nou dat jij echt die bitcoins bezit en die ook mag versturen? Dat werkt weer met die cryptografische sleutels.

In zo'n transactie zit van allerlei informatie, zoals de terugverwijzing naar de vorige transactie en hoeveel bitcoin naar wie moet en hoeveel er eventueel naar jezelf terug moet. Van die hele transactie wordt met een hash-functie een groot getal gemaakt. Dat grote getal versleutel je met je geheime sleutel. Dat heet ook wel 'ondertekenen'.

Omdat in de transactie ook het bitcoin-adres van de ontvanger zit, kan die het geheel weer ontcijferen met zijn publieke sleutel en aangezien hij de bezitter is van de geheime sleutel die daarbij hoort, kan hij ook daadwerkelijk bij de transactie.

Meerdere ondertekenaars

Digitaal geld heeft nog een voordeel: je kunt het programmeren. Bitcoin-transacties zijn te programmeren met een **script** dat *script* heet. Je kunt er geen heel ingewikkelde zaken in programmeren, maar je kunt er bijvoorbeeld wel in zetten dat een transactie meerdere digitale handtekeningen vereist om uitgevoerd te mogen worden. Zo kun je bijvoorbeeld een notaris een sleutel geven zodat die bij de fondsen kan met één ander persoon uit de familie bijvoorbeeld.

Hoe werkt de bitcoin-blockchain?

De blockchain is de belangrijkste innovatie van het bitcoin-protocol. Alle transacties worden per slot van rekening samengevoegd in blokken van de blockchain en die blokken worden weer aan elkaar gekoppeld door de mijners. De blockchain staat op alle nodes in het netwerk, waardoor veranderingen doorvoeren in al bestaande blokken vrijwel onmogelijk is.

Vertrouwens- of waardelaag

BELANGRIJK

Sinds de komst van de bitcoin-blockchain zijn er heel wat andere blockchain-achtige vormen ontstaan. De bitcoin-blockchain is een publieke blockchain, wat betekent dat iedereen eraan mee kan doen. De bitcoin-blockchain is in eerste instantie in het leven geroepen om te dienen als vertrouwens- of waardelaag op internet voor online betalingen waarbij geen derde partij nodig is en dezelfde bitcoin of stukjes daarvan niet vaker uitgegeven kunnen worden. De bitcoin-blockchain is daarom ook vergelijkbaar met een publieke boekhouding waarin keurig bijgehouden wordt wie aan wie betaald heeft en of iemand nog voldoende geld heeft om een transactie uit te voeren. Hier komt de vergelijking met een grootboek ook wel vandaan. Dit doet mijns inziens te kort aan het aantal manieren waarop de bitcoin-blockchain te gebruiken is.

Bitcoin als protocol zorgt voor:

- » geen mogelijkheid tot twee keer dezelfde bitcoin uitgeven (double spend)
- » onveranderlijkheid (immutability)
- » tijdstempel (timestamp)
- » transacties zijn ondeelbaar; ze worden óf bevestigd óf niet, er is geen tussenvorm
- » een blockchain

BELANGRIJK

Een blockchain is een manier om ervoor te zorgen dat een gedeelde database door meerdere partijen beheerd kan worden zonder dat een van de partijen vals kan spelen: iedereen heeft dezelfde database.

De werking van dat aan elkaar koppelen lijkt in essentie een beetje op het terugverwijzen van transacties naar elkaar. Elk blok is weer onlosmakelijk verbonden met zijn voorganger. Dit heet de blockhash. Je hebt bij versleuteling gezien dat bij het maken van een hash slechts één ding hoeft te veranderen in een systeem waarna de hash totaal anders is. Daarom moet je alle blokken die na het blok komen dat je zou willen veranderen, ook veranderen. Dat laatste is op dit moment bij bitcoin een onmogelijke klus.

Waarom is dat een onmogelijke klus? Omdat het berekenen van die blockhash vraagt om een paar specifieke eisen en die eisen zijn met een normale computer al heel lang niet meer te berekenen. Het moet namelijk tien minuten duren voordat je de berekening hebt af kunnen maken. Nu zit er zo ontzettend veel rekenkracht in het bitcoin-netwerk, dat diezelfde berekening doen met een normale computer bijna oneindig veel tijd zou kosten. Je kunt dus nooit of te nimmer de blockchain 'inhalen' om jouw blockchain met de verandering door te voeren. Daarbij komt dat dit direct opgemerkt zou worden en iedereen direct maatregelen zou nemen. Het is een onmogelijk kostbare operatie en zo veel rekenkracht is niet eens te koop.

Zo'n blok wordt opgebouwd uit een paar onderdelen, waarvan de **nonce,** de hash van het vorige blok en de Merkle-boom het meest in het oog springen.

Merkle-boom

Een **Merkle-boom** is een systeem waarmee het mogelijk is om grote hoeveelheden gegevens heel efficiënt te verzamelen, zodat je kunt controleren of er niet met de gegevens gerotzooid is. Het systeem is in 1979 bedacht door Ralph Merkle. Hij ontwierp een boomstructuur waarmee je van heel veel heel weinig kunt maken.

Dat klinkt mysterieus. Het werkt in essentie als volgt: je hebt verschillende transacties en van al die transacties kun je hash-waarden berekenen. Door telkens twee transacties te combineren, verklein je het aantal benodigde berekeningen om te kunnen bevestigen dat een Merkle-boom klopt.

Daarmee wordt bedoeld dat als je twee transacties hebt, en je wilt een van de twee transacties in zo'n boom met twee transacties controleren, dat je beide hashes van die transacties moet checken om tot de juiste wortel van de boom te komen.

Maar in een blok van de bitcoin-blockchain zitten heel wat meer transacties, tot 5000. Dat zou heel wat rekenen worden om even snel je transactie te controleren of die van iemand anders.

Dat valt dus mee met die boomstructuur: omdat zo elke keer twee transacties worden gekoppeld tot een nieuwe hash-waarde, neemt het aantal hashes dat je moet controleren niet snel toe. Het is een logaritmische schaal.

Dus: bij 2 transacties moet je 2 hashes controleren. Bij 4 transacties moet je 3 hashes checken en bij 2048 transacties 12 hashes. Dat lukt je ook nog wel met een simpele processor van een goedkope mobiele telefoon.

De bottom line is, doordat de Merkle-boom de structuur zo verandert dat het aantal op juistheid te controleren transacties sterk teruggebracht wordt, dat het mogelijk is om simpele en lichte wallets te maken waar je bijna geen rekenkracht voor nodig hebt om toch 100 procent zeker te weten dat alle opgenomen transacties kloppen en dat je niet gefopt wordt.

De verbinding tussen de blokken

De verbinding tussen blokken lijkt een beetje op de verbinding tussen de transacties. In een blok kunnen een paar duizend transacties opgenomen worden en die worden vervolgens met een Merkle-boom gekoppeld. De uitkomst van de Merkle-boom, de wortel, zit in de blockheader. Elk blok verwijst in de blockheader terug naar de blockhash van het vorige blok.

Mijnen

Dan blijft er nog een ding over: het berekenen van de hashwaarde van de blockheader door de mijners. De hash daarvan bestaat uit een vrij groot getal van 32 bytes dat begint met een aantal nullen. Dit is de hash die mijners moeten berekenen en wat zo ontzettend veel moeite kost. Hoe meer nullen, hoe moeilijker het is om te berekenen.

Zo'n mijner doet eigenlijk maar heel weinig:

» de mijner verzamelt alle transacties in een blok

» de mijner gaat rekenen met onder andere de wortel die uit de Merkle-boom is ontstaan

» de mijner gaat rekenen aan het grote getal waar een paar nullen voor moeten staan; hoe meer nullen ervoor, hoe moeilijker het is

» de mijner die als eerste dat grote getal van 32 bytes met een aantal nullen ervoor heeft gevonden, wint het blok

» deze mijner mag de - nu nog – 12,5 bitcoin opstrijken samen met alle betaalde transactiekosten (bevestiging 1 van een transactie)

» andere mijners controleren dit blok en als het goed is, dan wordt het blok goedgekeurd, dat is de tweede bevestiging van je transactie, en zo voort

» alle mijners moeten weer opnieuw beginnen met nieuwe transacties met hetzelfde spelletje en hopen dat ze de eerste zijn

Naast de blockchain zijn er regels voor het uitvoeren van transacties en het bevestigen of valideren daarvan en dat gebeurt, zoals we net zagen, allemaal cryptografisch. Dat geheel is gevat in een systeem om consensus te krijgen over de kloppende versie van de blockchain en hoe dat functioneert. Bij bitcoin heet dat systeem *Proof of Work* of PoW.

TECHNISCHE INFO

PROOF OF WORK

De introductie van een keten van blokken om met **proof-of-work** de veiligheid van het netwerk te garanderen, is de grote revolutie van bitcoin. Het enige dat de computers die deze blokken fabriceren en aan elkaar knopen moeten doen, is een groot getal vinden. Dit doen deze computers niet door het oplossen van ingewikkelde formules, nee, dat doen ze door miljarden berekeningen te maken om dat specifieke getal als eerste te vinden. Dat heet ook wel brute-forcen. Het getal dat de mijners zoeken begint op dit moment met vijf nullen. Het duurt ongeveer tien minuten om zo'n getal te vinden, maar hoe meer computers, hoe sneller dat gaat. Het systeem past automatisch de moeilijkheid aan, zodat het altijd ongeveer tien minuten duurt voordat een blok gevonden is. Logischerwijs neemt de moeilijkheid af bij een daling van de processorkracht in het netwerk, waardoor het tijdelijk iets langer kan duren om een blok te vinden dan tien minuten. Op dit moment is het nog vaker andersom: een blok wordt iets sneller gevonden dan tien minuten omdat er meer rekenkracht wordt toegevoegd. Het bijstellen van de moeilijkheid gebeurt namelijk niet onmiddelijk, maar duurt enkele weken. En wat krijgt zo'n mijner die het winnende blok vindt? Op dit moment 12,5 bitcoin, samen met alle transactie-fees die gebruikers betalen om hun transacties uit te voeren. De volgende halvering van de beloning zal rond 2020 liggen. Dan krijg je nog 'maar' 6,25 btc per blok. En vier jaar daarna 3,125, enzovoort.

De blockchain zelf is bij bitcoin in feite niets anders dan een manier om data te structureren zodanig dat op een veilige manier een online betaalsysteem neergezet kan worden. Met behulp van deze blockchain kan waarde veilig verplaatst worden zonder een vertrouwde derde partij.

TECHNISCHE INFO

Proof-of-work is een heel inefficiënte databasestructuur die heel traag is in vergelijking met gecentraliseerde systemen. Om het geheel veilig te houden, is ook nog eens veel rekenkracht nodig. Inefficiënt, duur en traag, dus je wilt proof-of-work alleen inzetten als het echt nodig is.

Het eerste blok

Het eerste blok van de bitcoin-blockchain is van 3 januari 2009 en heet het Genesis Block. Het is de gemeenschappelijke voorouder van alle blokken in de blockchain. Dit blok zit ook in alle node-software, dus niemand kan beginnen zonder dit blok. Mensen sturen nog steeds bitcoins naar het adres waar de eerste 50 bitcoins ooit naartoe gingen. Deze zijn nog nooit uitgegeven. De reden dat mensen dit doen is om hun ondersteuning virtueel uit te spreken. Nu staat er iets van 66 bitcoin op dit oudste adres (zoek naar 'block 0 bitcoin' in een zoekmachine en je vindt hem direct).

Nodes in het netwerk

TECHNISCHE INFO

Een node is in feite niets anders dan een computer of een netwerk van computers. Bij blockchainsystemen spreken we van een node als een computer de software draait om speciale functies in het netwerk uit te voeren.

De computers in het netwerk die full-clients draaien hebben een belangrijke functie in het bitcoin-netwerk, ze fungeren namelijk als node. Een full-client draait software die het bitcoin-netwerk in stand houdt. Bij bitcoin heet deze software bitcoin-core. Dit programma heeft de volledige blockchain van bitcoin nodig, dus alle transacties die ooit zijn toegevoegd aan de bitcoin-blockchain sinds het begin op 3 januari 2009.

TECHNISCHE INFO

Een nadeel van het draaien van zo'n node is dat je eerst de hele blockchain moet downloaden en zelf opslaan, wat best een hoop ruimte vraagt. Aan het eind van het tweede kwartaal van 2018 was de bitcoin-blockchain bijna 174 gigabyte groot. Op zich hebben veel mensen die ruimte misschien nog wel over op hun harde schijf, maar het downloaden van die hele blockchain duurt lang.

BELANGRIJK

Het draaien van een **full node** is essentieel voor het in stand houden van het netwerk, een belangrijke taak dus. Je draagt bij aan het controleren en verifiëren van transacties. Veel mensen denken dat de mijners dat doen, maar zij verpakken al die transacties tot een blok en voegen die toe aan de blockchain. Met zo'n volledige kopie van de blockchain op je eigen computer, ben je dus niet afhankelijk van anderen om transacties te verifiëren en te valideren. Ook fungeer je als steun bij het verspreiden van de blockchain: andere gebruikers kunnen stukjes van de blockchain van jou downloaden, net als bij bittorrent.

BELANGRIJK

Een full node slaat het wallet-bestand met de toegang tot je eigen bitcoins lokaal op. Als iemand dat bestand te pakken krijgt, kan die persoon je cryptovaluta stelen. Je kunt dit wel beveiligen door het bestand te versleutelen met een wachtwoord. Nog beter is de full node niet te gebruiken voor bitcoin-transacties. Het is voor de meeste mensen handiger een andere wallet te gebruiken, zie daarvoor het kopje Bitcoin-wallets of het uitgebreide hoofdstuk over wallets, hoofdstuk 7.

Bitcoin-wallets

Het eerste wat je nodig hebt om bitcoins te gebruiken, is een wallet. Er zijn vele soorten wallets om de sleutels tot je bitcoins in op te slaan: software-, hardware-, web-, papieren en mobiele wallets. En je leest het goed: je slaat niet je bitcoins op, maar slechts de geheime sleutels of privésleutels voor de toegang tot je bitcoins op de bitcoin-blockchain. Toch willen mensen graag een **hardware-wallet**, en niet in de laatste plaats omdat het je het gevoel geeft dat je werkelijk iets bezit.

Verschillende wallets:

- » **Software-wallet:** applicatie op je computer of telefoon die in verbinding staat met het bitcoin-netwerk. Je bezit op die manier je eigen geheime sleutels en moet die zelf goed beheren. Veel wallets bieden verschillende lagen van beveiliging aan, bijvoorbeeld een wachtwoord om je wallet op je computer mee te versleutelen. Sommige software-wallets bieden ook de mogelijkheid met een hardware-wallet samen te werken. Voorbeelden: Electrum, Armory (beide bitcoin-only) en Exodus, Jaxx, Atomic (alle drie multi-coin).

- » **Hardware-wallet:** volgens velen de veiligste manier van het opslaan van bitcoins omdat de geheime sleutels nooit uit het apparaat kunnen komen. Je ondertekent je transacties door ze goed te keuren met de hardware-wallet, waardoor virussen en dergelijke niet een betaling kunnen goedkeuren door softwarematig je computer te kapen. Aansluiten gebeurt veelal via usb aan een computer of via nfc (near field communication) met je telefoon. Dat laatste wordt door de meeste hardware-wallets niet ondersteund. Ledger en Trezor zijn de bekendste. Zie hoofdstuk 7 voor meer over wallets.

- » **Web-wallet:** een web-wallet is een wallet die je gebruikt via de browser door contact te maken met een derde partij die voor jou je geheime sleutels beheert. Vaak zijn het ook **handelsplatformen**. Dit betekent dat als die partij gehackt wordt, je ook je bitcoins kwijt kunt raken. Voorbeelden: BTC.com, BitGo en Coin.Space.

- » **Papieren wallet:** dit is een verzamelnaam voor offline wallets waarbij de privésleutel op een fysiek materiaal geschreven of geprint is en elders veilig opgeslagen wordt. Bij goede opslag is een papieren wallet zeer veilig en heet ook wel koude opslag of *cold storage*. Je kunt een hardware-wallet ook scharen onder koude opslag.

- » **Mobiele wallet:** eigenlijk hebben we het hier gewoon over een software-wallet op je telefoon. Voorbeelden: Mycelium, Electrum en Samourai (bitcoin-only) en Edge, Coinomi, Jaxx (multi-coin).

- » **Brain-wallet:** dit type 'wallet' komt op het volgende neer: je onthoudt zelf al je sleutels. Je begrijpt al dat dit niet de meest praktische en veilige wallet is. Het is zelfs de meest onveilige. Leuke naam, maar onbruikbaar.

Dit soort wallets is in de basis bij alle cryptovaluta hetzelfde. Steeds vaker gebruiken mensen wallets die verschillende valuta ondersteunen. Dat is heel praktisch. Dit soort multicoin-wallets zie je vooral veel op mobiele telefoons of in combinatie met een hardware-wallet.

Dit is slechts een topje van de ijsberg wat betreft wallets. Ga naar hoofdstuk 7 over wallets. Het is ook verstandig om op bitcoin.org te kijken wat er aan wallets is. Lees je in over de (on)mogelijkheden van een wallet.

> **IN DIT HOOFDSTUK**
>
> Altcoins zijn soms forks, maar alle altcoins zijn geen bitcoin
>
> Waarom sommige altcoins een eigen blockchain bouwen
>
> Bij sommige forks 'heb' je ineens ook muntjes

Hoofdstuk 4
Altcoins en forks

De eerste altcoins waren forks van bitcoin, zoals litecoin en namecoin, en ontstonden ruim twee jaar na de geboorte van de bitcoin. In de maanden die volgden, kwamen er enkele andere altcoins bij, maar het viel allemaal nog mee. In 2013 ging het steeds iets rapper en nu, eind 2018, is het al heel lang een gekkenhuis.

Het meten van de populariteit van al die munten en tokens gebeurt vooral met de zogenaamde *market cap* of marktkapitalisatie. Dat is de totale waarde van alle in omloop zijnde munten, maar op dat systeem valt wel het een en ander af te dingen (zie hoofdstuk 8). Feit is dat de marktkapitalisatie van de bitcoin heel lang heel hoog bovenaan stond. Medio 2017 kwam de vraag of ethereum het stokje wellicht over zou nemen, ook wel *the flippening* genoemd. (Zie ook *percentage of total market capitalization* op coinmarketcap.com.) Het beeld kan inmiddels weer totaal anders zijn.

Wat is een altcoin?

Altcoins zijn alle munten die niet-bitcoin zijn. De term ontstond nadat de eerste kopieën van het bitcoin-protocol gemaakt waren en daarmee nieuwe munten het levenslicht zagen.

Ook altcoins kunnen waarde krijgen. De eerste altcoins, zoals Litecoin, kregen net als bitcoin langzaamaan waarde doordat steeds meer mensen zich gingen toeleggen op het mijnen van de muntjes. Later kregen de muntjes waarde doordat ze verhandelbaar werden op exchanges.

Vanaf het moment dat muntjes van tevoren al een bepaalde waarde toegekend kregen door investeerders, veranderde dat. De munten kregen al waarde voordat ze überhaupt bestonden. Met dit systeem begon ook het systeem van *initial coin offerings* waarbij investeerders zich vooraf konden inkopen op muntjes die nog uitgebracht moesten worden. Zie verder hoofdstuk 8 over ICO's.

Er zijn twee manieren – die veel voorkomen – om een altcoin te maken, namelijk:

- » door het bouwen van eigen software
- » door het forken van bestaande software en die aan te passen aan je eigen wensen en uit te brengen met een nieuwe cryptovaluta

Op de eerste manier zijn bitcoin en ethereum bijvoorbeeld ontstaan: door het schrijven van eigen software. Veel andere cryptovaluta bestaan als forks van bitcoin, vaak met nieuwe ideeën daarin geïmplementeerd, zoals extra privacy of andere manieren om de veiligheid van het netwerk te waarborgen.

Wat is een fork?

Een 'fork' is letterlijk een vertakking en kan in de softwarewereld verschillende dingen betekenen, naast het Engelse woord voor een stuk bestek. Forks zijn bij softwareontwikkeling schering en inslag. Logisch ook, het kan een manier zijn om iets nieuws te testen voor een bestaand stukje software. Je maakt dan een kopie of *fork* van de software en gaat daarmee knutselen zodat de software die live staat – om bijvoorbeeld een website te draaien – verder niet verandert. Pas als je tevreden bent met het resultaat, *merge* of plaats je de veranderde code in de echte software. Dit is een snelle manier bij cryptovaluta om een nieuwe, eigen munt te beginnen.

In dit hoofdstuk maak ik onderscheid tussen drie verschillende forks:

- » **codebase fork:** de fork van een softwareproject
- » **hard fork:** de fork van een blockchain waarbij twee verschillende blockchains ontstaan die niet compatibel met elkaar zijn
- » **soft fork:** de fork van een blockchain waarbij ook een fork van de blockchain wordt gemaakt, maar waarbij de nieuwe en oude versie wel compatibel zijn. De soft fork wordt vaak gebruikt voor software-upgrades bij cryptovaluta. Overigens kan een hard fork bij sommige extreme software-upgrades ook nodig zijn

TECHNISCHE INFO

Met een codebase fork kun je zelf je eigen visies op de software loslaten, maar het wordt in de softwareontwikkeling nog vaker gebruikt om even iets te testen voordat je het echt 'aanzet'. Dat laatste voorkomt veel leed, want je moet er toch niet aan denken dat je favoriete site ineens uit de lucht is door een fout in de software. Als je fork naar behoren werkt, kun je de wijzigingen in de software met de bestaande software samenvoegen of *mergen*.

BELANGRIJK

Je kunt het natuurlijk ook niet eens zijn met de weg die een softwareontwikkelaar inslaat en dan kun je met een codebase fork je eigen versie van een product maken, denk aan het gratis kantoorpakket OpenOffice dat forkte naar LibreOffice. Sindsdien zijn er twee officepakketen met dezelfde bron. In het begin leken ze als twee druppels water op elkaar, maar inmiddels zijn de verschillen groot. Dit soort forks vindt ook vaak plaats in de wereld van cryptovaluta. Litecoin was een fork van bitcoin, maar met een ander hashing-algoritme (zie hoofdstuk 3). De maker van litecoin, Charlie Lee, vond dat zijn munt beter moest passen bij hobbyisten omdat het eind 2011 al knap lastig was om met een gewone computer bitcoins te mijnen.

Je kunt je voorstellen dat een codebase fork een belangrijk middel is om relatief eenvoudig je eigen cryptomunt te maken. Die codes zijn meestal makkelijk te vinden via de websites van projecten en via sites als GitHub.

BELANGRIJK

Forks kunnen ook andere implicaties hebben, namelijk dat je ineens in plaats van 1 bitcoin ook nog een andere munt hebt met een andere naam, zonder dat je die zelf ooit actief verkregen hebt. De bekendste fork van de afgelopen jaren is die van bitcoin cash, die van de bitcoin-blockchain afsplitste. Iedereen die voor 1 augustus 2017 bitcoins bezat, bezat daarna net zoveel bitcoin cash (bch) als bitcoin (btc).

TECHNISCHE INFO

In tegenstelling tot een fork van de software alleen, gaat het in sommige gevallen bij cryptovaluta ook over een fork van de blockchain zelf. Dit is dan geen codebase fork, maar een hard fork.

Verschillende forks bij cryptovaluta

VOORBEELD

Om wegwijs te worden in de wereld van forks bij cryptovaluta, zet ik hier de drie meest voorkomende manieren van forken op een rijtje, de codebase fork, de hard fork en de soft fork.

» **Codebase:** Een codebase fork is een fork om nieuwe software te maken waar je zelf code aan verandert om vervolgens een nieuwe munt uit te brengen met een eigen, nieuwe blockchain, met een eigen eerste blok, het **Genesis-blok** (zie hoofdstuk 3). Dit is hetzelfde als het bouwen van nieuwe software met als basis bestaande software.

» **Hard fork:** Als een hard fork plaatsvindt bij een cryptomunt gaat het om een groot verschil van inzicht van de ontwikkelaarscommunity. In dat geval zijn er vaak meerdere kampen, waarbij een (of beide) kampen besluit een bepaalde weg te gaan. De groep die het niet eens is met het bestaande protocol 'forkt' zijn eigen versie van de betreffende blockchain. Iedereen die het eens is met de fork, moet dan de software van de fork gaan gebruiken, zodat zij de nieuwe blockchain ondersteunen en de oude niet meer. Zij die niet mee willen doen met de wijziging, hoeven hun software niet aan te passen. Daardoor ontstaan twee verschillende blockchains.

» **Soft fork:** Bij een soft fork gaat het over het algemeen om upgrades van een protocol. Net als bij een hard fork, ontstaan eigenlijk twee blockchains. In tegenstelling tot een hard fork heeft een soft fork achterwaartse compatibiliteit of *backwards compatibility*. Blokken gemaakt door de nieuwe software worden ook door de oude software als geldig gezien.

VOORBEELD

Je ziet in bovenstaande uitleg dat niet alleen de software kan forken, maar ook de geschiedenis van de software, in dit geval forkt de blockchain mee! Dit gebeurt over het algemeen als er een verschil van mening is over de toekomst of noodzaak voor een wijziging in hoe bepaalde zaken op de blockchain geregistreerd worden.

TECHNISCHE INFO

De bekendste fork van bitcoin (btc) is die van bitcoin cash (bch). Op 1 augustus 2017 forkte de bitcoin cash-blockchain. Het eerste blok van die keten dat niet meer compatibel was met de andere bitcoin-blockchain werd op die dag gemijnd, maar het échte eerste blok van bitcoin cash, is het eerste blok van de oude bitcoin-blockchain. Daardoor had iedereen die bitcoins bezat voor 1 augustus 2017, daarna hetzelfde aantal bitcoin cash-muntjes.

BELANGRIJK

Bij een hard fork van een blockchain heb je dus niet alleen bezit op de oude blockchain, maar exact hetzelfde aantal op de nieuwe blockchain omdat de basis van beide ketens hetzelfde is. Je hebt die nieuwe muntjes *alleen* als je al muntjes op de blockchain voor de fork had staan. Deze 'verdubbeling' gaat niet meer op voor muntjes die je later op een van beide blockchains binnenkrijgt. Bij de bitcoin/bitcoin cash-fork had je na 1 augustus dus net zo veel bch als je btc had voor de fork. Daar hoefde je zelf niets voor te doen en je hoeft niet te kiezen voor een van beide munten want je hebt ze allebei!

Foutjes in de blockchain: miniforks

De geschiedenis van een blockchain staat opgeslagen op heel veel nodes in een blockchain-netwerk. Die geschiedenis is gecontroleerd en goed bevonden. Telkens opnieuw wordt een blockchain gecontroleerd en er worden telkens blokken aan toegevoegd. Dit is een beetje blockchain-afhankelijk, maar de grootste en bekendste blockchains hebben hier in ieder geval last van: miniforks.

Een minifork komt best vaak voor, maar echte problemen komen er niet uit voort. Dit komt omdat er is vastgelegd dat de langste keten altijd wint.

VOORBEELD

Als je twee mijners hebt in het netwerk die bijna tegelijk een blok vinden op dezelfde blokhoogte, dan kan het zijn dat andere gebruikers in het netwerk het blok van mijner A oppikken of het blok van mijner B. Als het volgende blok na het blok van mijner A komt, dan is dat de langste keten. De mijners die bezig zijn met het zoeken naar het volgende blok in de keten van mijner B krijgen dit nieuwe blok ook door en stoppen met zoeken naar het blok in de keten van mijner B.

Je kunt je voorstellen dat er nog veel meer scenario's te bedenken zijn waarin het mis kan gaan. Je ziet dat een blockchainsysteem bedenken en uitvoeren niet over één nacht ijs gaat. Daarom gebruiken veel altcoins ook kopieën van systemen die al beproefd zijn.

TECHNISCHE INFO

HARD FORKS EN FINANCIËLE SYSTEMEN

Ondanks dat veel van de hard forks die bitcoin in 2017 meemaakte, niet heel wereldschokkend geweest zijn binnen de cryptovalutawereld, voor normale financiële systemen zouden ze weleens voor interessante problemen kunnen zorgen. Zo krijg je problemen als er sprake is van fractioneel bankieren, dus speculeren met bitcoins of andere munten buiten de blockchain, dus off-chain, die munten zijn dan niet 100 procent gedekt door on-chain-munten. Je zou bij wijze van spreken een fork kunnen doen en zorgen dat daardoor heel veel waarde naar de andere keten gaat en daarmee financiële instituten op een interessante wijze naar de afgrond kunnen duwen. Of in ieder geval grote problemen veroorzaken.

Waarde-overheveling bij forks

Een hard fork kan ook zorgen voor een waardedaling ten opzichte van andere valuta. Bij de fork van ethereum na het DAO-debacle (zie hoofdstuk 5) daalde de waarde van ethereum classic, de keten waar de DAO-hack niet is teruggedraaid, sterk. Het verschil in waarde tussen beide munten is nog steeds groot.

Bij de andere bekende fork, die van bitcoin (btc) en bitcoin cash (bch), lijkt weinig waarde van de btc-blockchain naar de bch-blockchain gegaan te zijn. Of dit werkelijk zo is, valt moeilijk te controleren. Sommige critici zeggen dat zo'n fork waarde uit de ene naar de andere munt overhevelt.

De markt voor andere munten dan bitcoin is groot, vooral omdat veel van die munten niet pretenderen een *munt* te willen zijn. Ze willen iets anders zijn, bijvoorbeeld een vehikel om acties mee uit te voeren. Zo is ethereum een blockchain met een munt, ether, die zorgt voor het bekostigen van berekeningen die uitgevoerd worden in de smart contracts op die blockchain. Veel van die smart contracts zijn niet bedoeld als louter financiële dienst, maar handelen bepaalde acties af. Omdat niets gratis is in deze wereld, is er een economie nodig en die wordt verzorgd door de onderliggende munt ether.

In hoofdstuk 5 ga ik diep in op de werking van ethereum omdat het op dit moment nog de cryptomunt is met de grootste hoeveelheid smart contracts en ontwikkelaars van die smart contracts. Misschien is het alweer anders als je dit leest, maar het basisprincipe komt in veel gevallen op hetzelfde neer.

In dit onderdeel van dit hoofdstuk behandel ik enkele altcoins waarvan ik denk dat ze interessant genoeg zijn om in de gaten te blijven houden. Het kan zijn dat een van deze altcoins, of vanaf nu: cryptovaluta, op het moment dat je dit leest ineens niet meer zo interessant is. Bij de munten geef ik soms aan of ik denk dat de munt een lang leven beschoren is of dat de munt een belangrijk onderdeel is in de ontwikkeling van de blockchainsystemen die er nog gaan komen, maar dat de rol van de munt zelf op den duur misschien wel uitgespeeld is. Let wel: dit is slechts koffiedikkijken en ik kan er volledig naast zitten!

BELANGRIJK

Doordat cryptovaluta programmeerbare munten en tokens zijn, kunnen bepaalde onderdelen van de achterliggende protocollen gewijzigd worden. Dit betekent dat een munt of token nieuwe functionaliteit kan krijgen. Hierdoor kan een munt die misschien technisch achter lijkt te lopen, ineens weer een stuk interessanter worden.

Bitcoin cash (BCH)

Ik trap af met misschien wel de meest controversiële 'altcoin', namelijk bitcoin cash of bch.

Om het gebruik van bitcoin in het begin behapbaar te houden, is in juli 2010 een maximale blokgrootte van 1 megabyte ingesteld. Voor Satoshi Nakamoto was de blokgrootte nooit een heel groot probleem, blijkt uit zijn reacties op het Bitcoin Talk-forum. Maar hij is er niet meer om te verklaren of hij het eens is met de beslissingen die tot het tot nu toe grootste schisma in de bitcoin-community leidden.

Hoe je het ook wendt of keert, op 1 augustus 2017 forkte bitcoin in bitcoin en bitcoin cash. Het eerste blok met twee ketens is blok 478559. Bitcoin heeft tot op het moment van schrijven nog steeds een blokgrootte van 1 megabyte. Bitcoin cash is inmiddels van 8 naar 32 megabyte gegaan. Daarmee kunnen heel veel meer transacties in één blok opgenomen worden en dit zou de 'visie van Satoshi' meer benaderen, namelijk de cryptomunt gebruiken als een betaalmiddel dat snel en goedkoop zijn werk doet.

Bitcoin voerde wel een andere mogelijkheid door, namelijk SegWit. Met SegWit is het mogelijk om bepaalde toevoegingen aan de bitcoin-blockchain te doen die voorheen niet konden, zoals het lightning-netwerk waarbij transacties tijdelijk uit de blockchain van bitcoin gehaald worden om zo het netwerk op te schalen zonder de bitcoin-blockchain aan te passen. Met SegWit is ook de grootte van transacties kleiner geworden, waardoor er meer transacties in een blok passen.

Qua waarde is bch een groot deel van 2018 zo'n 10 procent waard geweest van de waarde van 1 btc. Maar dit wisselt sterk: in een sterke negatieve markt, een *bear market*, dalen andere cryptovaluta dan btc vaak harder. Ze stijgen soms ook weer sneller.

TECHNISCHE INFO

Alle blokken die gemijnd zijn vóór blok 478559 bestonden uit een blockchain, die van bitcoin. Als je bitcoins bezat voor dit blok, dan bezit je die nu ook op de andere blockchain. Dus als je 1 btc had, heb je nu 1 btc en 1 bch, de geschiedenis van voor blok 478559 is immers hetzelfde.

VOORBEELD

Dit geldt voor alle munten die op een vergelijkbare manier ontstaan als bch. Het klinkt heel leuk zo'n extraatje. Maar hoe kom je bij die nieuwe, die ene bch? Je kunt hier alleen maar bijkomen door je geheime sleutel of je seed van je oude bitcoin-wallet in te voeren in een wallet die de nieuwe keten ondersteunt.

PAS OP

Dit is niet zonder gevaar! Neem passende maatregelen voordat je gaat 'klooien' met het importeren van geheime sleutels of seeds in nieuwe, onbekende software!

Het nu volgende stappenplan is vrij algemeen. Ik ga hier uit van de wallet 'Electrum' omdat dit de light wallet is die het meest gebruikt wordt na forks. Bij hardware-wallets is het wat lastiger en moet je over het algemeen wachten tot de aanbieder van de wallet munten toevoegt, al zijn er mogelijkheden omheen voor gevorderde gebruikers (zie voor verdere informatie over de wallets hoofdstuk 7).

1. **Maak eerst een nieuwe bitcoin-wallet aan, BTC2, voor de cryptomunt waarvan je de geforkte fondsen wilt bereiken, maakt niet uit wat voor wallet dat is, als je maar alle regels opvolgt: schrijf de seed op (de 12 of 24 woorden die je voorgeschoteld krijgt).** Stuur eerst een kleine testzending naar de nieuwe wallet. Alles binnen? Stuur van BTC1 alles naar de nieuwe wallet BTC2. Om te voorkomen dat er ook maar iets achterblijft, selecteer je Max in het verzendscherm en typ je niet zelf de hoeveelheid. Wacht tot er ten minste twee bevestigingen op het netwerk staan.

2. **Download de Electrum-wallet voor de geforkte munt, bij voorkeur *niet* op dezelfde computer waar je originele munt op staat (het kan voorkomen dat er een conflict tussen de wallets ontstaat of dat je zelf door twee vrijwel identieke wallets iets verkeerds doet).** Dit is BCH1. Open deze, maar ga nog niet verder!

3. **Ga naar je eerste wallet, BTC1.** Deze is helemaal leeg. Er staat: Saldo: 0 BTC links onderin. In BTC2 staan twee ingekomen transacties: de eerste test-transactie en de tweede transactie met 'alles'. Linksonder staat het totaal.

4. **In BTC1 klik je op Portemonnee of Wallet → Zaad of Seed → een venster met je aangemaakte seed verschijnt.**

5. **In BCH1, op de andere computer of laptop, ga je in het eerste scherm van de BCH-wallet naar Volgende (eventueel geef je je wallet een naam als: 'BCHWalletImportSeed').**

6. In het volgende scherm: Standard wallet (niet alles in de wallet is vertaald naar het Nederlands)

7. **Dan volgt het scherm met Keystore met vier opties: Create a new seed, I already have a seed, Use a master key en Use a hardware device.** Je kiest optie twee: I already have a seed. Klik op Volgende.

8. **Vul de seed van wallet BTC1 in het veld van BCH1 in.**

9. **Klik op Volgende.**

10. **Dan even wachten en als er verbinding met het juiste netwerk is, het BCH-netwerk in ons voorbeeld, dan zou je dezelfde hoeveelheid moeten zien aan BCH als in je BTC-wallet zat voordat je deze leegmaakte.**

PAS OP

Zeker als de nieuwe software van de geforkte munt net uit is, zitten er vaak nog veel fouten in. Dit kan zorgen voor verlies van al je munten! Het kan zelfs leiden tot het verlies van je BTC, daarom moet je ook alles eerst verplaatsen, zodat door een zogenaamde 'replay fout' je BTC niet geraakt kan worden.

Je kunt ook je privésleutels exporteren in BTC1 en die vervolgens '**sweepen**' (of leegvegen) naar een andere wallet, maar hiermee is de kans op fouten groter.

Er zijn meer mogelijkheden om je geforkte muntjes te verkrijgen. Zo is er een mobiele wallet 'Coinomi' waar over het algemeen munten na forks snel in verschijnen. Je moet hier dan je privésleutel invoeren en dit is niet altijd even praktisch. Ook kun je een web-wallet gebruiken of fondsen hebben staan bij een wisselbeurs. Dan ben je afhankelijk van de aanbieder van de web-wallet of beurs, hoe die met de fork omgaat.

Ethereum classic (ETC)

Naast ethereum is er ook nog ethereum classic. Ik behandel ethereum uitvoerig in hoofdstuk 5. Voor de volledigheid kunnen we niet om ethereum classic of ETC heen. ETC staat overigens nog altijd hoog in de 'ranglijsten' van marktkapitalisatie en speelt echt nog mee.

TECHNISCHE INFO

ETC ontstond na een fork van de ethereum-blockchain en net als op de bekendste keten van deze munt is het mogelijk smart contracts te bouwen in programmeertaal Solidity.

Een verschil in inzicht over het wel of niet oplossen van een bug in een smart contract van de decentrale, autonome organisatie The DAO zorgde voor deze hard fork. De ethereum classic-blockchain ziet 'code als wet' en de fout had niet opgelost moeten worden volgens de volgers van deze keten. Het grootste deel van de mensen vond anders en zag het wegsluizen van de fondsen die The DAO met zijn *initial coin offering* had opgehaald als onrechtmatig. Door de fork konden de fondsen van de dief worden bevroren en later worden terugbetaald aan de eigenaren.

Met het doorvoeren van de fork kwam een interessante mogelijkheid naar boven: het bleek mogelijk transacties of gebeurtenissen op de ethereum-blockchain terug te draaien bij voldoende overeenstemming of consensus in het netwerk! En dat terwijl iedereen tot dan toe zei: een blockchain is niet te veranderen. Dit kan overigens niet op ieder type blockchain. Bij bitcoin is dit bijvoorbeeld niet mogelijk!

Competitie: ethereum, neo, eos, rsk.

Ripple (XRP)

Ripple bevindt zich al heel lang in de bovenste regionen van de marktkapitalisatie-sites. Ripple is onderdeel van het bedrijf Ripple Pay. De munt Ripple of XRP is de cryptomunt van het bedrijf en is verhandelbaar door iedereen. De munt is bedoeld om onderling betalingsverkeer tussen banken te vergemakkelijken. Een heel ander doel dan de meeste cryptovaluta dus. Ripple zorgt voor onderlinge betalingen tussen partijen die elkaar vertrouwen, zoals banken.

Het decentrale financiële systeem van Ripple geeft gebruikers de mogelijkheid om real-time internationale betalingen te doen tussen verschillende betalingsnetwerken en verschillende valuta en andere (te verhandelen) zaken van waarde, zoals land, huizen en wat al niet meer. Het Ripple-protocol functioneert als apparaat om de intermediair te zijn tussen al die verschillende zaken.

Om al die zaken af te handelen, zoekt het netwerk financiële partners die het vertrouwt, alsof je tegen een vriend zegt dat hij die tien euro aan een gemeenschappelijke vriendin moet geven.

Het netwerk is in staat om als gedeeld grootboek te functioneren tussen banken en betalingsnetwerken. Daarmee kunnen deze netwerken heel snel hun betalingen afhandelen, namelijk binnen vijf seconden.

Ripple stelt zich op als neutraal transactieprotocol. Als de waarde van de te verhandelen zaken gelijk is, dan kan er een transactie plaatsvinden. Daar zitten ook grote liquiditeitsaanbieders tussen om die liquiditeit in de markt te krijgen.

Daarom zou Ripple interessant kunnen zijn voor banken, om het Swift-systeem te vervangen.

Ripple gebruikt geen proof-of-work voor de consensus tussen de blokken van zijn blockchain, maar een systeem met sub-netwerken die collectief vertrouwd worden, zoals die vertrouwde vriendengroep. Er zijn minder verbindingen nodig en geen grote hoeveelheden computerkracht. Het model moet langzaam steeds decentraler worden naarmate het netwerk groeit.

Je kunt wel de xrp-tokens makkelijk verhandelen, maar je kunt niet het netwerk zelf gebruiken zonder dat je een licentie hebt van Ripple. Het is dus niet zoals bitcoin een open protocol waar iedereen aan mee kan doen. De deelnemers zijn over het algemeen financiële instituten.

In totaal bestaan er 100 miljard Ripple-tokens en die zijn in één keer gemaakt. De organisatie verdeelt de tokens over deelnemers binnen het netwerk.

Je kunt stellen dat Ripple voor niet-financiële instellingen, dus voor normale mensen, alleen functioneert als speculatie-object, al was er in het verleden ooit een publiekskant van het bedrijf. Dit is gestopt.

Competitie: stellar.

EOSIO (EOS)

Het hoofdnetwerk van EOS ging live op 10 juni 2018. Het platform gebruikt EOS als eigen cryptovaluta. Het protocol emuleert de meeste onderdelen van een echte computer (processor, lokaal geheugen, harddiskruimte), een systeem vergelijkbaar met de Ethereum Virtual Machine (zie hoofdstuk 5). Het moet grootschalige decentrale applicaties mogelijk maken door een decentraal autonoom bedrijfsmodel. Het platform zou geen transactiekosten in rekening brengen en moet miljoenen transacties per seconde aankunnen. Als consensusmechanisme gebruikt het delegated-**proof-of-stake** (zie de verklarende woordenlijst).

De token werd in eerste instantie als ERC20-token op de ethereum-blockchain uitgebracht om geld op te halen. Uiteindelijk is er ruim 4 miljard dollar opgehaald op die manier.

Bezitters van de tokens hebben deze om kunnen zetten naar de EOS-blockchain. Eos geeft de bezitter gebruiksrechten over systeembronnen van de EOSIO 'computer' voor het draaien van applicaties. De naam EOS wordt (of is) vervangen door EOSIO. Er zijn bij het hele project wel meer zaken verwarrend, zoals de manier van stemmen voor bezitters van de tokens. Daardoor duurde de start van het hoofdnetwerk ook langer dan verwacht.

De EOSIO-blockchain komt uit de koker van 'serieblockchainontwikkelaar' Dan Larimer. Hij bedacht ook Graphene, de onderliggende databasetechnologie van onder andere Bitshares en Steemit.

Competitie: ethereum (classic), neo, rsk.

Stellar (XLM)

Verwarrend genoeg heet het protocol 'Stellar' en de token op het netwerk 'Lumen' of XLM. Stellar wordt ook wel de open-source Ripple genoemd, omdat het ook grensoverschrijdende transacties tussen verschillende cryptovaluta-naar-fiat mogelijk maakt. Stellar heeft met veel grote bedrijven afspraken over het gebruik. IBM kondigde in 2018 aan dat het een betalingssysteem voor chartaal geld opzet met Stellar. Het project heet Blockchain World Wire. IBM wil daarmee de concurrentie met Ripple en Swift aangaan.

Competitie: Ripple.

Monero (XMR)

Riccardo 'fluffypony' Spagni startte Monero met niets dan privacy in het achterhoofd. Vrijwel geen enkele ontwikkelaar van het project is dan ook bekend bij zijn of haar eigen naam. Je kunt in de blockchain van Monero niet zien wie wat naar wie zendt en ook niet wat de verzonden transactie inhoudt of hoeveel xmr er verzonden of ontvangen is. Kun je bij de meeste cryptovaluta de balansen zien als je een publiek adres invult in een block explorer, dit kan niet met Monero.

De blockchain en het cryptografisch systeem van Monero zitten dan ook lastig in elkaar. Het komt er in het kort op neer dat bij het versturen van een transactie niet alleen het ware verzendadres meegezonden wordt, maar ook enkele nep-adressen. Zo weet je nooit waar de fondsen vandaan komen. Omdat elke transactie meerdere bronnen meegeeft, wordt dat onmogelijk om uit te zoeken.

Toch kan de ontvanger uitvinden dat de transactie voor hem is en hoeveel er in de transactie meegezonden is. Dit werkt met een eenmalige publieke sleutel die cryptografisch gekoppeld is aan je publieke sleutel. Maar zo kan alleen jij zien wat je fondsen zijn en een ander niet. Dit werkt met zogenaamde *stealth addresses*.

Door bepaalde structuren, genaamd *ring signatures*, is het niet mogelijk voor de verzendende partij om de fondsen nog te volgen. De ontwikkelaars zijn ook bezig met een systeem, Kovri, waardoor zelfs je internetverkeer zo afgeschermd wordt dat niet gezien kan worden dat je überhaupt Monero gebruikt. Dit doen ze door het Monero-verkeer over nodes van het I2P (Invisible Internet Project) te sturen.

Competitie: zcash, dash, bitcoin private, zclassic. Interessant is dat onder andere bitcoin en ethereum ook hard bezig zijn privacy-protocollen toe te voegen aan hun blockchains.

Cardano (ADA)

Cardano is een *distributed computing-platform* dat de blockchain draait voor de Ada-cryptovaluta. Het platform is mede ontwikkeld door Charles Hoskinson, medeoprichter van Ethereum, Ethereum Classic en BitShares.

Het smart-contract-platform Cardano gaat prat op de manier waarop het protocol is ontwikkeld en ontworpen, waarbij het uitgaat van het idee dat een cryptomunt meer is dan de som van protocollen, de broncode en het gebruik. In de ogen van het Cardano-team bestaan cryptovaluta ook binnen een sociaal systeem, namelijk dat van de gebruikers. Daarbij maakt het team ook gebruik van peer-review, de manier om wetenschappelijke artikelen te toetsen.

De architectuur van het platform bestaat uit twee lagen, waarbij de boekhouding van de transacties gescheiden is van de reden waarom transacties plaatsvinden.

Het scheiden van de twee lagen verdient wel wat uitleg. De onderste laag is de Cardano Settlement Layer of CLS. Deze laag is een cryptomunt met een proof-of-stake-protocol om de transacties vast te leggen. Cardano gebruikt het Ouroboros-proof-of-stake-protocol. Daarnaast moet de blockchain van Cardano makkelijk te koppelen zijn met andere blockchains en gedecentraliseerde databases. Dit moet het systeem ook interessanter maken voor meer verschillende partijen.

Dan is er nog de Cardano Computation Layer of CCL. In deze laag zit de informatie waarom een transactie plaatsvindt. Zo moet het mogelijk worden om makkelijker transacties aan bepaalde eisen te laten voldoen, zoals het niet toestaan van transacties die geen *know-your-customer* of KYC hebben afgerond.

De ontwikkeling aan Cardano startte in 2015 en probeert sindsdien veel van de tekortkomingen die volgens de bijdragers aan Cardano in andere cryptovaluta zitten, te vermijden of op te lossen door zaken anders in te steken, zoals het kunnen samenwerken met private blockchains en het genereren van betere code.

Competitie: Ethereum, NEO, NEM, Lisk, EOS.

Dash (DASH)

Dash kwam ter wereld als Xcoin en werd al snel Darkcoin en is een fork van bitcoin, maar gebruikt een ander consensusmechanisme dat gebruikmaakt van master-nodes in plaats van mijners. Dash biedt meer privacy dan bitcoin. Dat is dan ook waarvoor Evan Duffield de munt bedacht. Hij was niet tevreden met de privacy die bitcoin bood.

Dash kent een bewogen geschiedenis. De munt kwam in 2014 dus als Darkcoin op de cryptovalutamarkt, maar 'per ongeluk' waren al zo'n 2 miljoen dash gemijnd in de eerste 24 uur. Dat gaf de ontwikkelaars al wel heel veel darkcoins van de in totaal 18,9 miljoen die er ooit kunnen bestaan. Nu zijn er zo'n 8,3 miljoen dash.

Dash werkt ook iets anders dan bitcoin: het beloont master-nodes, oftewel nodes in het netwerk die meer dan 1000 dash hebben. De nodes ontvangen daarvoor dash.

In september 2018 zijn er bijna 4800 dash-master-nodes, dit betekent dus dat er zo'n 4,8 miljoen dash niet bruikbaar zijn, dus dat is meer dan de helft van alle dash die er zijn. Dan nog de 2 miljoen 'per ongeluk' gemijnde dash aan het begin, en dat maakt dat er heel wat dash onder controle staat van machtige spelers. Een master-node ontvangt 45 procent van de opbrengsten van een blok. Nou, tel uit je winst.

Oh ja, een master-node runnen kost je zo'n 165.000 euro op het moment van schrijven. De *return on investment* of ROI is volgens de website hoog: een kleine 7 procent per jaar. Als Dash in zou storten, kan dit weleens een aardige domper zijn als je nu investeert in zo'n master-node.

Competitie: monero, zcash, bitcoin private. Zoals eerder gezegd: steeds meer protocollen voegen privacy-opties toe of willen deze toevoegen.

IOTA (MIOTA)

De munt voor het internet-of-things, of internet der dingen, gebruikt geen blockchain in de 'klassieke' zin van het woord, maar een 'tangle'. De tangle functioneert op zichzelf als een zelfregulerend decentraal peer-to-peer-netwerk omdat het systeem moet functioneren tussen apparaten die met elkaar communiceren binnen iot-systemen. De apparaten in het netwerk controleren willekeurig transacties van elkaar. Er zijn dus geen mijners en nodes.

Het IOTA-systeem moet allerlei verschillende apparaten transacties met elkaar laten uitvoeren. Je kunt zelf besluiten je apparaat binnen dit systeem aan te bieden, maar apparaten kunnen ook zelf besluiten dat ze ergens bijvoorbeeld processorkracht nodig hebben en dit tijdelijk 'inhuren' via het systeem.

De munteenheid iota vind je bij exchanges niet vaak terug, daar wordt miota gebruikt, ook wel Mega IOTA. Dit kan verwarrend zijn. Een mega-iota bestaat uit een miljoen iota. Alle miota bestaan al en hoeven niet gemijnd te worden. Er zijn 2.779.530.283 miota (oftewel: 2.779.530.283.000.000 iota).

Dus:

1 iota = 0,000001 miota
1 miota = 1.000.000 iota

Dit is gedaan omdat het ooit zo kan zijn dat iota's nog kleiner opgedeeld moeten worden omdat, als de munt ooit werkelijk gebruikt gaat worden, ze nooit 'op' mogen raken. Iota kan verder opgedeeld worden in mini-, micro- en nano-iota. Ga daar maar eens lekker mee aan de slag met alle nullen (hint: alles met 10^{-3}, 0,001=micro-iota enzovoort).

Iota zou al bestand zijn tegen eventuele aanvallen van kwantumcomputers in de toekomst. Wel ontdekte MIT (Massachusetts Institute of Technology) eind 2017 een gapend gat in de software. Het gat werd gedicht, maar onder andere door de wijze van communiceren vanuit de iota-gemeenschap en trollen op internet daalde het vertrouwen in het systeem.

Competitie: IoT Chain (ITC), IoTeX.

TRON (TRX)

De organisatie achter Tron kocht BitTorrent voor zo'n 126 miljoen dollar. Cash. Dat is een stevige zet van Justin Sun en de zijnen. Tron is een blockchain voor entertainment. Daar komt dan ook decentrale opslag bij en een Tron Virtual Machine is in de maak, zodat er ook applicaties kunnen draaien op de tron-blockchain.

Elke gebruiker kan via het protocol alles vrijelijk publiceren en opslaan en blijft zelf in bezit van zijn data. Verder moet het protocol alles kunnen regelen van distributie, lidmaatschappen (denk aan lid zijn van een YouTube-kanaal), het uitbrengen van content en wat al niet meer.

Net als bij andere blockchains waar smart contracts op kunnen draaien, kunnen ook andere bedrijven munten en tokens uitgeven met behulp van het tron-protocol.

TRX hoeft niet meer gemijnd te worden, het is er allemaal al. Op dit moment zijn een kleine 66 miljard trx in omloop van de maximale 99 miljard.

Competitie: NEO, Ethereum.

NEO (NEO)

Neo is een blockchain voor smart contracts en dapps en in die zin vergelijkbaar met ethereum. Neo heeft een actieve ontwikkelaarscommunity en de meest actieve Engelstalige groep is te vinden bij City of Zion. Zij brengen ook de meest gebruikte neo-wallet uit: Neon.

Bij ethereum moet je om de smart contracts te programmeren een nieuwe taal leren, namelijk Solidity. Bij neo kun je negen verschillende bestaande programmeertalen gebruiken, zoals Python en C++.

Neo vindt ook dat de nodes die zijn netwerk controleren, de *boekhouders* als je die zo wilt noemen, niet alleen een digitale identiteit moeten hebben, maar ook een in de echte wereld. Die identiteit is gebaseerd op een bepaalde standaard binnen de publiekesleutelinfrastructuur (pki X.509 voor de liefhebber). De nodes zijn daarmee ook aan te spreken. Niet iedereen in de cryptogemeenschap is het met een dergelijk systeem eens.

De blockchain van neo werkt niet met **proof-of-work** of proof-of-stake, maar met *delegated Byzantine Fault Tolerance* ook wel dBFT. Dit protocol is eigenlijk een aanpassing van het proof-of-stake-protocol, waardoor de nadelen - namelijk wie de meeste tokens bezit, krijgt het meeste uitgekeerd - zijn weggevaagd. Decentralisatie is door dit systeem wel lastig.

Het *delegated* in de naam van het protocol komt van de nodes die daadwerkelijk mee mogen doen met het valideren van blokken. Dit zijn de boekhouder-nodes of *bookkeeping nodes*. Deze moeten voldoen aan heel veel eisen. Het Nederlandse telecommunicatiebedrijf KPN draait sinds 22 oktober een node. Nu zijn er in totaal 7 nodes: 5 van de Neo Foundation, 1 van City of Zion en 1 van KPN. Elke keer wordt een van de bookkeeping nodes gedelegeerd, die het volgende blok moet aanmaken. Zo'n gedelegeerde, de *speaker*, wordt gecontroleerd door de andere nodes en als 66 procent of meer van de nodes het eens is met de speaker, wordt het blok toegevoegd.

Bij neo krijgen alle bezitters van de munt een klein beetje gas uitgekeerd, als ware het een rendement op een aandeel. Dit lijkt een beetje op proof-of-stake. Dit gas uitkeren stopt als het totaal van 100 miljoen neo-gastokens is bereikt.

BELANGRIJK

Neo kun je niet opdelen in kleinere delen. Je koopt altijd 1 of meer neo in hele getallen. Neo gas, het onderdeel waar de smart contracts op het netwerk mee gevoed worden, is wel deelbaar. Het is soms verwarrend dat je op een exchange wel neo in delen kunt hebben. Dit komt omdat de exchange niet met de neo-blockchain communiceert zolang de tokens binnen hun virtuele muren zijn. Als je de neo naar een echte neo-wallet wilt sturen, zul je merken dat je niet alles kunt sturen of het zelfs kwijtraakt (afhankelijk van hoe de exchange jou van informatie voorziet).

VOORBEELD

Je hebt 3,9988 neo staan bij exchange X. Nu verstuur je 3,9988 neo en ontvang je maar 3. De rest is weg. Sommige exchanges sturen 3 en laten de 0,9988 in je wallet op de exchange staan.

Competitie: ethereum, icon, aion.

Binance Coin (BNB)

Veel exchanges hebben een eigen token waarmee je de interne fees kunt betalen. Vaak is het goedkoper om de fees met deze tokens te betalen dan met de munt die je verhandelt. Voor exchanges is het ook handig, zeker als er bijvoorbeeld een 'probleem' is geweest en klanten tegemoetgekomen moeten worden, dan kun je makkelijker je eigen token geven en mensen vervolgens met die token de transactiefees laten betalen dan alles op 0 zetten.

Bij een van de grootste exchanges van dit moment (wat ook een staaltje is, binnen een half jaar iedereen van de troon stoten, zie hoofdstuk 11) is het niet anders. De bnb-token is een ERC20-munt en alle muntjes bestaan al: 200 miljoen in totaal. 100 miljoen zijn tijdens de ICO van 2017 uitgegeven. Je kunt al je fees bij Binance betalen met je token, zoals opnamekosten, handelskosten en de fees om je eigen munt op hun exchange te krijgen.

De token wordt ook meer waard omdat de exchange zelf ook 20 procent van de tokens terugkoopt elk kwartaal en deze vernietigt, totdat ze 100 miljoen tokens vernietigd hebben.

Competitie: geen, is een eigen munt van de exchange en zorgt daar voor bepaalde functies. Veel exchanges hebben vergelijkbare systemen.

NEM (XEM)

NEM kwam uit als fork van NXT, maar de ontwikkelaars pasten de code spoedig aan en uiteindelijk is het systeem van de grond af opnieuw opgebouwd. NEM is een non-profit-organisatie in Singapore. Om nieuwe XEM te genereren, is geen mining nodig, maar een systeem dat *harvesting* heet of oogsten. Dit systeem werkt door gebruikers te stimuleren actief transacties uit te voeren. Als iemand een transactie uitvoert, dan zal de eerste node die de transactie 'ziet', de transactie verifiëren. Deze node geeft een seintje aan nodes in de buurt en zorgt zo voor een cascade van informatie. Dit proces is vergelijkbaar met het genereren van een blok. Als de informatie aankomt bij een gebruiker met meer dan 10.000 xem, dan wordt een blok in de nem-blockchain gegenereerd. Die gebruiker met 10.000 of meer xem krijgt de transactiefees in dat blok als betaling voor het genereren van het blok.

Dit systeem heet geen proof-of-work of proof-of-stake, maar proof-of-importance of 'bewijs van belangrijkheid'. Hoe meer je in het nem-systeem geïnvesteerd hebt, hoe belangrijker je bent. Dit heet ook wel *vesting*. Het duurt enkele dagen voor je *vested* bent, dus als je 10.000 munten koopt, ben je niet in één keer belangrijk.

VOORBEELD

Stel, je hebt 20.000 xem. Op dag 0, je startdag, is 0 xem vested. Dan is 20.000 xem niet-vested. Op dag drie is 16.200 xem niet-vested en de rest, 3800 xem, vested. Na een week is 10.434 xem vested en de rest niet. Dan kun je dus een blok genereren en transactiefees opstrijken.

Op het moment van schrijven is 1 xem 7,6 cent, dus kost het je minimaal 760 euro om ooit belangrijk genoeg te kunnen worden voor een node.

Competitie: ethereum, NEO, Eosio.

Zcash (ZEC)

Om privacy te verkrijgen, moet je door heel wat hoepels springen. Je moet ten eerste al zorgen voor de juiste start van je munt. Je moet de munt als het ware 'opstarten', waarbij heel even de mogelijkheid is in de toekomst te frauderen. Dat klinkt wat vaag, maar de munt zcash is daar een goed voorbeeld van.

TECHNISCHE INFO

Zcash bestaat rond een systeem dat ook wel *zero knowledge proofs* heet, oftewel een systeem waarbij authenticatie plaatsvindt zonder dat er wachtwoorden of sleutels uitgewisseld hoeven worden. Dit betekent uiteraard dat ze ook niet gestolen kunnen worden en niemand kan ooit uitvinden wat je nou precies uitwisselde. Je bewijst als het ware dat je een geheim kent zonder dat je het geheim laat zien. Dit systeem werkt doordat de ontvangende partij ervan overtuigd is dat de versturende partij het antwoord op de geheime vraag kent. De vraag is natuurlijk: waarom zou je het geheim niet willen vertellen aan iemand anders? Omdat je die partij niet vertrouwt, er is immers geen uitwisseling van sleutels nodig en geen wachtwoorden. Er is slechts een tijdelijke sleutel nodig. Het enige probleem is: het kost een computer aardig wat rekenwerk.

Dat is bij zcash niet anders. Daarom heeft zcash de mogelijkheid om de muntjes geheim of niet-geheim te versturen, waarbij de transactiekosten in het eerste geval een stuk hoger zijn. Het leidt wel tot een probleem, namelijk dat vrijwel geen zcash privaat wordt verstuurd. Hierdoor is de privacy van wel met zero knowledge proofs verstuurde zcash minder of zelfs niet meer gewaarborgd omdat je verbanden kunt vinden met niet-privé verstuurde zcash.

TECHNISCHE INFO

Het protocol is afgeleid van bitcoin, maar het gebruikt zk-SNARKs om de zero knowledge proof te verkrijgen. Interessant is dat het inmiddels gelukt is om dit systeem ook in smart contracts van ethereum te stoppen.

Er is wel wat controverse rond zcash omdat de ontwikkelaars het systeem zo hebben geprogrammeerd dat de eerste vier jaar 20 procent van de gemijnde munten naar het team gaan. Dat duurt dus nog tot november 2020. Daarna gaan alle muntjes naar de mijners.

Een aanrader is de podcast te beluisteren van Radiolab over de ceremonie rond het starten van zcash. Deze ceremonie was nodig om de mogelijkheid te geven de zero knowledge proofs te starten. Even zoeken op internet naar 'radiolab the ceremony'. De radiodocumentaire is gemaakt door Morgen Peck.

Competitie: Monero, Dash en vele anderen.

OmiseGO (OMG)

Het in Thailand begonnen OmiseGO heeft als doel een gedecentraliseerd exchange- en betalingsplatform te worden. Hun slogan is dan ook *bank the unbanked*. De token is een ERC20-munt op de ethereum-blockchain en zorgt voor de achterkant van wallets voor allerhande betaalsystemen, inclusief fiat geld. Een van de doelen is onder andere schaalbaarder te zijn dan wat het ethereum-netwerk zelf toelaat.

Omise begon als bedrijf in 2013 en ontwikkelde OmiseGO tussen 2015 en 2017. Uiteindelijk werd de token uitgegeven via een ICO en haalde daarmee snel 25 miljoen omgerekende dollars op. OmiseGO is onder andere het hart van een decentrale exchange.

Competitie: stellar, liquid, kyber, zrx.

0x (ZRX)

Decentraal handelen, daar is het 0x of ZRX-protocol voor bedoeld. De munt is eind 2016 opgericht en dient om ERC20-tokens te verhandelen. Decentrale handelshuizen kunnen het gebruiken om samen te werken en op die manier grotere volumes te krijgen.

Op dit moment hebben grote, centrale exchanges enorme volumes en kleine, decentrale exchanges hebben vaak te weinig aanbod, zeker van tokens die niet heel bekend of populair zijn. Met het 0x-protocol worden decentrale exchanges als het ware 'aan elkaar' gekoppeld. Dus als er een **dex** is met 1 miljoen aan volume van een bepaalde token en 3 met elk 100.000, dan hebben ze samen 1,3 miljoen aan transacties te verwerken.

Competitie: OMG, stellar, liquid, kyber.

DigiByte (DGB)

DigiByte is een relatief oude cryptomunt waarvan het idee stamt uit 2013 en waarmee in 2014 begonnen werd met de ontwikkeling. DigiByte heeft heel veel ideeën. Zo zijn er vijf verschillende mogelijkheden om de munten te mijnen en was er een initiatief om DigitByte ook een belangrijke schakel in de gamesmarkt te laten zijn.

Naast zelf aanschaffen zijn er vijf manieren om DGB-muntjes te mijnen waarbij elke manier zo'n 20 procent kans heeft om een blok samen te stellen. Daardoor wordt de kans op een 51-procentsaanval een stuk lastiger, aangezien je 60 procent van alle rekenkracht in het netwerk moet hebben om problemen te kunnen veroorzaken, namelijk 93 procent van één van de algoritmes en 51 procent van de andere vier.

Het systeem van verschillende mining-algoritmes moet ervoor zorgen dat meer mensen kunnen meewerken en dat er niet een paar grote partijen met heel veel rekenkracht de scepter zwaaien. DigiByte gebruikt de volgende algoritmes: Groestl (cpu), Skein (gpu), Qubit (gpu), Scrypt (asic) en SHA-256 (asic). Die laatste twee zijn het bekendst en worden onder andere gebruikt door bitcoin en litecoin. Twee van de algoritmes zijn ideaal voor ASIC-mining, twee voor mijnen met een grafische kaart of GPU en één voor een gewone processor of CPU.

Hoe dat precies werkt, is allemaal terug te vinden op digibyte.co, al is het advies van DigiByte tegenwoordig dat je de munten koopt in plaats van mee probeert te doen, tenzij je de juiste hardware al in huis hebt.

Competitie: TenX, Xapo, Raiden.

De komst van ethereum en smart contracts

IN DIT DEEL . . .

Ethereum, die andere grote bekende cryptovaluta, daar kunnen we niet omheen. Vooral niet omdat je smart contracts kunt schrijven en zo kleine computerprogrammaatjes kunt uitvoeren met behulp van een blockchain. Deze munt zorgde ook voor een ware hausse aan nieuwe munten. Hoe die het levenslicht zien, leg ik uit bij ICO's en airdrops.

Tussendoor staat nog een intermezzo over wallets. Daar hebben we het vaker over, maar hier duiken we de diepte in.

> **IN DIT HOOFDSTUK**
>
> Wat maakt ethereum anders dan bitcoin en vergelijkbare cryptovaluta?
>
> Wat zijn smart contracts?
>
> Ether en smart contracts beheren
>
> ICO's: waar komen ze vandaan en waar moet je op letten?

Hoofdstuk 5

Ethereum, smart contracts en heel veel mogelijkheden

De eerste keer dat Ethereum mij écht opviel, was toen er iets nieuws stond te gebeuren: een echte 'initial coin offering', beter bekend als ICO (waarover later meer). Technisch gezien begon Ethereum zelf al met een ICO, maar op dat moment liep dit nog niet heel erg in de kijker. Ondanks dat ik bitcoin en aanverwante muntjes zoals litecoin al een tijd volgde, leidde de cryptovalutamarkt op dat moment al een paar jaar een relatief rustig bestaan onder de radar.

Dat veranderde allemaal met het uitbrengen van een zogenaamde 'decentralised application' of **dapp**, The DAO, een soort decentrale investeringsbank. Hierbij kochten mensen tokens met de toepasselijke naam DAO. Die konden ze aanschaffen met ether, de munt van het Ethereum-netwerk. Met die DAO-tokens konden bezitters dan vervolgens stemmen op mensen met ideeën voor andere dapps en die financieren.

Prachtig verhaal toch? Er zat alleen een addertje onder het gras: een fout in de contractcode van The DAO zorgde ervoor dat iemand langzaam ether kon afromen uit de inmiddels enorme kasreserves van omgerekend zo'n 150 miljoen dollar van The DAO. De hacker wist ongeveer eenderde van de 11,5 miljoen ether die in het project gestopt waren, te stelen.

Dat vonden de bezitters van de tokens niet zo prettig en dat zorgde voor een interessant probleem: wat doe je nu? Sommigen vonden dat de 'wetten van de code' golden en de dief geen dief was en recht had op het geld. Het grootste deel vond dat niet. Daarmee ontstond de tot dan toe bekendste fork: die van Ethereum en Ethereum Classic, waarbij de hoofdketen ETH als token-afkorting heeft en ETC voor de keten staat waarbij het geld niet terug naar de investeerders ging. Voor de duidelijkheid: er zat geen fout in de code van het Ethereum-netwerk, maar een fout in de code van het contract. Door een wijziging aan de ethereum-blockchain die de hoofdketen zou blijven, konden investeerders hun geld terugkrijgen. Bij Ethereum Classic is die wijziging niet doorgevoerd en bleef de fout in de code van het contract geldig.

BELANGRIJK

Iedereen die ether had voor de fork had na de fork op zowel de ETH- als ETC-keten dezelfde hoeveelheid ether.

Wat is ethereum?

Ethereum is anders dan bitcoin en wordt ook wel 'wereldcomputer' genoemd. Het gebruikt ook een blockchain, maar je kunt ethereum beter programmeren dan bitcoin. Bij bitcoin kun je een redelijk simpel script uitvoeren door bijvoorbeeld regels aan een transactie toe te voegen. Denk dan aan een regel waarbij meerdere mensen een transactie moeten goedkeuren, voordat die uitgevoerd wordt, ook wel 'multisig' in jargon.

Dat cryptovaluta niet alleen te gebruiken zijn voor het vastleggen van waardetransacties, was al snel duidelijk: je kon er technisch gezien natuurlijk alles mee vastleggen waar een transactie voor nodig is. Vooral eigenaarschap kwam al snel naar boven als interessante optie. Denk aan het vastleggen van de aankoop van een huis of het bezit van digitale kunst. Het eigenaarschap kon je heel makkelijk overdragen via een simpel blockchainsysteem als dat van bitcoin. Maar als het ingewikkelder werd, liepen ontwikkelaars tegen beperkingen aan.

Het ethereum-platform is bedoeld om ingewikkelder applicaties te kunnen draaien dan bitcoin. Het platform draait zogenaamde smart contracts. De munt van het platform is 'ether' en is niet bedoeld als geld in de zin van bitcoin of litecoin. Ether wordt gebruikt om de smart contracts uit te voeren die 'leven' op de blockchain van ethereum. Om zo'n smart contract uit te voeren, moet met ether betaald worden in de vorm van gas. Als het gas op is, dan stopt de uitvoering van het contract.

VOORBEELD

Om een ouderwetse auto te laten rijden, heb je brandstof nodig. Die brandstof is niet gratis, die moet je kopen. Pas als de brandstof in de tank zit, kun je gaan rijden, maar je hoeft niet te gaan rijden. Zolang je niet rijdt, gebruik je ook geen brandstof. Op het moment dat je de motor start, ga je de brandstof gebruiken. Ga je harder rijden, dan gebruikt de motor meer brandstof, zo ook als je een steile helling op rijdt. Zo kun je de werking van ethereum en smart contracts ook zien: om een smart contract, of de 'motor', uit te kunnen voeren, moet je gas hebben. Als je niks doet met een smart contract, dan gebeurt er niets met je ether. Als je wel iets wilt doen met een smart contract, dan kost het je ether in de vorm van gas. De meeste smart contracts zijn niet zo duur om uit te voeren en daar is maar een heel klein beetje ether in de vorm van gas voor nodig. Net als bij een auto waarmee je naar Zuid-Italië wilt rijden vanuit Nederland, stopt de uitvoering van een smart contract als je gas voortijdig op is en je de tank niet hebt bijgevuld.

Dit systeem is expres zo ingesteld: het is niet de bedoeling dat een smart contract voor eeuwig blijft draaien, net zoals je niet wilt dat je motor blijft draaien als de auto voor de deur staat. Als een smart contract uitgevoerd wordt, dan maakt het gebruik van het ethereum-netwerk en dan kunnen anderen het niet gebruiken. Zo limiteer je het systeem niet alleen doordat het geld kost, maar zorg je er ook voor dat contracten met fouten of expres verkeerd geschreven contracten niet voor eeuwig alle middelen van het netwerk blijven gebruiken.

Ethereum Virtual Machine

Ethereum wordt ook wel de 'wereldcomputer' genoemd. Dit slaat op de Ethereum Virtual Machine, of de EVM. De smart contracts worden uitgevoerd in de EVM en dat is waar gas voor betaald moet worden. Die wereldcomputer is niet te vergelijken met een normale computer waarop berekeningen uitgevoerd worden om een programma uit te draaien. Het is ook geen supercomputer die alle computers in het netwerk gebruikt om heel snel mega-ingewikkelde berekeningen uit te voeren. Het is een computer waarbij alle nodes in het netwerk, dus alle computers die op dat netwerk aangesloten zijn, functioneren als één computer.

BELANGRIJK

We hebben dus de blockchain van ethereum, de smart contracts, de munteenheid ether, de manier om smart contracts aan te drijven met gas én de wereldcomputer of Ethereum Virtual Machine. Wat doet nou wat?

» **Blockchain:** de plek waar alle transacties vastgelegd worden en waar de code van de smart contracts op staat.

» **Ethereum Virtual Machine:** de plek waar alle acties van een smart contract uitgevoerd worden. Als een smart contract 1 + 1 moet uitrekenen, gebeurt dat dus op de EVM en niet op de blockchain. Alleen de uitkomst '2' wordt vastgelegd op de blockchain.

» **Ether:** de basistoken van de ethereum-blockchain die ook verhandeld wordt op publieke markten.

» **Gas:** een klein stukje ether dat alleen op de ethereum-blockchain bestaat en niet verhandelbaar is.

Misschien is dit allemaal nog wat lastig voor te stellen. Onthoud alleen dat elke node in het netwerk een EVM draait die meewerkt aan het uitvoeren van de smart contracts. De blockchain zelf noteert uiteindelijk alleen de uitkomst van de berekening, oftewel de *state*. In het voorbeeld van 1 + 1 is de state die weggeschreven wordt op de blockchain dus 2.

TECHNISCHE INFO

Als je iets meer kennis hebt van virtuele machines: de EVM is niet vergelijkbaar met een vm zoals VMWare of VirtualBox. Dit soort vm's zorgen voor de virtualisatie van een hele computer. De EVM doet dit niet en lijkt meer op de Java Virtual Machine en is ook niet afhankelijk van het type besturingssysteem of het type

HOOFDSTUK 5 **Ethereum, smart contracts en heel veel mogelijkheden** 79

hardware waar iets op draait. Ook is de EVM niet in staat meerdere applicaties naast elkaar te draaien: de apps worden in de volgorde die is bepaald door ethereum-clients afgewerkt, nadat deze geverifieerde transacties in blokken hebben nagelopen.

Mijnen

Nu is er een onderdeel van ethereum waar ik het nog niet over gehad heb: hoe wordt die blockchain in elkaar gezet? Dat gebeurt net als bij bitcoin met een proof-of-work, al is het doel om ooit over te gaan naar proof-of-stake.

TECHNISCHE INFO

Proof-of-stake is een manier van mijnen waarbij bezitters van grotere hoeveelheden muntjes, de *stake*, meer kans hebben op het mogen verzorgen van het volgende blok in de blockchain. Daardoor is in theorie nog maar weinig rekenkracht nodig om het netwerk veilig te houden. Het is de bedoeling dat PoS in 2019 ingevoerd wordt.

Op dit moment lijkt het vergaren van ether door zelf te mijnen best veel op hoe dat bij bitcoin gaat. Je kunt het niet meer in je eentje en zult jezelf eigenlijk altijd bij een zogenaamde *mining pool* moeten aansluiten, zodat je meer kans hebt om als eerste het volgende blok gekraakt te hebben.

TIP

Om een beter beeld te krijgen wat mijnen nou eigenlijk is, is het aardig om ethereum classic te mijnen. Dit kan nog enigszins met een goede videokaart. Via een miningpool als etc.ethermine.org is makkelijk te starten en de minimale hoeveelheid ETC die je moet verzamelen is nu nog goed haalbaar, zodat je jezelf ook ooit een heel klein beetje kunt uitbetalen. Je kunt zo'n mijner prima draaien tijdens je werk als de computer toch aanstaat. Leuk en interessant om eens uit te proberen.

TABEL 5.1 Verschil tussen klassieke en ethereum-blockchain

Adressen	Adressen + dataopslag + code
Balans met 'eigen' coin	Balans met ether + applicatiespecifieke tokens met een specifieke uitleg
Transacties	Transacties + het creëren van contractcode + het ophalen van contractcode
Blocks: gebundelde transacties	Blocks: 'transacties' + 'nieuwe staat' van hele systeem (state)

Bron: tweakers.net

TIP

Het is belangrijk om te beseffen dat smart contracts geschreven in de programmacode van ethereum niet alleen met de ethereum-blockchain te gebruiken zijn. Met een zogenaamde zijketen RSK (rsk.co) zijn ethereum smart contracts ook met de bitcoin-blockchain te gebruiken! Dit geeft weer heel veel nieuwe mogelijkheden.

TECHNISCHE INFO

ETHER, GAS EN WEI

Binnen Ethereum wordt gewerkt met drie namen voor de valuta, namelijk ether, wei en gas. Die eerste twee hebben direct met elkaar te maken, maar gas is bijzonder.

- Ether is de munteenheid van het Ethereum-netwerk. In tegenstelling tot bitcoin is er geen maximaal aantal ethers dat gemijnd kan worden omdat het systeem niet in hoofdzaak als valuta bedoeld is, maar als *utility token*.

- Wei is de kleinste denominatie van ether: 1 wei is 0,000000000000000001 ether, oftewel 10^{-18}. 1 ether is dus 1.000.000.000.000.000.000 wei. Omdat rekenen met 1 wei erg lastig is, zie je vaak andere termen voorbijkomen die grotere hoeveelheden in een keer aanduiden. Zo staat gwei voor giga-wei wat overeenkomt met een miljardste ether en de finney of milliether voor een duizendste ether.

- Gas is een bijzonder onderdeel van ethereum, het wordt namelijk gebruikt om de kosten te meten die het netwerk en de Ethereum Virtuele Machine (EVM) maken om een transactie of smart contract uit te voeren. Een normale ethereum-transactie kost bijvoorbeeld altijd 21.000 gas. Daarmee functioneert gas als buffer tussen prijsvolatiliteit van ether en de vergoeding voor de mijners. Ook zorgt het ervoor dat de applicaties niet eeuwig uitgevoerd kunnen worden omdat je als gebruiker altijd een maximale hoeveelheid gas aangeeft die je wilt gebruiken, wat nooit meer kan zijn dan het aantal ether dat je bezit natuurlijk. Gas zelf kun je niet inslaan en bestaat niet buiten de EVM van ethereum. Je kunt gas dus niet zelf bezitten, zoals gas bij NEO. Gas komt uit je ether-voorraad en om het nog verwarrender te maken: er zit verschil tussen de gas-kosten en de prijs van gas.
De handigste vergelijking blijft die met auto's die op fossiele brandstof rijden. Als een auto rijdt, dan gebruikt die brandstof. Als een auto een berg oprijdt of de hele tijd rijdt in druk stadsverkeer, dan gebruikt een auto meer benzine. Dus een ingewikkeld smart contract kost meer gas dan een normale transactie. Dan is ook nog de prijs van gas niet constant. Als het druk is, is gas gemiddeld duurder want de mijners gaan dan logischerwijs voor het duurdere gas: zij krijgen daar namelijk in uitbetaald. Als je te weinig betaalt voor je gas, kan het zijn dat het heel lang duurt voor je transactie uitgevoerd is.

VOORBEELD

Een normale transactie kost 21.000 gas. Als je een transactie uit wil voeren naar een ander ethereum-adres, dan moet je dus 21.000 gas betalen. Als het druk is op het netwerk, dan kan gas duur zijn, bijvoorbeeld 10 gwei. Dan betaal je dus 21.000 x 10 gwei = 0,00021 ether voor 1 transactie om die snel te laten uitvoeren. Als je geen haast hebt, kun je bijvoorbeeld een 'veilige lage prijs' kiezen van 2 gwei per gas. Dan kost het je nog slechts 0,000042 ether. Overigens geven de meeste programma's een gasprijs voor je aan, zodat je niet te hoog of te laag kiest. Een plek om dat te controleren is ethgasstation.info.
Bij ethgasstation staat bijvoorbeeld een 'safe low' of 'veilig laag gwei-bedrag' van 2 gwei. Dan betaal je dus 2 gwei per gas. Afhankelijk van de ether-prijs zit je dan rond de cent voor je transactie, namelijk:

HOOFDSTUK 5 **Ethereum, smart contracts en heel veel mogelijkheden** 81

gas voor transactie * gwei per gas = totale hoeveelheid in ether

In dit geval dus:
21.000 gas * 2 gwei = 42.000 gwei (= 0,000042 ether is bij 240 euro/eth 0,01 cent)

Je kunt je voorstellen dat de gaskosten bij het uitvoeren van een smart contract een stuk hoger kunnen liggen. Hoe langer het programma moet draaien in de EVM, hoe hoger de kosten. Het laten paren (siren) van twee CryptoKitties kost je al snel enkele honderdduizenden gasjes. Je kunt dit soort informatie allemaal terugvinden in de transactiedata op de ethereum-blockchain via zogenaamde block explorers, zoals etherscan.io of etherchain.org.

Consensus

Een belangrijk verschil tussen het uitvoeren van een programma op je computer of via het ethereum-netwerk is dat er eerst overeenstemming moet worden bereikt over de uitkomst van je programma. Als je 2+4 uitrekent op je rekenmachine dan is de uitkomst 6. Binnen ethereum moet daar eerst overeenstemming over bereikt worden. Binnen de computerwetenschappen heet dit *consensus computing*. Niet alle nodes binnen het ethereum-netwerk hoeven dezelfde uitkomst te hebben, maar het grootste deel wel. Dat is wel wat vreemd, maar dit komt doordat niet alle nodes in het netwerk de berekening af zullen maken doordat ze bijvoorbeeld net op dat moment gereset worden. Andere nodes zullen misschien op een verkeerd getal uitkomen door een fout. Dat is allemaal niet erg, want in totaal komt het geheel door consensus uit op 6. Dit heet ook wel een deterministische computer.

Nu begrijp je ook waarom het soms heel veel geld kost om een actie op het ethereum-netwerk uit te voeren. Als je een ingewikkelde applicatie maakt, is daar veel rekenkracht voor nodig en dat kan aardig in de papieren lopen. Omdat veel mensen hier toch mee willen experimenteren, gebruiken ze zogenaamde testnets. Deze netwerken gebruiken dezelfde regels, maar de ether daar kost niets en is niet te gebruiken op het hoofdnetwerk van ethereum en niet te verhandelen op exchanges. Waarom gebruikt niet iedereen die testnetwerken dan? Precies daarom: het zijn testnetwerken en de kans dat daar iets fout gaat is vele malen groter.

Smart contracts

Ik heb het net gehad over computerprogramma's of applicaties die uitgevoerd worden in de Ethereum Virtuele Machine. Helaas heten deze programma's in de volksmond 'smart contracts'. De programma's zijn niet slim en ook geen contract, dus slaat het eigenlijk nergens op, maar goed, zo zijn er meer woorden die oneigenlijk toch een plaatsje in onze woordenschat hebben gekregen.

De blockchain van ethereum synchroniseert en slaat de zogenaamde *state* van een smart contract op, letterlijk 'toestand'. Vervolgens verandert een smart contract, dat met behulp van gas zijn programmacode uitvoert in de EVM (dus buiten de blockchain), de state op de blockchain zelf. Dus je ziet niet de uitvoering van het programma zelf, maar slechts de veranderde uitkomst. Bijvoorbeeld: 10+12=22. De berekening wordt in de EVM uitgevoerd en de uitkomst wordt op de blockchain geregistreerd.

Om het programma uit te voeren is ether in de vorm van gas nodig. Zo wordt ervoor gezorgd dat de gebruikte rekenkracht van het netwerk binnen de perken blijft. Als je dus te weinig gas hebt toegekend om je hele applicatie uit te voeren, dan stopt de berekening als je gas op is. Je bent in dat geval ook je ether aan gaskosten kwijt, dus liever iets te veel toekennen dan te weinig: het teveel krijg je weer terug.

Voorbeelden van smart contracts zijn:

» decentrale, gedistribueerde stemsystemen
» leningen (micro-leningen)
» verzekeringen (micro-verzekeringen)
» machine-tot-machine-betalingen
» decentrale exchanges (DEX)
» asset-tokenization
» ketenbeheer
» loyaliteitsprogramma's
» crowdfunding (ICO's als securities)
» registratie van bezit
» escrow-diensten
» en veel meer

DApps

Binnen de ethereum-gemeenschap hebben mensen het vaak over dapps of *decentralised applications*. Hiermee geef je heel duidelijk aan dat het om een applicatie gaat die niet op één server draait, maar verdeeld over het netwerk. Een dapp bestaat uit één of meerdere smart contracts op de blockchain en een webpagina die dient als gebruikersinterface.

Met dapps wordt alles gedecentraliseerd, dus niet alleen het smart contract waarmee het controleren van de logica van applicaties geregeld wordt, denk aan betalingsfuncties, maar ook andere zaken als de opslag en berichtensystemen. Bij decentrale opslag moet je in principe denken aan hoe het bittorrentnetwerk in elkaar zit dat via peer-to-peer-technieken (p2p) functioneert. Bittorrent wordt tegenwoordig veel minder gebruikt, omdat films en dergelijke veel makkelijker beschikbaar zijn via andere wegen, zoals Netflix en Spotify, maar je weet vast nog wel hoe het werkt. Je wilt een groot bestand downloaden, bijvoorbeeld de vrij verkrijgbare film Big Buck Bunny. Je gaat naar een website waar je kunt zoeken naar de film. Als je de film vindt, dan krijg je een speciaal bestand dat je downloadt op je computer en daarmee kan een torrent-programma andere computers in het netwerk vinden met de hele film of een deel van het bestand. Vervolgens gaat jouw computer bij die andere computers delen van de film downloaden, totdat je het geheel op je eigen harddisk hebt staan. Voor decentrale opslag voor dapps kun je bijvoorbeeld het Interplanetary File System (IPFS) gebruiken of Storj of Ethereums eigen systeem Swarm.

Een dapp kan uit meer bestaan dan een webpagina en een smart contract. Daarbij hoeft niet alles decentraal geregeld te zijn. Je kunt je een toekomst voorstellen waar een bepaald smart contract iets heel praktisch doet, zoals het aanbieden van huizenverhuur, en dat meer aanbieders gebruikmaken van hetzelfde smart contract, maar met eigen webpagina's.

Binnen het smart contract kun je in principe alles afhandelen voor zowel de verhuurder als de huurder met toegang tot het ethereum-netwerk, daar is in principe geen speciale webpagina voor nodig, maar dan begrijpt niemand er meer iets van. Wat je wilt, is een website die als voorkant of *front-end* dient voor gebruikers om de benodigde informatie in te voeren en interactie te verzorgen tussen de gebruiker en zijn ethereum-wallet. De achterkant, de *back-end*, hoeft de gebruiker niet te snappen, vergelijkbaar met hoe de meeste websites werken. Als hij of zij maar begrijpt dat je nooit je eigen geheime sleutels afgeeft, zie daarvoor ook het kopje 'wallets en interactie met ethereum'.

Niet alle onderdelen van een dapp hoeven dus decentraal geregeld te zijn, misschien is dat zelfs in een enkel geval niet wenselijk. De front-end kan best zitten in een propriëtaire applicatie binnen een besturingssysteem die niet open-source of decentraal is. Een database waar het smart contract informatie uit betrekt, kan in eigendom zijn, bijvoorbeeld van een woningcorporatie waarmee bepaald wordt of een woning wel verhuurd kan en mag worden.

Een zo gedecentraliseerd mogelijke dapp verdient de voorkeur, al was het maar omdat niemand je kan censureren. Een centrale database kun je immers offline halen en dan kan die informatie ook niet meer door een decentraal systeem bereikt worden. Op dit moment zijn de meeste dapps nog niet decentraal en voordat dit zo is, is nog de nodige ontwikkeling vereist.

In figuur 5.1 zie je een voorbeeld van een volledig gedecentraliseerde applicatie. Ethereum is voor de smart contracts, Swarm voor de decentrale, peer-to-peer-bestandsopslag, vergelijkbaar met Bittorrent. Whisper is een protocol voor private en veilige communicatie direct tussen de nodes.

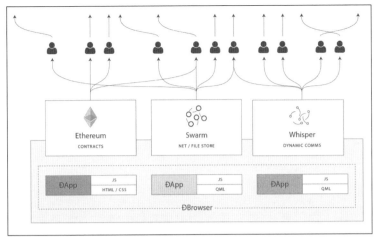

FIGUUR 5.1: Opbouw web3-basislagen. (beeld: http://www.ethdocs.org/en/latest/contracts-and-transactions/web3-base-layer-services.html)

GIVETH

VOORBEELD

Een voorbeeld van een sterk gedecentraliseerde dapp is Giveth. Dit is een decentrale altruïstische community, of een DAC. Giveth is opgezet om te laten zien hoe transparant je als organisatie kunt zijn. De organisatie ontvangt donaties om zijn dapp te ontwikkelen en elke donatie is te volgen in de blockchain van ethereum. Als vervolgens iemand iets doet voor de organisatie, kan die persoon hier een klein plukje ether verdienen dat uit de donaties komt. Stel, je kunt niet programmeren, maar wel vertalen. Je geeft aan dat je kunt vertalen en dan wordt een opdracht hiervoor uitgezet na consensus binnen de organisatie. Als je de opdracht uitgevoerd hebt, geef je aan dat je klaar bent en als dit goed bevonden wordt door een bepaald aantal deelnemers die dit kunnen valideren, dan krijg je je ether. Dit wordt allemaal geregeld via smart contracts. Met Giveth wil de organisatie laten zien hoe je volledig transparant kunt zijn, een breed gedragen doel binnen de goededoelensector. De reden dat mensen en organisaties donaties geven aan Giveth is omdat ze onderdelen van de smart contracts die Giveth maakt, gebruiken. Alle code die Giveth maakt is open-source en door iedereen te gebruiken en naar eigen inzicht aan te passen.

Wallets en interactie met ethereum

Als je het bitcoin-gedeelte hebt gelezen, dan kun je denken: dit sla ik over, want ik weet dit al! Dit is niet het geval. Een ethereum-wallet is beduidend anders dan een normale bitcoin-wallet. Dat begint al bij de basiswallet die aangeboden wordt via ethereum.org: dat is ook een webbrowser, maar ook de plek waar je smart contracts kunt aanmaken en je fondsen kunt beheren. Overeenkomsten met bitcoin-wallets zijn er ook. Net als bij bitcoin bevat je wallet geheime en publieke sleutels die de mogelijkheid geven om transacties te doen en toegang geven tot de tokens op de blockchain. Er zit dus geen ether ín je wallet. Als je voor het eerst in ethereum duikt, lijkt het wel of je overspoeld wordt met wallets die allemaal net weer een bepaalde doelgroep dienen. Maar je kunt het ook zo zien: de ene wallet is praktischer voor bepaalde zaken dan de andere. Het wisselen van wallets is ook helemaal niet moeilijk, de data staan tenslotte niet in je wallet, die functioneert slechts als *interface* of 'vertaling' tussen de data en jouw ogen. Je kunt dit vergelijken met een webbrowser: als je naar de code erachter kijkt, de html, javascript en wat al niet meer, dan ben je maar wat blij dat een website dat allemaal zo vertaalt dat jij als mens er ook nog wat mee kunt. En net als met ethereum: een website kun je in heel veel verschillende browsers raadplegen, die ook allemaal weer hun eigen voor- en nadelen hebben.

Om te wisselen tussen wallets, kun je verschillende dingen doen. Je kunt je geheime sleutels in een andere wallet importeren, maar je kunt ook ether van de ene naar de andere wallet overmaken. Je kunt ook een speciaal bestand aanmaken of kopiëren. Dit is een keystore-bestand, dat ook bij veel ethereum-wallets als basis gebruikt wordt.

PAS OP

Het invoeren van een geheime sleutel, het gebruik van een keystore-bestand of het invoeren van een mnemonic-zin (de 12 of 24 woorden die je krijgt bij het starten van bepaalde wallets) is zeer onverstandig op websites. Dit raad ik dan ook zeer sterk af, tenzij je weet waarom je dit doet! Je weet nooit of de site waar je naartoe gaat niet per ongeluk net op dat moment gehackt is of dat er iets anders aan de hand is. Gebruik daarom een hardware-wallet of een ander systeem, zoals MetaMask of Parity Signer.

Net als bij bitcoin, heb je software-wallets voor op je computer of je smartphone en web-wallets die voor jou je sleutels regelen en opslaan in een eigen bestand (dat je uiteraard moet back-uppen, al krijg je over het algemeen de mogelijkheid die mnemonic-sleutel op te schrijven, je kunt dan én je wallet-bestand opslaan - versleuteld uiteraard - en je mnemonic-sleutel). Je hebt echter ook web-wallets die slechts een interface zijn tussen jou en je sleutels. Meestal gebruik je voor dat soort wallets een hardware-wallet of MetaMask of, zoals net al aangegeven, een keystore-bestand of geheime sleutel.

PAS OP

Waarom zit ik hier zo op te hameren? Omdat heel veel zaken die met ethereum te maken hebben, werken door middel van ontsleuteling van je bezit op de blockchain om er iets mee te kunnen doen. Dit kan gaan om een dapp waarbij de voorkant er voor jou uitziet als een website. Om met die dapp aan de slag te kunnen, moet je verbinding maken met jouw publieke ethereum-adres en als je daadwerkelijk iets wilt, bijvoorbeeld iets overmaken omdat je een huis wilt huren, dan moet je met je geheime sleutels kunnen ondertekenen. Aan de voorkant lijkt het een beetje op inloggen met je e-mailadres bij een website waar je aan het eind bij de betaling je wachtwoord in moet voeren om de betaling daadwerkelijk te doen. Aan de achterkant werkt dit heel anders: je e-mailadres is statisch en functioneert alleen als inlognaam. Je ethereum-adres zorgt voor échte interactie tussen jou en het smart contract waar je zaken mee doet. Na een betaling zie je dat in de blockchain terug, gekoppeld aan jouw publieke sleutel.

Je merkt het al: wallets zijn een stuk lastiger los te behandelen dan in het geval van bitcoin. Bij bitcoin en veel andere munten is een wallet bedoeld als opslag voor de munt en als je de munt verplaatst, doe je dat alleen maar om een betaling te doen of om de munten naar een exchange of iets dergelijks te verplaatsen. Omdat ethereum niet zozeer als valuta functioneert of voor waarde-opslag zorgt, maar als systeem dat je moet gebruiken om applicaties mee te bedienen, is een wallet veel vaker nodig en een wezenlijk onderdeel van het systeem van interactie met de applicaties die van het netwerk gebruikmaken.

Interactie met het netwerk

Je hebt een wallet nodig om iets te doen met ethereum, net als bij bitcoin. Het lijkt misschien op een herhaling van het korte wallet-deel van bitcoin, maar dat is het niet. Gaandeweg zul je tijdens gebruik heel veel nieuwe dingen leren en misschien op zoek gaan naar een wallet die beter bij je past, maar om te beginnen, wil ik je kennis laten maken met een paar basiswallets.

PAS OP

Even googelen en op de eerste de beste link klikken die er voor jou betrouwbaar uitziet, is *niet* de manier om je wallet te vinden. Zorg ervoor dat je zeker weet dat je het juiste webadres ingetikt hebt of de juiste app op je telefoon gevonden hebt. Zijn er maar weinig downloads of klopt iets anders niet? Googel dan eerst maar op de vraag of er onlangs een nieuwe scam in omloop is gekomen.

Een kort lijstje wallets die ideaal zijn voor de eerste stappen:

- » **Software-wallet in browser:** MetaMask is voor de meeste mensen een heel praktische wallet om mee te beginnen en zo je eerste acties uit te voeren. De wallet is te installeren als extensie voor Firefox, Chrome en enkele afgeleiden daarvan, zoals Opera, Chromium en Brave Browser. Naast de gewone ethereum-blockchain kan de extensie ook met een paar testnets overweg.
- » **Web-wallet:** wallets als MyEtherWallet.com (MEW) en MyCrypto.com draaien in elke moderne browser en zijn ook te downloaden voor offline gebruik. In 2018 maakte een van de ontwikkelaars van MEW een fork in verband met een ruzie. Dit werd MyCrypto. Het is op dit moment om het even welke je gebruikt. Ze lijken nog sterk op elkaar. Laat je door het woord 'web' niet om de tuin leiden: het zijn krachtige wallets.
- » **Lokale wallet:** de twee eerdergenoemde wallets zijn remote clients, dit wil zeggen dat ze een andere full client vertrouwen voor de toegang tot de blockchain. Een aantal lokale ethereum-wallets biedt de mogelijkheid om de hele blockchain te downloaden, dan is het een full client. Wil of kun je dat niet, dan kies je voor een light client, dan help je wel mee met het valideren van transacties, maar heb je niet de vele gigabytes nodig om de blockchain op te slaan.

Omdat een zeer groot deel van de verschillende populaire cryptovaluta uiteindelijk tokens zijn op de ethereum-blockchain, behandel ik de op dit moment meest toegankelijke manier om je sleutels te beheren, namelijk MetaMask. Vervolgens gebruiken we MetaMask om een actie uit te voeren met test-ether (dat is gratis). Later kun je zelf MetaMask gebruiken op krachtige websites als MyCrypto.com, MyEtherWallet of in combinatie met andere dapps.

Onder het volgende kopje 'MetaMask' lopen we stap voor stap langs het in gebruik nemen van de *remote client* MetaMask. Voordat ik dat uitgebreid behandel, eerst nog even wat over de verschillen tussen de wallets of *clients*.

TIP

Als je meer wilt doen met ethereum dan alleen maar de tokens en smart contracts van anderen gebruiken, is het leuk en interessant om zelf het een en ander te programmeren. Daarvoor is het installeren van een lokale light of full client handig. Er zijn verschillende clients, waarvan Parity en Geth de bekendste zijn. Geth wordt door de Ethereum Foundation onderhouden en wordt wel gezien als de 'echte'.

Als je Geth downloadt en als full node wilt inzetten, heb je eind augustus 2018 bijna 100 GB ruimte nodig. Daarmee help je wel het netwerk in stand en zo onafhankelijk mogelijk te houden. Voor ontwikkelen heb je gelukkig testnetten en je kunt zelfs je eigen lokale private blockchain opzetten.

Maar je hoeft niet de hele blockchain te downloaden, als je als 'light client' functioneert, dan help je wel mee met rekenen aan het valideren van block headers en Merkle proofs. Merkle proofs komen in essentie neer op het checken van de transacties die aan elkaar gekoppeld zijn in de zogenaamde Merkle-boom en of een transactie dus inderdaad uitgevoerd kan en mag worden.

MetaMask

Je hebt een wallet nodig om iets te doen met ethereum. MetaMask is in mijn ogen op je computer het meest toegankelijk, en direct praktisch in gebruik als brug tussen je ether en tokens en decentrale applicaties op het web.

MetaMask installeren in Chrome of Firefox gaat via de extensies. In beide gevallen is er een significante hoeveelheid downloads, respectievelijk ruim een miljoen en zo'n 60.000 met beide ook een stevige hoeveelheid reviews. Dan weet je zeker dat je de juiste extensie hebt.

FIGUUR 5.2: MetaMask in Chrome Web Store. (29 sept. 2018)

Na het installeren, heb je een klein vossenicoontje rechts boven in de werkbalk van je browser. Als je op dit icoontje klikt, krijg je - en dit is een beetje afhankelijk van of de bèta-versie van de software inmiddels de normale versie geworden is - een tab in je browser voorgeschoteld. In de tab wordt gevraagd een nieuw wachtwoord in te voeren. Dit wachtwoord werkt alleen op *die* browser. Als je MetaMask in een andere browser installeert, kun je niet met dat wachtwoord 'inloggen'. Dit wachtwoord zorgt er alleen voor dat iemand die toegang krijgt tot jouw browser niet zomaar iets kan doen met je MetaMask-extensie, zoals ether stelen.

Na het invoeren van het wachtwoord, krijg je een plaatje te zien dat gegenereerd is op basis van je MetaMask-wallet. Later zullen we zien dat dit plaatje alleen met jouw account zo gegenereerd kan worden. Zo kun je ook makkelijker je accounts uit elkaar houden.

Na de bekende gebruikersovereenkomst goedgekeurd te hebben, krijg je een kort stukje tekst dat uitlegt hoe MetaMask met privacy omgaat en daar staan een paar zaken die wel van belang zijn. De tekst is als volgt:

MetaMask is beta software.

When you log in to MetaMask, your current account's address is visible to every new site you visit. This can be used to look up your account balances of Ether and other tokens.

For your privacy, for now, please sign out of MetaMask when you're done using a site.

Hier staat dat als je MetaMask gebruikt, je publieke ethereum-adres dat je net gegenereerd hebt, zichtbaar is voor elke website die je bezoekt. Dat is op zich geen probleem, maar je moet je er wel van bewust zijn. Log dan ook uit nadat je MetaMask gebruikt hebt waarvoor je het nodig had. Je wilt tenslotte niet dat je hele administratie op straat komt te liggen.

De daaropvolgende waarschuwing voor *phishing* is ook belangrijk en ik kan alleen maar onderschrijven dat *alles wat je doet met je cryptomuntjes je eigen verantwoordelijkheid is*. Niemand kan je helpen ze terug te krijgen.

En dan eindelijk: je wallet! Nee, pas dan moet je je 12 woorden opschrijven, de zogenaamde mnemonic-zin. Die zin is de herstelzin van je wallet en werkt ook op andere wallets die dit systeem gebruiken. Het wachtwoord dat je eerder aanmaakte, is alleen voor gebruik van MetaMask op die computer in die specifieke browser.

PAS OP

De 12 woorden moet je *niet* verliezen. Zonder die woorden kom je nooit meer bij je ether of andere zaken die je gekoppeld hebt aan dat publieke ethereum-adres.

Het volgende advies dat het programma geeft, is om je 12 woorden op te slaan in een wachtwoordmanager en ook op te schrijven op een briefje en dat briefje goed op te bergen. In een kluis bijvoorbeeld.

PAS OP

Maar je zei in het vorige hoofdstuk toch dat je die 12 woorden ook niet in een wachtwoordmanager mag zetten? Dat klopt, maar de praktijk leert dat veel mensen MetaMask gebruiken op veel verschillende plekken. Als je dan de afweging maakt wat met je 12 woorden te doen, dan is een wachtwoordmanager het veiligst en niet een of ander onversleuteld document in je Dropbox of zo. Bedenk wel dat als je significante bedragen of de toegang van belangrijke smart contracts beheert met je MetaMask, deze methode af te raden is. Gebruik dan een hardware-wallet als je makkelijke toegang wilt hebben!

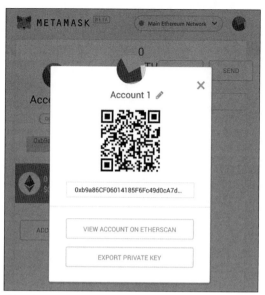

FIGUUR 5.3: Doorlopen van de aanmaakprocedure voor een nieuw account in MetaMask.

Na het bevestigen van de 12 woorden, kom je bij je account, waar een pop-upscherm drie manieren aangeeft om cryptovaluta te bemachtigen in je wallet. De eerste is zelf rechtstreeks overmaken van een ander account waar je toegang toe hebt, maar de tweede optie om via Coinbase ether te kopen, is in Nederland en België niet de handigste optie. Via verschillende websites kun je met iDeal en Bankcontact makkelijk ether kopen, dus ik zou Coinbase in deze en veel andere Europese landen links laten liggen, daar zijn betere en snellere alternatieven voor. In Nederland bijvoorbeeld btcdirect.eu of litebit.eu.

Nu heb je eindelijk je eigen wallet. Uitgeschreven in tekst leek het een hoop werk, maar eigenlijk valt het erg mee. Een account aanmaken bij een bank duurt langer. Je zit op dat moment nog steeds op een webpagina (die overigens lokaal draait, gegenereerd vanuit de extensie, niet via internet!). Je account heet 'Account 1' en je kunt zelf die naam veranderen in waar je je prettig bij voelt. Daaronder staat een **QR-code** met daaronder je publieke ethereum-adres in letters en cijfers. Je kunt de code met een willekeurige QR-code-scanner scannen en dan zie je dezelfde sleutel. Alle wallets op smartphones ondersteunen het scannen van QR-codes. Je wilt tenslotte niet dat onmogelijke nummer helemaal overschrijven, dat gaat geheid mis.

Daaronder staat 'bekijk je account op etherscan' en 'exporteer privésleutel'. Dat laatste hoef je niet te doen omdat je de seed veilig hebt opgeslagen. Je account op etherscan bekijken is op dit moment nog niet heel interessant. Er staat nog geen ether en je hebt nog niks gedaan, dus is alles nog leeg.

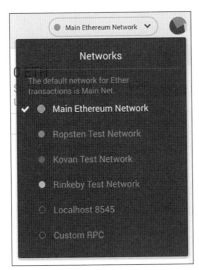

FIGUUR 5.4: Netwerkselectietool.

TECHNISCHE INFO

Etherscan, Etherchain en Ethplorer zijn voorbeelden van websites waarmee je alles wat gebeurt op de blockchain van ethereum kunt zien. Dit is waar een stukje van de magie van openbare blockchains in zit: je kunt precies volgen wat er gebeurt! Etherscan is de bekendste en biedt op dit moment de meeste mogelijkheden om gemakkelijk diepere inzichten in je transacties te krijgen. Je zult zien dat als je je ethereum-adres invoert in verschillende block explorers, dat je overal hetzelfde geblokte plaatje te zien krijgt dat je ook in MetaMask zag bij dat adres.

Met het wegklikken van de pop-up zie je een leeg account. Rechtsboven staat een pull-down-menuutje met Main Ethereum Network. Dit houdt in dat je verbonden bent met het zogenaamde mainnet van ethereum: het netwerk waar ether waarde heeft. Als je erop klikt, zie je dat je kunt wisselen tussen testnetwerken zoals Ropsten en ook je eigen computer, de local host. Maar je begrijpt: dat is allemaal om te testen. Als je ether koopt bij een aanbieder, dan stuur je dat ALTIJD naar het normale ethereum-netwerk, al gebruikt MetaMask bij alle netwerken dezelfde publieke en geheime sleutel, zodat je niet per ongeluk je ether overmaakt naar het verkeerde netwerk. De meeste wallets zitten niet zo in elkaar, dus let altijd op als je verschillende netwerken door elkaar gebruikt.

Als je op het MetaMask-icoontje in de browserbalk klikt, krijg je vergelijkbare info als op de lokaal aangeboden MetaMask-website, maar dan compacter. Dit gebruik je vooral om transacties goed te keuren als je ergens acties onderneemt op sites die dit ondersteunen, zoals decentrale exchanges en games als Crypto-Kitties.

VOORBEELD

Je kunt je voorstellen dat dit niet heel gebruiksvriendelijk is als je een applicatie gebruikt die van ethereum gebruikmaakt in de wereld die je vanaf nu 'normalemensenwereld' gaat noemen. Makers van apps die door iedereen gebruikt moeten kunnen worden, kunnen ervoor zorgen dat iemand niet weet dat ze een ethereum-wallet gebruiken. Dit gaat dan om specifieke applicaties die een tijdelijk doel dienen, bijvoorbeeld een kaartje voor een theatervoorstelling koppelen aan een wallet.

Om een gevoel te krijgen bij het spelen met ethereum, doen we dat op een testnetwerk en niet met echte ether. Je kunt 'gratis' ether krijgen via speciale test-websites.

1. **Klik op het MetaMask-icoon en klik op Open in tab.**

FIGUUR 5.5: Om MetaMask in een apart browservenster te openen.

2. **Klik op Main Ethereum Network en selecteer een ander netwerk, het maakt niet uit welk.** Voor de rest van dit voorbeeld kies ik Ropsten, want daarmee krijg je met een paar klikken test-ether.

3. **Klik op Storting.** Er opent een scherm met Stort Ether met twee opties: Directe Ether Storten of Test de kraan, of in het Engels: Test faucet. Klik op Krijg ether, waarna een site MetaMask Ether Faucet opent.

4. **Klik op Request 1 ether from faucet, waarna automatisch 1 test-ether naar je Ropsten-adres gestuurd wordt.** In hetzelfde scherm verschijnt onderaan een transactienummer. Als je daarop klikt kom je op Etherscan.io.

FIGUUR 5.6: Ether Faucet om test-ether te bemachtigen.

5. **Op Etherscan zie je onder andere From en To, oftewel van en naar.** Jouw openbare ethereum-ropsten-adres is het adres bij To. Bij From staat het adres

van de faucet. Als je op die laatste klikt, zie je misschien wel miljoenen ether. Aan de To-kant zie je slechts 1 ether. Deze ether zie je ook staan als je weer op je MetaMask-icoon klikt.

FIGUUR 5.7: Transactie in etherescan.io (ropsten.etherscan.io).

6. **Ga terug naar je tab met MetaMask Ether Faucet.** Je gaat 1 ether terugsturen naar de Faucet via de Donate to faucet-knop (zie figuur 5.6).

7. **Klik op '1 ether' op de MetaMask Ether Faucet.**

8. **MetaMask opent een pop-up.** Dit is de manier om een transactie die aangevraagd is door een website goed te keuren. Je kunt hier nog zaken aanpassen als je dat wilt, zoals het aantal gwei dat je per gas betalen wil.

FIGUUR 5.8: MetaMask-app laat zien dat er te weinig ether op het account staat.

9. **Er verschijnt Onvoldoende fondsen.** Dat klopt, want je hebt maar 1 ether en je kunt nu niet voor de transactiekosten betalen. Je moet dus het aantal ether dat je terugstuurt, verlagen. Er zit niets anders op dan je transactie te annuleren.

HOOFDSTUK 5 Ethereum, smart contracts en heel veel mogelijkheden 93

10. Klik weer op het MetaMask-icoontje en klik op Sturen. Onder Amount zie je Max staan. In dat geval berekent MetaMask het totale bedrag minus de transactiekosten. Er blijft 0,999979 eth over om te versturen. Bij het veld To vul je het adres van de faucet in. Als je die tab niet gesloten hebt, kun je daar gewoon het adres dat onder Faucet staat kopiëren.

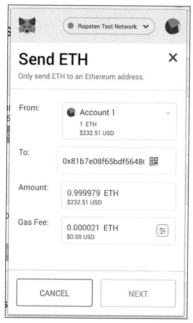

FIGUUR 5.9: Stuur maximale hoeveelheid vanuit MetaMask.

11. Klik op Volgende en vervolgens op Bevestigen. En dat was het. Als je nu op Verversen drukt bij Etherscan, zie je een nieuwe transactie met een nieuw transactienummer.

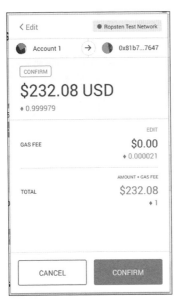

FIGUUR 5.10: Bevestig sturen van ether in MetaMask.

Nu heb je je eerste transactie ontvangen én verstuurd. Het lijken veel stappen, maar je raakt eraan gewend.

FIGUUR 5.11: Ververs je transactie in Etherscan: je ziet dat de transactie is doorgevoerd.

TIP

Als je adressen knipt en plakt, kunnen er fouten ontstaan. Kijk altijd nog even naar de eerste en laatste paar letters en cijfers om zeker te weten dat het adres volledig is. Test bij het versturen van grotere bedragen altijd eerst met een klein bedrag.

Block explorer

Ongemerkt zijn we bij een van de intrigerendste dingen aangekomen van openbare blockchains: de block explorer. Dit houdt letterlijk in dat je alle transacties kunt bekijken. Transacties van jezelf en die van anderen. Je kunt smart contracts doorpluizen en eventueel controleren op juistheid. Eigenlijk te veel om op te noemen.

HOOFDSTUK 5 **Ethereum, smart contracts en heel veel mogelijkheden** 95

Klik in MetaMask op Details. In de tab van je browser zie je dat direct al staan onder Account 1 of je eigen accountnaam en in de extensie zelf moet je even op het hamburgermenu links klikken. Vervolgens klik je op Bekijk account op Etherscan, en ropsten.etherscan.io opent automatisch. Voor transacties op het hoofdnetwerk hoef je alleen maar etherscan.io te raadplegen, maar dat is logisch.

Voor je het weet, raak je verstrikt in een web van transacties als je een beetje gaat rondklikken op alle verschillende mogelijkheden. Ik ga er in ieder geval van uit dat de eerste en oudste transactie die je in je lijst ziet, die is van 1 ether vanuit de faucet naar jou toe.

De toekomst

Ethereum heeft het in 2018 niet makkelijk. Het opschalen van het netwerk gaat velen niet snel genoeg en de plannen rond overgaan van proof-of-work naar proof-of-stake willen er ook maar niet doorkomen. Het gevolg: wisselkoersen daalden aanzienlijk.

Als je nu denkt dat het gedaan is met Ethereum, dan denk ik dat je het mis hebt. De geest van smart contracts is uit de fles, alhoewel we hebben gezien dat ze nog nauwelijks bruikbaar zijn voor grote projecten. Heel specifieke doelen hebben in eerste instantie meer kans van slagen. Wanneer zijn dit soort systemen dan volwassen? Wie zal het zeggen. Vijf jaar? Tien? Nooit?

RSK

Aan de andere kant: blockchains zouden blockchains niet zijn als er niet veel interessante zaken aan de gang zijn. Zo is er een groep bezig met een systeem waarmee je als het ware 'inprikt' op de bitcoin-blockchain en daarmee niet alleen de veiligheid van de bitcoin-blockchain gebruikt, maar ook bitcoins als betaalmiddel en smart contracts geschreven in de ethereum-taal Solidity. Dit systeem heette voorheen Rootstock, maar in verband met merknaamprobleempjes is dit omgedoopt tot RSK (rsk.co).

Dit betekent dat je veel meer hebt aan je kennis en vaardigheden met ethereum dan je van tevoren misschien zou denken. Stel je voor dat je al je smart contracts van ethereum omzet naar de RSK-zijketen. Dan heb je bitcoin als basisblockchain. In de zijketen RSK gebruik je Smarter Bitcoin of sbtc. Deze munt is 1 op 1 gekoppeld met bitcoin. Je gebruikt hem door een bitcoin vast te zetten, waarna in de RSK-blockchain een sbtc bruikbaar wordt. Die zet je dan in als munt om je smart contracts mee te draaien. De RSK-keten zou ook nog eens ruim 100 transacties per seconde aankunnen in de huidige staat. Zo zie je dat er altijd weer nieuwe mogelijkheden komen. Zie ook het eind van hoofdstuk 6 voor meer uitleg over de werking van het systeem.

Vitalik Buterin

Ethereum zorgde met zijn mogelijkheid om makkelijk nieuwe eigen tokens te maken voor een ware hausse aan nieuwe cryptovaluta en werd daarmee een belangrijke aanjager voor een enorm aantal projecten. Het netwerk komt uit de koker van Vitalik Buterin, een programmeur uit Toronto. Hij bedacht het systeem in 2013 op 19-jarige leeftijd.

Vitalik kwam zelf in 2011 in aanraking met bitcoin en richtte - samen met Mihai Alisie - Bitcoin Magazine op. Dit zorgde ervoor dat hij al snel een breed beeld kreeg van cryptovaluta en hij ontwikkelde de visie dat de bitcoin-blockchain te gelimiteerd was en dat blockchain-technologie niet gelimiteerd hoefde te zijn tot financiële applicaties.

Samen met enkele andere ontwikkelaars uit de bitcoin-community dook Vitalik op de ontwikkeling van zijn systeem.

Community

Net als bij de bitcoin-community leunt het hele ethereum-project op een actieve groep ontwikkelaars. Het grote verschil met de groep achter bitcoin is de leeftijd van de gemiddelde ethereum-ontwikkelaar, die ligt gemiddeld een stuk lager. Vitalik startte de ontwikkeling van Ethereum samen met Mihai Alisie, Anthony Di Iorio en Charles Hoskinson.

De ethereum-community in Nederland is actief en divers en houdt regelmatig *meet-ups* overal in het land. Favoriete steden van de ethereum-community zijn Utrecht, Den Haag en Rotterdam, elk met zijn eigen interessegebied. Zo lijkt 'Rotterdam' meer gericht op geld en handel en zijn Utrecht en Den Haag meer gericht op het ontwikkelen van dapps. Maar dit zijn uiteraard grove versimpelingen van een community die bestaat uit mensen met zeer uiteenlopende interesses en één gedeelde interesse: ethereum. De communities staan open voor iedereen die interesse heeft en je kunt makkelijk een keer komen kijken bij een van de vele verschillende meet-ups.

> **IN DIT HOOFDSTUK**
>
> Wat maakt een token een token?
>
> Token hier, token daar

Hoofdstuk 6
Alles wordt een token

Het duurde even voordat ik doorhad wat de komst van ethereum voor consequenties had: alles wordt een token. Niet alleen door ethereum, maar door de werking van decentrale systemen. Om binnen die systemen zekerheid te hebben, heb je tokens nodig. Om een actie te ondernemen, moet je een token gebruiken, bijvoorbeeld om naar een video te kijken. Die video gebruikt de token vervolgens weer voor het huren van serverruimte enzovoort. Dat leidt tot weer iets vreemds: een soort van vereconomisering van elke handeling, wat in de toekomst misschien leidt tot een soort van streaming money, maar zo ver zijn we nog niet.

Ik denk dat het grootste deel van de tokens die op dit moment van blockchains of blockchain-achtige technologie gebruikmaken geen lange levensduur zullen hebben. Dit komt door het experimentele karakter van de hele industrie hieromheen. Dit is dus niet erg, maar komt gewoon doordat iedereen druk bezig is met het onderzoeken van alle (on)mogelijkheden die blockchains en andere decentrale systemen bieden.

Wat zijn tokens?

Met ethereum kun je heel makkelijk nieuwe tokens bouwen voor je eigen idee. Dit zorgde voor een explosie aan ideeën waar mensen ineens een Initial Coin Offering of ICO aan koppelden, tja, dat was misschien helemaal niet zo handig. Heel wat mensen zijn met open ogen in scams gelopen en heel wat projecten die interessant leken, lijken te genieten van iets te veel miljoenen op de virtuele bank. Hopelijk behoren dit soort praktijken inmiddels tot het verleden als je dit boek leest.

Misschien wel de belangrijkste vraag in de wereld van cryptovaluta: wat zijn tokens? Het woord 'token' is een verzamelnaam voor alles dat als eigen entiteit op blockchains geregistreerd kan worden. Bitcoin is naast een valuta ook een token, al noemen velen bitcoin een munt in de financiële zin van het woord. Dus zo beschouwd is bitcoin een valuta. Ethereum met ether is al wat lastiger. Hoewel ether bedoeld is als vorm van waarde om computerprogramma's mee uit te voeren in de Ethereum Virtual Machine (EVM), kun je een discussie voeren over de vraag of het een valuta is of iets anders. Dat andere noemen we nu vaak een *utility token* of een token met praktisch nut. En met dat hele systeem kunnen we allerlei andere tokens optuigen. Tokens die werken zoals wij dat willen of waarvan we denken: dat is een goed idee, daar wil ik wel in investeren of dat wil ik wel gebruiken.

De meeste tokens die we kennen, zijn tokens die allemaal dezelfde eigenschappen hebben; ether is altijd dat: de munt ether. Bitcoin is altijd bitcoin en heel veel andere tokens zijn precies wat ze zijn: allemaal gelijk en inwisselbaar. Daarnaast is er een type token dat altijd uniek is, als eerste aan het grote publiek getoond in de vorm van CryptoKitties: elke virtuele kat is uniek en daarmee is elk katje een eigen token binnen het smart contract van de CryptoKitties. Eigenlijk zie je het al: op het moment dat games gebruik proberen te maken van een systeem, komt de vaart erin. Games vragen bijna altijd meer van systemen dan 'suffe' programma's. Toen CryptoKitties voor het eerst naar buiten kwam, zorgde het al snel voor een verstopt ethereum-netwerk. Een goede stresstest kun je wel zeggen.

Tokens die op een publieke blockchain 'leven' zijn anders dan tokens die we gewend zijn. Tokens in de vorm van muntjes op festivals kennen we, net als muntjes voor de douche op de camping, of muntjes voor de botsautootjes. Tokens in de blockchain-wereld kunnen veel meer zijn dan dat en bovenal: ze zijn verhandelbaar.

De tokens waar we het hier over hebben, kunnen op veel verschillende manier gebruikt worden, ze zijn namelijk programmeerbaar en hebben veel verschillende verschijningsvormen. De bekendste vorm is als munt of valuta. Verder is er nog een token die een *asset* of bezit vertegenwoordigt en de al eerdergenoemde utility token.

> » **Asset-token:** bezit of bezitting. De token kan zowel fysiek als digitaal bezit betekenen. Bijvoorbeeld bezit van een huis, maar ook bezit van items in games. Ook bezit in de vorm van elektriciteit is op die manier te verdelen.
>
> » **Security of dividend-tokens:** zijn het meest vergelijkbaar met een traditioneel aandeel, waarbij eigenaars dividend krijgen voor hun investering. De investeerder is in tegenstelling tot aandelen niet beschermd door wettelijke regels en heeft vaak geen inspraak. Zo heb je een belang in bijvoorbeeld een besloten vennootschap (bv, NL) of coöperatieve vennootschap (cv, BE) of in een digitale autonome organisatie (DAO). Ook wel equity genoemd.

- **» 'Munt met nut' of utility token:** een token om toegang tot diensten te krijgen of ergens voor te betalen binnen een bepaald besloten systeem.
- **» Verzamelobject of collectible:** een unieke token die zowel digitaal (CryptoKitties of digitale kunst) inzetbaar is, alsook in de 'echte' wereld (beeldende kunst, auto's).
- **» Toegangstoken:** de token geeft de mogelijkheid een slot te openen van bijvoorbeeld een hotelkamer of geeft toegang tot een website.
- **» Identiteit:** een token die een digitale of wettelijke identiteit voorstelt. De zoektocht naar een goede manier om je eigen identiteit goed digitaal vast te leggen, is een van de grote vragen van dit moment.
- **» Munteenheid:** de bekendste vorm van cryptovaluta: de munteenheid. De waarde staat los van de eenheid zelf en wordt bepaald door de markt.

TECHNISCHE INFO

HOWEY-TEST

De Howey-test kreeg zijn naam door een besluit van het Amerikaanse Hooggerechtshof in 1946 toen de SEC (Securities and Exchange Commission, de toezichthouder van verschillende effectenbeurzen) tegen W.J. Howey Co. procedeerde. Howey bood landbouwgrond aan alsof het ging om onroerend goed. Als het om onroerend goed zou gaan, dan gelden andere regels dan bij investeringen die geld op moeten brengen voor de investeerder, zogenaamde securities of effecten.

De mensen die de contracten kochten, waren geen landbouwers en er werden winsten in het vooruitzicht gesteld. Dit deed Howey door de kopers de mogelijkheid te geven de grond terug te leasen aan Howey die dan voor de kopers het land zou bewerken en zorg zou dragen voor het oogsten en het verkopen van de landbouwproducten, in dit geval citrusvruchten. Dit laatste contract noemde Howey een servicecontract, terwijl de SEC het zag als investeringscontract.

De contracten werden in hoofdzaak aan toeristen verkocht die ook nog eens in een hotel van Howey verbleven. Het bedrijf verkocht het land dus samen met contracten om het land te laten bewerken door Howey aan geïnteresseerde investeerders. Hieruit mag je opmaken dat er winsten in het vooruitzicht gesteld werden aan de investeerders zonder dat zij daar zelf fysieke arbeid voor moesten verrichten en het dus ging om een investeringscontract.

In de VS moet je aan bepaalde voorwaarden voldoen als je investeringscontracten aanbiedt en de SEC vond dat wat Howey aanbood, een security was. Daarin werd de SEC op den duur in het gelijk gesteld.

De vraag van de SEC aan het Hooggerechtshof was of de koop van land samen met het servicecontract een investeringscontract was. Om dit uit te vogelen, gebruikte het Hof drie criteria die dus nu de Howey Test heten:

- Er is geld geïnvesteerd
- De verwachting is dat de investering winst oplevert
- De winst komt voornamelijk uit de inspanning van anderen

Als een investering aan alle drie de criteria voldoet, dan is de investering een security. Als voorbeeld kun je denken aan een huis: koop (1) je een huis dat al bestaat met de hoop dat de prijzen stijgen (2), dan is het geen security, want alles is er al. Nummer 3 ontbreekt. Maar koop je een appartement op papier dat nog gebouwd moet worden, dan is het een investering (1) waarvan je verwacht dat die winst oplevert (2) en dat komt voort uit de activiteiten van anderen, zoals een aannemer die het neerzet (3).

Zo kun je alles langs die simpele meetlat leggen. Is een zegeltjesactie bij je lokale supermarkt een security? Zolang je er alleen iets fysieks voor terugkrijgt, is dat geen winst.

Wanneer is een cryptovaluta een security? Als de houders van de token daarmee een eigenaarschap in een bedrijf krijgen. Er is een investering (1), er is een verwachting van winst (2) en anderen doen het werk (3). Een cryptovaluta is volgens de SEC dus een security als het project een succes wordt en de tokens meer waard worden. Het gevolg is dat een crypto-asset die ook een security is aan meer eisen moet voldoen.

Maar nu is er een probleem: je hebt tokens die op het eerste gezicht een utility-token lijken of een munt-met-nut. Je hebt met de token geen eigenaarschap of aandeel in het bedrijf, de verwachting van je investering is wel dat die in waarde stijgt. Die waarde stijgt bij het aantrekken van meer gebruikers van de token en verbeterde dienstverlening. Dit kan voor toekomstige winsten zorgen. Als je alles bij elkaar optelt, is aan alle drie de eisen van de Howey-test voldaan en daarom mogen mensen in de Verenigde Staten bijna nooit aan ICO's meedoen: dan moet de aanbieder namelijk aan heel veel regels voldoen en dat wil niemand, het geldt er niet voor en het maakt eigenaren/uitgevers ook gevoelig voor mogelijk hoge (cel)straffen bij het maken van fouten.

Zowel bitcoin als ethereum worden niet als securities gezien door de SEC, onder andere door hun decentrale karakter, waardoor niet een bedrijf of persoon als eigenaar aangewezen kan worden (uitspraak juni 2018 van SEC).

Tokens of valuta

Het voorgaande lijstje is slechts een greep uit alle mogelijke tokens die je kunt verzinnen. Je kunt ze combineren en op verschillende manieren gebruiken, net zoals een bitcoin niet alleen als munt te gebruiken is, maar ook om bijvoorbeeld het bezit van je huis vast te leggen.

TECHNISCHE INFO

Je ziet: we kunnen alles een token noemen, maar niet alles valuta. Maar bij programmeerbaar geld, zoals de bitcoin, is dat ook in te zetten als token. Zo is ook een utility token zoals ethereum in te zetten als geld.

Ik had dit boek ook samen met anderen kunnen schrijven, waarbij iemand tokens kreeg voor het controleren van bepaalde stukken. Die tokens kan hij of zij dan weer gebruiken om andere acties te ondernemen. Misschien wel om online opslag te huren of in te wisselen voor een munt die als geld functioneert. Je ziet: gedachte-experimenten genoeg.

Op dit moment denk ik dat de plak-alles-aan-een-token-voorspellers nog veel te ver vooruitlopen op de massa. Het sentiment in de markt rond cryptovaluta en wat al niet meer, is door 2018 heen aardig veranderd. In mijn ogen terecht, maar zonder experiment en falen kom je helemaal nergens natuurlijk.

Voor het slagen van een token, moet die voor iets heel specifieks ingezet kunnen worden. Daarom denk ik dat al die wereldbestormers met tokens die daarmee hopen een soort nieuwe Google, Facebook of Microsoft te worden, de plank op dit moment volledig misslaan. Sowieso is de vergelijking trekken met internet en hoe dat allemaal begon gemakzuchtig. Blockchains zijn bedoeld als *fat layers* of als belangrijke (economische) laag met daarop misschien ooit veel kleine applicaties. Internet is andersom: het internetprotocol op zich is heel klein, met daarop heel grote applicaties.

Dus een token moet zorgen voor het oplossen van een probleem. Dat probleem moet niet op een andere manier opgelost kunnen worden, anders moet je geen token willen gebruiken.

Een token op een blockchain moet geen token zijn als de bekende tokens, zoals die voor de douche: deze douchetoken is maar voor één ding bruikbaar: de automaat bij de douche op die ene camping in Noord-Noorwegen. Heel onhandig als je daarmee thuiskomt, want je kunt hem niet op een andere plek gebruiken.

Veel projecten maken tokens die alleen voor hun project bruikbaar zijn met een heel centralistische instelling. Dit is niet de juiste manier om een token in te willen zetten in een decentrale wereld. Je moet het omdraaien: als je denkt een goed idee voor een token te hebben, moet iedereen die kunnen gebruiken. De token zelf kan in eerste instantie door één bedrijf gebruikt worden, maar om zinvol te zijn, moeten anderen de token ook kunnen toepassen. De token en de informatie waar de token toegang toe geeft, moet los staan van de gebruiker van de token.

Stel, ik verhuur huizen en ik gebruik daarvoor een token die zorgt voor het afhandelen van alle acties voor de verhuur (elektronische sleutel die aan smartphone gekoppeld wordt, verdeling gelden tussen huurder en verhuurder, locatie, huis in kwestie enzovoort), dan moet die token door verschillende bedrijven ingezet kunnen worden.

Alleen, er is iets bijzonders met tokens die 'leven' op publieke blockchains: ze zijn onderdeel van een smart contract. Zodra een smart contract op een blockchain is uitgerold, is dit smart contract *niet meer aan te passen* en door iedereen te gebruiken.

Dus als je een smart contract bouwt en daar verschillende functies in stopt die heel praktisch blijken te zijn, dan kan iedereen dit smart contract voor zijn eigen doel aanspreken.

In het voorbeeld van het verhuren van huizen kan dit betekenen dat huiseigenaren hun huis aanbieden via dit smart contract. Dit smart contract noemen we vanaf nu 'freebnb'.

Freebnb kan door iedereen ingezien en gebruikt worden samen met de Freebnb-token die we nu FBNB noemen. Als huiseigenaar kan ik met een paar FBNB mijn huis te huur zetten in het smart contract. Iemand anders kan met FBNB mijn huis huren, waarna automatisch alle stappen worden doorlopen van het smart contract.

Je begrijpt het al: hier is geen bedrijf meer voor nodig! Het is alleen voor een normaal mens ondoenlijk om zo'n smart contract uit te pluizen. Daar wil je een dienst voor gebruiken. Die dienst kan heel archaïsch zijn en veel eigen inbreng verwachten, maar de dienst kan ook helemaal opgetuigd zijn met veel toeters en bellen, waar je extra voor betaalt. Maar geen enkele dienst bezit meer jouw data, of de data van de verhuurder.

Zo wordt de meerwaarde van een bedrijf de service die het verleent, terwijl je bij wijze van spreken ook de acties zonder website als interface van het bedrijf kunt uitvoeren. In dat laatste geval zul je zelf de FBNB-token moeten bemachtigen en zelf de data invoeren in het smart contract om het uit te voeren. Lastig, maar niet onmogelijk. De meesten zullen kiezen voor een website waar ze zich prettig voelen en die alle acties aan de achterkant voor ze uitvoert.

Uiteindelijk kunnen tokens met elkaar gaan communiceren vanuit hun smart contracts. Daarmee merkt de eindgebruiker niets van die tokens, maar achter de schermen praat van alles met elkaar. Zo krijg je ongemerkt ook liquiditeit in de tokenmarkt.

ERC20-tokens

De bekendste tokens zijn ERC20-tokens op het ethereum-netwerk en die zijn makkelijk door iedereen te maken. Een korte zoekopdracht zorgt al voor vele *tutorials* en websites die ze automatisch voor je genereren.

Een token op het ethereum-netwerk ontstaat door een smart contract te schrijven met alle variabelen die je aan de token wil toekennen. Dit betekent ook dat tokens niet 'als vanzelf' zichtbaar zijn op het ethereum-platform via een block explorer of een wallet, want de blockchain weet niets van het bestaan van de token. De blockchain registreert transacties met ether, maar de acties met een token worden door het smart contract verzorgd. Als je het schematisch bekijkt is de blockchain van ethereum het protocol en het smart contract een laag daar bovenop.

ETHERSCAN.IO

TECHNISCHE INFO

Ik schrijf dat block explorers en wallets je tokens niet automatisch herkennen, omdat tokens geen transactie zijn op je eigen ethereum-adres, maar in het smart contract van de tokenbouwer. Inmiddels is het een en ander veranderd en zie je in bepaalde block explorers al wel direct je gekoppelde tokenbalans.

> De bekendste block explorer voor ethereum is op dit moment etherscan.io.
> Tegenwoordig zie je in het ERC20 Tokens Txns-tabje al direct tokens verschijnen die je hebt. Er zijn ook andere block explorers en sommige zijn heel goed in heel specifieke dingen. Zo was ethplorer.io eerst de plek om heen te gaan om je tokens te checken.

TECHNISCHE INFO

De naam ERC komt van Ethereum Request for Comments uit de Ethereum Improvement Proposal-lijst (EIP). Op GitHub krijgt een commentaar een vervolgnummer in de discussielijst en ERC20 was het 20ste voorstel op de lijst, vandaar ERC20. Kwestie #20 'Token Standard' werd ingebracht op 19 november 2015 door Fabian Vogelsteller en werd toegevoegd aan de EIP-lijst onder EIP20, maar iedereen noemt het nog steeds ERC20-tokens.

De token-basis is bedoeld voor tokens die onderling uitwisselbaar zijn en geen eigen unieke identiteit hebben, net zoals euro's, die functioneren altijd als euro, ongeacht de hoeveelheid. Dat geldt ook voor ERC20-tokens: ze zijn onderling uitwisselbaar binnen hetzelfde smart contract. Je kunt dus niet token A rechtstreeks met token B wisselen.

TECHNISCHE INFO

Een ERC20-token bevat altijd minimaal een aantal functies, zoals totale hoeveelheid, balans van de token, recht voor een ontvangend adres van de token om de token te kunnen verplaatsen. Er zijn al heel veel ERC20-contracten bedacht en sommige daarvan vormen een goede basis voor andere tokens. Iedereen kan makkelijk een eigen token maken door kleine onderdelen van de open-sourcecode aan te passen. Zo zijn er implementaties die zuinig zijn met gas, maar ook die zich specifiek richten op veiligheid.

Er zijn ook tokensoorten waarbij elke token uniek is. Dit soort tokens heeft eigen unieke eigenschappen en ze zijn niet deelbaar (je kunt niet 0,5 CryptoKittie hebben). Deze *non fungible* of niet-vervangbare tokens vallen onder de ERC-721-standaard. De ERC-1155-standaard combineert vervangbare en onvervangbare tokens.

Andere gebruiksmogelijkheden van deze niet-vervangbare tokens zijn:

- » het vastleggen van een (software)licentie
- » weddenschappen aangaan
- » games
- » digitale kunst
- » collectibles

BELANGRIJK

Makers van tokencontracten die erg goed in elkaar zitten, worden vaak door de ethereum-community beloond voor hun werk. Sommige van die contracten zijn inmiddels goed voor miljarden euro's in ICO-omzet. Als een programmeur zo'n contract open en vrij op een platform als GitHub heeft gezet, geven organisaties die hier zoveel voordeel van hebben graag wat donaties in ether aan de makers!

VOORBEELD Spelen met ERC20-tokens is leuk, maar je doet dat spelen niet met echte ethers. Je kunt testnetwerken gebruiken zoals Rinkeby, Ropsten of Kovan, maar je kunt ook een eigen, lokaal privetestnetwerk gebruiken, zoals de One Click Blockchain Ganache van Truffleframework.com.

Waar zijn m'n tokens?

Ik ga ervan uit dat je inmiddels wat rondgeklikt hebt op een site als etherscan.io. Misschien heb je al tokens aangemaakt op een testnetwerk of heb je al eens tokens gekocht van een project waar je in gelooft, wat je belangrijk vindt of waarvan je denkt dat het je (snel) geld gaat opleveren.

Als je alleen maar tokens ontvangen hebt, dan zie je niks. Misschien heb je bij **airdrops** (zie hoofdstuk 8) je ethereum-adres ingevuld en heb je inmiddels tokens van de airdrop ontvangen. Je ziet alleen maar iets staan bij het tabje ERC20 Token Txns op Etherscan (zie figuur 6.1) en niets bij Transactions (zie figuur 6.2). Misschien heb je een keer een token verstuurd naar iemand anders of naar een andere wallet van jezelf. Dan zie je wel een OUT staan met het aantal tokens dat je verzond bij het ERC20-tabje (wederom figuur 6.1) en een transactie met 0 ether en een beetje gas bij het transactie-tabje onder de kolom [TxFee] (zichtbaar in figuur 6.2).

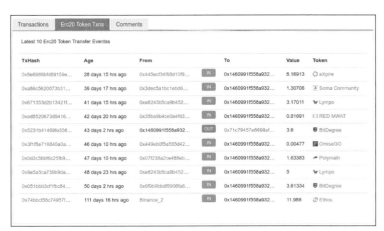

FIGUUR 6.1: ERC20-tokens die gekoppeld zijn aan een willekeurig ethereum-adres. Alleen de BitDegree-tokens zijn verplaatst naar een ander adres.

FIGUUR 6.2: Twee transacties in het Transactions-tabje waarbij 1 transactie zonder hoeveelheid ether, omdat dit alleen gaat om het voldoen van de transactiekosten voor het verplaatsen van de BitDegree-tokens.

Onder de To-kolom staat de contractnaam van de token (zie figuur 6.2). Neem even in herinnering dat de blockchain van ethereum niet kan zien wat een token of een contract doet, maar slechts de actie van het smart contract registreert.

Hoe zit dat nou? Alle tokens in een smart contract blijven in dat smart contract. In dat smart contract wordt de administratie bijgehouden van welk adres de tokens bezit. De bezitter van dat adres kan de tokens verplaatsen, want die heeft de geheime sleutel die bij dat adres hoort.

Als je tokens wilt verplaatsen, moet je een interactie aangaan met het smart contract, en wat kost een interactie? Gas. En gas is een stukje ether, dus dat zie je in je transactions-tab. Het aantal gas dat nodig was om je actie in het smart contract door de Ethereum Virtual Machine uit te laten voeren. Iets wat natuurlijk heel onhandig is, dat je niet met je token gas kunt betalen. Je moet dus *altijd* een beetje ether in je wallet hebben om ook maar iets te kunnen doen met je tokens.

PAS OP

Als je tokens ontvangt op een ethereum-adres in je wallet, dan kun je niets met die tokens doen, tenzij er wat ether op dat specifieke wallet-adres staat.

Daarom zie je bij het ERC20-tokens-tabje bij het To-adres bij binnenkomende tokens ook je eigen adres staan. Een token-transfer verandert dan ook alleen de *state* van het contract en niet de *state* van het ontvangende adres. Dat is ook de reden waarom je zelf een token aan je wallet moet toevoegen om te volgen. In dat geval moet je het contractadres van de token invullen en dan kan de wallet in het smart contract checken wat je tokenbalans is. Dit kan soms best onduidelijk zijn, al wordt het toevoegen van tokens wel steeds makkelijker gemaakt.

TIP

Als je naar een contract op etherscan gaat, dan kun je bij Contract Overview op de Token Tracker klikken. Een van de tabjes is Holders, waar de duizend adressen die toegang hebben tot de meeste tokens gerangschikt staan. Wil je jezelf vinden, dan kun je je eigen adres invullen in Filtered By.

Tokens en gebruik

Ik heb nu een paar heel specifieke voorbeelden van tokens gegeven, namelijk de CryptoKitties en een token speciaal voor de verhuur van een huis, de FBNB. Tussen deze twee tokens zit een belangrijk verschil, namelijk: CryptoKitties bestaan alleen op de blockchain en nergens anders. Je huis bestaat in de echte wereld, net als je telefoon en net als de mensen die het huis gebruiken.

Je ziet: er zijn twee verschillende tokens, tokens die zonder blockchain helemaal niet bestaan, zoals bitcoins, ethers en CryptoKitties, en tokens die gekoppeld zijn aan spullen en andere zaken buiten de blockchain, zoals huizen, goudstaven, certificaten en kunst. Tokens die aan die laatste groep gekoppeld zijn, zijn in veel gevallen afhankelijk van externe partijen, zoals opslag in externe registers, bankkluizen, wetten van verschillende landen en staten en andere zaken buiten het beheer van de blockchain-omgeving.

BELANGRIJK Je kunt bepaalde zaken die nu nog op onveilige manieren gedaan worden, omzetten naar een blockchain-only-systeem. Dan gaat het om systemen die nu ook al met behulp van databases uitgevoerd worden. Bijvoorbeeld stemsystemen binnen organisaties. Dit kun je zelfs nog verder doorvoeren in een decentrale autonome organisatie of iets vergelijkbaars.

Toekomst

Ik heb je kennis laten maken met tokens en in het bijzonder die op de ethereum-blockchain. Dit is niet omdat ik andere blockchains met vergelijkbare systemen minder goed of interessant vind. Het is simpelweg tot op dit moment de meest gebruikte manier om tokens te genereren.

Aan de hand van een side chain-project wil ik je laten zien dat de toekomst blockchain-agnostisch is. Dit betekent dat veel systemen die op de ene blockchain ontwikkeld worden, te gebruiken zijn op andere blockchains. In sommige gevallen is dat makkelijker dan andere, maar het laat zien dat alles wat nu ontwikkeld wordt op een blockchain die het misschien niet redt, geen verspilde moeite is.

RSK (side chain)

RSK heette voorheen 'Rootstock' en is een systeem waarbij een virtuele machine draait op de bitcoin-blockchain. Het is in feite een 'zij-keten' waar dezelfde typen smart contracts op gedraaid kunnen worden als op de ethereum-blockchain. Het grote verschil is dat RSK de bitcoin-blockchain gebruikt om zichzelf te beveiligen, waarmee het de op dit moment veiligste blockchain gebruikt.

RSK 'prikt' als het ware 'in' op de bitcoin-blockchain en zorgt zelfs voor extra inkomsten voor de mijners, zonder dat ze daar veel voor hoeven te doen.

Het systeem is een stuk schaalbaarder dan bitcoin. Tegen 7 transacties per seconde kan RSK er momenteel iets van 100 per seconde aan, wat geschaald moet worden naar 2000, samen met bijna-directe betalingen.

De beveiliging van het netwerk wordt deels dus door de bitcoin-mijners gegarandeerd, maar de RSK-blockchain is ook 'ingeprikt' op bitcoin. Dit werkt via een zogenaamde 2-way-peg. Om RSK te gebruiken moet je eerst een plukje bitcoin vastzetten op de bitcoin-blockchain, waarna dezelfde hoeveelheid in de RSK-token Smart Bitcoin of SBTC wordt vrijgegeven op RSK. Om SBTC terug naar bitcoin te krijgen, moet SBTC weer vastgezet worden en dan komen vastgezette bitcoins los.

Omdat RSK dezelfde publieke sleutel gebruikt als het bitcoin-adres, kunnen SBTC's met dezelfde geheime sleutel bediend worden. Overigens is het publieke SBTC-adres anders dan een bitcoin-adres. Dit komt doordat het SBTC-adres op een andere manier uit de publieke sleutel gevormd wordt (zie hoofdstuk 7 voor adresvorming).

De totale werking van een dergelijk systeem uitleggen, gaat hier te ver. Een eindgebruiker moet uiteindelijk geen 'last' hebben van verschillen tussen bitcoins en smart bitcoins.

Verder wil RSK ook een private versie van zijn zijketen hebben die gebruikmaakt van *practical byzantine fault tolerance* of pbft. Dit is vergelijkbaar met een privéversie van de ethereum-blockchain.

Het systeem kan ook met andere blockchains gebruikt worden. Zo zie je maar weer: opties te over. Dat maakt het voor de buitenstaander niet per se makkelijker, dat valt niet te ontkennen.

En dit is slechts een voorbeeld dat direct met ethereum te maken heeft. Als je op zoek gaat, kom je veel meer interessante projecten tegen die inprikken op bepaalde blockchains en er soms zelfs verschillende kunnen gebruiken, zoals Komodo (komodoplatform.com) en BTCRelay. Al die synergie die tussen blockchains kan plaatsvinden, maakt dat het aantal mogelijkheden weer enorm uitbreidt. Het is lastig te overzien op dit moment, maar je kunt er even vrolijk op los fantaseren.

> **IN DIT HOOFDSTUK**
>
> Wallets en alle verschillen
>
> Hoe houd je de verschillende cryptovaluta veilig?

Hoofdstuk 7
Wallets uitgebreid

Je wallets zijn de belangrijkste onderdelen van je cryptovalutabezit, omdat ze je bezit verzorgen. Je weet inmiddels dat er technisch gezien geen munten óp je wallets staan, maar ze verzorgen wel je hele sleutelbos.

Mijn eerste wallet was de Bitcoin Core-wallet: bitcoin-qt, de basiswallet aller wallets en tevens een bitcoin-node: bitcoind. Dat heeft nog wel eens witte wegtrekkers veroorzaakt, zoals toen de wallet een keer stuk was door een fout ergens in het bestand en ik daardoor niet meer mijn muntjes kon. Gelukkig maakte ik ooit een back-up op een cd-rom.

Inmiddels zijn er veel meer wallets en ze zijn een stuk handzamer geworden, al gebruiken de meeste munten met een eigen blockchain nog steeds een ouderwets uitziende wallet die geen *human readable* of voor de mens leesbare seed van 12 of 24 woorden genereert en dan blijft een goede back-up van je wallet-bestand of je geheime sleutels belangrijk.

En er is veel meer interessants te melden over wallets. Zo kun je heel veel sleutels van totaal verschillende valuta allemaal onder één mnemonische zin of *mnemonic key* vangen. Je kunt constant publieke sleutels genereren die allemaal aan één geheime sleutel gekoppeld zijn, terwijl die laatste ergens veilig in een kluis ligt en je kunt een sleutel gewoon op papier zetten. Cryptografie lijkt soms wel magie. Dat is het niet, het is gewoon wiskunde.

Basiswallets

Of 'basiswallets' het juiste woord is voor de wallets die de basis vormen van een bepaalde cryptomunt, weet ik niet. Het gaat namelijk niet om wallets die lekker basic zijn, maar juist om de moeilijkste.

Het gaat in dit geval om de zogenaamde full-node-clients. Bij bitcoin heet deze wallet bitcoind, maar die kun je alleen via een terminalvenster bedienen. Er is ook een gebruikersinterface en die heet bitcoin-qt. Bij ethereum heet die wallet ethereum-wallet.

Veel 'basiswallets' zijn afgeleid van de bitcoin-qt-wallet. Je kunt in deze wallets alles zelf bepalen. Je kunt zien met welke andere nodes je verbonden bent en je kunt via de ingebouwde console of terminal commando's uitvoeren zodat je nog meer kunt.

Zo'n full-node-wallet is wel belangrijk voor de instandhouding van het netwerk: elke full-node heeft namelijk de hele blockchain van de betreffende cryptovaluta en is daardoor niet afhankelijk van andere gebruikers voor het verifiëren van de blockchain en het ondertekenen van betalingen.

BELANGRIJK

Veel cryptovaluta hebben baat bij een groot aantal nodes, maar je verdient niks met het draaien van een node (behalve bij nodes waarmee je kunt *staken*, zie hoofdstuk 9, Geld verdienen met het draaien van een node).

Hot en cold wallets

Een hot wallet is direct bereikbaar en is aangesloten op het netwerk. Als iemand per ongeluk een private key of een andere belangrijke inlogcode laat slingeren of er zit een beveiligingslek in de gebruikte software, dan kan een dief misbruik maken van de situatie en de muntjes stelen. Een cold wallet ligt hopelijk in een kluis als papieren wallet, hardware-wallet, usb-drive of is op een andere manier beveiligd, maar is niet bereikbaar via een elektronisch netwerk.

Je kunt er veel woorden aan besteden, maar een cold wallet is gewoon nergens aangesloten op wat voor netwerk dan ook. Een dief moet er fysiek bij kunnen om je muntjes te stelen.

Seed en geheime sleutels opslaan

Bij vrijwel elke nieuwe installatie van een wallet krijg je een reeks van 12 of 24 woorden. Dit is de *seed*. Deze woorden zijn een soort van geheime sleutel. Als je deze woorden kwijtraakt, dan kun je nooit meer bij je fondsen als de wallet zelf stukgaat of als die om andere redenen niet meer bereikbaar is.

Deze reeks heet ook wel *mnemonic code* (zie verderop in dit hoofdstuk hoe dat werkt). Deze reeks woorden mag je niet digitaal opslaan of ooit delen met iemand.

Geen helpdesk of wat dan ook heeft ooit die sleutel nodig. Als ze beweren dat wel nodig te hebben, dan klopt er iets niet.

BELANGRIJK

Code kwijt en wallet stuk of weg? Dan kan niet alleen jijzelf niet meer bij de fondsen van de wallet, maar ook niemand anders. Niemand kan ooit nog bij je geld. Je moet het dan als verloren beschouwen.

Software-wallets

Je hebt net al over de basiswallets gelezen, dat zijn ook software-wallets. Voor de meeste cryptovaluta zijn gelukkig ook lichtgewicht software-wallets beschikbaar. De meeste tokens die bijvoorbeeld van ethereum gebruikmaken, hebben dat weer niet. Die hebben alleen een ethereum-wallet nodig.

Een **lichtgewichtwallet** of *light weight client* is handig omdat je niet de hele blockchain hoeft te downloaden, zoals wel het geval is bij een full node. Een lichtgewichtwallet is vaak wel in staat om, net als een full node, zelf transacties te tekenen, te valideren en te verzenden. Je hebt dus nog steeds zelf de controle over de transacties!

Veel mobiele wallets zijn lichtgewichtwallets en ze zijn ook praktisch op je gewone computer.

Enkele voorbeelden van software-wallets voor op de desktop of laptop:

- » **Electrum.** Een bekende software-wallet voor bitcoin waar vaak recente technologie in verwerkt zit. De wallet wordt veel gebruikt als basis voor light-wallets voor op bitcoin gebaseerde cryptovaluta, je komt hem dus nogal eens tegen.
- » **Bitcoin-qt.** De moeder aller wallets. Downloadt de hele blockchain en is daarmee direct een full-node in het netwerk. Veel andere cryptovaluta gebruiken wallets met een vergelijkbare interface.
- » **Ethereum-wallet.** De officiële ethereum-software-wallet voor op de desktop. Kan hele blockchain downloaden, net als bitcoin-qt, maar dat hoeft niet meer. De wallet kan ook als light-node fungeren. Daarnaast bestaat er Mist. Dit is in essentie een gewone internetbrowser met een ethereum-wallet ingebouwd. Heb je niet nodig als je niet ontwikkelt.
- » **Neon.** Wallet voor NEO en nep-5-tokens (vergelijkbaar met ERC20-tokens op het ethereum-netwerk).

Web-wallets

Er zijn aanbieders van web-wallets die niets anders zijn dan dat: een wallet waarbij je geheime sleutels op de server van de aanbieder staan. Dat kan handig zijn, want je kunt overal bij je wallet (als je ten minste alle benodigde 2fa-toegangssystemen bij je hebt, zoals in veel gevallen je telefoon). De meeste web-wal-

Iets zijn dan ook vaak onderdeel van een handelsplatform en dat kan gaan van heel basic de mogelijkheid hebben om fiat geld om te wisselen naar bitcoins en andere munten of andersom, om bitcoins weer te wisselen naar fiat.

PAS OP

Alle hacks waar je over gehoord hebt die met bitcoin te maken hebben, vonden en vinden altijd plaats buiten de bitcoin-blockchain, die is tot nu toe nog nooit gehackt. In veel gevallen gaat het om handelsplatformen waar grote hoeveelheden in een keer gestolen worden, maar het kan ook om phishing gaan. Dan worden gebruikers met nepmailtjes verleid hun logingegevens op nepwebsites in te voeren. Die sites lijken vaak heel erg op de websites van de officiële aanbieders. Het levert wel minder op dan een exchange hacken, maar het is een stuk simpeler: mensen zijn goed te foppen. Je krijgt dan bijvoorbeeld een waarschuwingsmail dat er iets mis is en vervolgens klik je op de link naar een foute website. Gelukkig vereisen de meeste webdiensten tegenwoordig minimaal 2fa- of two-factor-authentication, waarbij je via een sms, e-mail of met een eenmalig gegenereerde sleutel via een applicatie of hardware-apparaat, moet inloggen. Een web-wallet is misschien het handigst, maar niet het veiligst, bewaar er geen grote hoeveelheden!

Multicoin-wallets

De eerste vraag die mensen stellen die nog geen cryptovaluta hebben, maar dat wel willen is: welke wallet moet ik downloaden? Dat is natuurlijk heel persoonlijk! Zelf houd ik van wallets waar je het gevoel hebt dat je zelf de boel beheert, maar ik kan me heel goed voorstellen dat je daar liever niet mee start.

Wallets in eigen beheer. Dat zijn dus wallets met een wallet-bestand op je telefoon of computer:

- » **Windows-pc, Mac of Linux.** De meeste software-wallets zijn beschikbaar voor alle drie besturingssystemen en komen vaak in verschillende versies: in de vorm van een installatiebestand of in de vorm van een zip-bestand. Die laatste optie is voor de gevorderde gebruiker.
  - **Exodus** is een wallet die een enorme hoeveelheid munten ondersteunt. Makkelijk in gebruik en je bent in bezit van je eigen geheime sleutels. Niet open-source, wat betekent dat je niet in de broncode kunt kijken.
  - **Jaxx Liberty** is een van de simpelste multicoin-wallets en de opvolger van de bekende Jaxx-wallet. Je bezit je eigen sleutels en de wallet is ook beschikbaar voor Android en iOS. Jaxx adviseert zelfs om je mnemonic-zin van 12 woorden op elk apparaat in te voeren, zodat je overal dezelfde wallet voor je neus hebt. Dan wel ook even een wachtwoord instellen, zodat je lokale wallet-bestand versleuteld is! Niet open-source.
  - **Agama** komt uit de koker van de Komodo-ontwikkelaars, een blockchain die inprikt op de bitcoin-blockchain. De wallet is open-source en ondersteunt een grote hoeveelheid munten. Privésleutels in eigen beheer.
  - **Atomic** is een wallet die atomic swaps ondersteunt (zie hoofdstuk 9 voor meer info). De wallet ondersteunt op het moment van schrijven ruim 300 cryptovaluta.

Via atomic swaps kun je binnen de wallet wisselen van munt naar munt! Verder hoef je niets op te geven en is alles anoniem. Uiteindelijk zullen alle wallets de atomic-swap-functionaliteit wel gaan toevoegen.

- » **iOS en Android.** Niet elke mobiele wallet is goed bruikbaar op beide besturingssystemen. Mobiele wallets hebben als voordeel ten opzichte van wallets op laptops of desktops dat het makkelijker is om QR-codes te gebruiken. Zo hoef je niet te kopiëren en te plakken, maar scan je gewoon een code!
  - **Jaxx Liberty** is op beide mobiele OS-en te gebruiken. Overzichtelijk, maar niet open-source.
  - **Coinomi** is voor iOS en voor Android beschikbaar. Coinomi ondersteunt een enorme hoeveelheid blockchains en honderden tokens. Als er een fork is van een grote blockchain, kun je er bijna donder op zeggen dat Coinomi een van de eerste is waar je die munt kunt invoeren. Handig voor het sweepen of leegvegen van geheime sleutels om geforkte munten binnen te halen.
  - **Eigen wallets van tokens of munten.** Veel munten of tokens brengen ook eigen wallets uit. Dat kan soms handig zijn voor bepaalde functionaliteiten van de token of munt.

PAS OP

Als je een geheime sleutel na een fork in een andere wallet invoert of sweept om geforkte muntjes te krijgen, zorg er dan altijd voor dat je de munten die in de wallet zitten waarvan je de privésleutels prijs gaat geven eerst verplaatst naar een nieuwe wallet! Pas daarna de sleutels weergeven en sweepen.

Hardware-wallets

Hardware-wallets zijn niet alleen zeer veilig, maar geven ook het gevoel dat je daadwerkelijk iets hébt, ook al staan de muntjes zelf niet op de wallet. Net als bij elke normale wallet beheert de hardware-wallet alleen de sleutels of de toegang tot je cryptovaluta op de verschillende blockchains. Maar welke moet je nou hebben?

TECHNISCHE INFO

Een hardware-wallet bewaart de geheime sleutels voor jou. De sleutels komen niet uit het apparaat. Om een transactie goed te keuren door te ondertekenen, moet je altijd je goedkeuring geven via de hardware-wallet. Het is alsof je een kantoortje in moet lopen waar de enige pen aan een koordje hangt waarmee je de belangrijkste handtekening kunt zetten op een aan- of verkoop. Na het ondertekenen door goedkeuring te geven op de wallet, gaat de transactie door.

PAS OP

Controleer altijd of het nummer dat in het beeldscherm van je computer of smartphone staat, gelijk is aan het nummer dat je zegt te ondertekenen op je hardware-wallet (als deze een scherm heeft natuurlijk).

In Nederland en België koop je hardware-wallets bij cryptomaan.nl of hardware-walletshop.nl. Er zijn enkele Belgische sites, maar die verwijzen door naar de fabrikanten zelf. Rechtstreeks bij de fabrikant kopen kan natuurlijk ook. Het voordeel van kopen bij een Nederlandstalige aanbieder is dat deze je in je eigen taal ondersteuning kan geven. Ondanks dat hardware-wallets beschikken over speciale chips die hacken onmogelijk moeten maken, is een tweedehands hardware-wallet aanschaffen niet verstandig.

PAS OP

Als je een tweedehands hardware-wallet koopt, gebruik nooit eventueel meegeleverde pincodes of mnemonic-sleutels. Dan weet je 100 procent zeker dat de verkoper die ook heeft en dat die rustig wacht tot je de wallet vult met verschillende cryptovaluta, waarna de verkopende partij je wallet plundert.

» **KeepKey:** heeft een groot display en heeft een integratie met ShapeShift waarmee makkelijk verschillende valuta gewisseld kunnen worden. De wallet is geschikt voor pc, Mac en Linux. Daarnaast ook voor Android in samenwerking met Mycelium. Ondersteunt zeven munten en dertig ERC20-munten.

» **Safe-T mini:** als een van de eerste grote hardware-boeren heeft Archos een hardware-wallet uitgebracht. Het is een rond apparaatje met een klein display. Ook zeven munten in ondersteuning en zo'n twintig ERC20-tokens.

» **Ledger Nano S:** net als Archos ook Frans en kan zo'n 24 munten aan en alle ERC20-munten. Het is vermoedelijk de bekendste hardware-wallet op dit moment. Om met je Android-telefoon of tablet te gebruiken heb je een usb of usb-c naar OTG-kabel nodig (geldt ook voor andere hardware-wallets met Android-ondersteuning).

» **Trezor en Trezor T:** na de Nano S de bekendste wallet. Trezor T kost het dubbele van de Trezor, maar heeft wel een stuk meer opties. Trezors ondersteunen bijna 700 munten en tokens en zijn ook bruikbaar om andere zaken dan tokens te ontgrendelen met U2f.

» **Digital Bitbox:** een open-source-wallet waarbij back-up en herstel mogelijk zijn met een sd-kaart. Hij is klein en onopvallend en ook het goedkoopst. Nadeel is wel dat er geen schermpje op het apparaat zit en je dus niet kunt controleren of je inderdaad de transactie ondertekent die je ook wilt ondertekenen, al kun je de wallet aan je telefoon koppelen om dit probleem te verhelpen. De Bitbox heeft geen fysieke knoppen, maar werkt met een aanraakgevoelig gedeelte.

» **Opendime:** een grappige 'hardware-wallet', wordt ook wel als 'wegwerp-wallet' gezien. De wallet heeft een publiek bitcoin-adres (geen andere munten) en daar kun je fondsen naartoe sturen. De persoon die de sleutel heeft, kan ze ook daadwerkelijk uitgeven. Meer iets om cadeau te geven dan iets anders. Veiliger dan een paper wallet waarvan de gever ook de privésleutels heeft gezien bij het printen.

Papieren wallets

Papieren wallets zijn letterlijk wallets op papier of een ander analoog materiaal. De geheime sleutel en het publieke bitcoin-adres staan op zo'n papieren wallet, vaak ook met een QR-code erbij die te scannen is met een telefoon of andere camera om de munten makkelijk te importeren in een software-wallet, dat scheelt aanzienlijk in vergelijking met het overtypen van een geheime sleutel. Dat proces van het invoeren van een privésleutel in een software-wallet heet 'sweepen'. In Electrum, de lichtgewichtwallet voor op je computer, is sweepen vertaald als 'leegvegen'.

Het maken van een papieren wallet kan op verschillende manieren. Het makkelijkst is naar een website te gaan en daar een papieren wallet te genereren. Dan weet je niet zeker of niemand heeft meegekeken. Vaak kun je op zo'n website ook de code downloaden en de website helemaal offline draaien. Dit betekent dat je geen internetverbinding nodig hebt. Zo kun je helemaal zonder pottenkijkers een sleutelpaar maken.

Voor bitcoin is bitaddress.org een oude bekende of wallet-generator.net voor heel veel andere cryptovaluta (beide kun je offline gebruiken). Zoek naar 'Creating a bitcoin paper wallet' op YouTube (https://www.youtube.com/watch?v=wfMHsLXx_qM).

Wallet-trucs voor gevorderden

Je kunt veel interessante dingen doen met wallets. Soms moet je wat dieper in de materie duiken.

Fees

Niemand wil te veel betalen voor het overmaken van fondsen, maar de netwerken rekenen allemaal een tarief of *fee* voor het doen van een transactie en daar zijn nogal wat mythische verhalen omheen ontstaan. Het klopt inderdaad dat fees omhooggaan als het netwerk drukker bezet is, maar over het algemeen valt het erg mee. Er zijn verschillende websites waar je voor bepaalde cryptovaluta kunt zien wat redelijke fees zijn, zeker als je een wallet hebt die misschien een voor je gevoel buitenproportionele fee rekent. Zo heb ik zelf weleens meegemaakt dat een bitcoin-wallet op mijn telefoon 9 euro wilde rekenen voor een bedrag van 2,50 euro. Nou, dank je hartelijk! Ik weet niet waar de fout in de software zat, maar op dat moment was een veilige fee voor een redelijke tijd tussen de 2 en 4 satoshi per byte! Met een gemiddelde grootte van een transactie van 225 bytes is dat dus 0,0000045 btc of, met een koers van 5000 euro, 0,0225 euro of 2,3 cent. Bij de meeste walletsoftware kun je zelf je fees aanpassen.

Waarom zou je een fee aanpassen? Voor sommige betalingen maakt het niet uit hoe snel ze opgenomen worden in de blockchain, maar soms heb je haast of wil je per se anderen voor zijn. Als de transactie uitgezonden wordt of, zoals dat meestal heet, *broadcasted* is naar het netwerk, dan is de transactie-id al aangemaakt. Bij lage bedragen is het helemaal niet erg als het even duurt, als de transactie maar verstuurd is. Bij een hoger bedrag wil je de zekerheid van het opnemen in een blok. Je kunt ook té laag gaan zitten met je transactiefee, zodat het dagen duurt voordat de transactie opgenomen wordt. Daar zou ik niet op wachten persoonlijk.

De meeste wallets geven gewoon aan met 'snel', 'gemiddeld' of 'langzaam' wat het kost en vaak ook omgerekend naar een fiat-geldsoort. Dit doen ze door te kijken naar de drukte op het netwerk en zo bepalen ze de fee.

Sites die een richtlijn voor fees geven zijn er ook:

- **bitcoinfees.earn.com:** ook een website om met het uitvoeren van acties enkele satoshis tot microbitcoins te kunnen verdienen.
- **ethgasstation.info:** de site geeft de gemiddelde gasprijzen voor ethereum weer. Heeft ook allerlei interessante informatie over gas en het gebruik daarvan.
- **bitinfocharts.com:** een site met een hele schare aan verschillende valuta. Minder duidelijk dan de twee voorgaande sites die zich slechts op één munt richten. Biedt informatie over bitcoin, ethereum, ripple, bitcoin cash, litecoin, monero, dash, ethereum classic, zcash, bitcoin gold, dogecoin en vele andere valuta.

Seeds en deterministische wallets

Een **deterministische wallet** is een wallet met een systeem waarbij alle benodigde publieke sleutels uit één enkel startpunt gegenereerd worden. Dit startpunt heet ook wel de *mnemonic seed*. Zo'n rij woorden is niet alleen makkelijker te lezen voor een mens, maar vormt ook een heel sterke sleutel, veel sterker dan je op het eerste gezicht zou denken.

Een voorbeeld van zo'n rij woorden is:

witch collapse practice feed shame open despair creek road again ice least

Die woorden komen uit een lijst van 2048 woorden, waardoor het aantal combinaties 2048^{12} is, dus een 2 met 132 nullen. Sommige wallets gebruiken zelfs 24 woorden. Elk woord stelt een getal voor, van 0 tot 2047. De woordenlijst zelf kun je overigens makkelijk opzoeken. Abandon is 0 en zoo 2047.

Elk getal dat zo'n woord voorstelt, wordt vervolgens in een macht verheven. Dus het eerste woord is dan x tot de macht 1, het tweede woord x tot de macht 2, het derde woord x tot de macht 3, tot x tot de macht 12. Al die getallen worden bij elkaar opgeteld en dan heb je een heel groot getal. Uit dat enorme getal kunnen via een zogenaamde pseudotoevalsgenerator allemaal nieuwe adressen gegenereerd worden die op het eerste gezicht niets met elkaar te maken hebben.

Door de systematiek in het systeem kun je zo met 1 seed allemaal verschillende adressen creëren.

Hiërarchisch deterministische wallets

Na de deterministische wallet kwam de **hiërarchisch deterministische wallet**, ook wel de HD-wallet. Dit is eigenlijk de basis voor een walletstructuur. Vanuit deze structuur kun je constant opnieuw geheime hoofdsleutels genereren. Je krijgt zo een boomstructuur van geheime hoofdsleutels.

Bij een geheime hoofdsleutel hoort natuurlijk ook een publieke hoofdsleutel, de *extended public key*. Die sleutel is weer voldoende om andere publieke sleutels van te maken. Je snapt: zo kun je een hele boom van wallets opzetten, zoals wallets met meerdere cryptovaluta.

Extended Public Key

Je kunt een *extended public key* bij cryptovaluta ook gebruiken voor het aanmaken van oneindig veel normale publieke bitcoin-adressen zonder dat je daar je geheime sleutel voor nodig hebt. Je geheime hoofdsleutel of *extended private key* is alleen nodig als je bij je bitcoins of andere cryptovaluta wilt komen en is niet nodig om ze te ontvangen.

Bij bitcoin is de extended public key of *xpub* een sleutel die is ingevoerd bij BIP39 (BIP is Bitcoin Improvement Proposal). Vanaf toen werd het mogelijk om een *hiërarchische deterministische sleutel* te vormen of de HD-sleutel.

De publieke versie van de HD-sleutel kun je in andere wallets importeren en op die manier vanuit andere wallets anderen bitcoins naar je over laten maken zonder dat je de directe beschikking hebt over je geheime sleutels om ook maar iets te doen met je bitcoins. Je kunt er alleen maar naar kijken. Je geheime sleutel of je hardware-wallet ligt ergens in een kluis. Dit is bijvoorbeeld handig voor websites die constant nieuwe adressen voor klanten willen genereren zonder het gevaar te lopen dat de privésleutel gestolen wordt.

In dit voorbeeld gebruik ik als hardware-wallet de Ledger Nano S en als bitcoin-wallet de Android-wallet Mycelium. De Ledger Nano S is de meest verkochte hardware-wallet, maar er zijn veel meer interessante hardware-wallets, zie het vorige kopje in dit hoofdstuk. Mycelium is een 'gouwe ouwe' wallet waarbij je alles in eigen beheer houdt. Gelukkig is er wel de mnemonic-seed die me al enkele malen heeft gered na het weer eens herinstalleren van een telefoon om vervolgens te bedenken: eh ... had ik niet ook nog wat mBTC op mijn telefoon rondhangen?

Om dit makkelijk te doen, gebruik je de Ledger Chrome-applicatie, want die genereert een QR-code van je xpub-sleutel. Ledger heeft ook een stand-alone-applicatie tegenwoordig en daar is de sleutel wel zichtbaar, maar toont geen QR-code. Dat is heel wat overtikken!

TIP

Of je nu een Ledger hebt of een ander merk: de instructie die ik hier geef kun je als basis gebruiken om te zoeken naar de werking bij andere wallets en munten. Dit geldt zowel voor hardware- als software-wallets. Gebruik je een nieuwe versie van bepaalde software en kun je niet de juiste instructies vinden omdat er een wijziging heeft plaatsgevonden? Zoek dan binnen andere data, zoals 'afgelopen maand', bij Google te vinden onder *tools → elke periode*.

Publieke HD-sleutels vinden in Ledger Wallet Bitcoin:

1. **Open Ledger Wallet Bitcoin en log in met je Ledger.**

   PAS OP

   Gebruik hiervoor een Legacy-account! Bij bitcoin betekent dit een account waarbij adressen beginnen met een 1.

2. **Klik op My Account of de naam die je aan je account gegeven hebt.**

3. **Klik op Account settings, rechts onder je balans.**

4. **Klik op Export, rechts naast Extended public key in het Advanced-veld; er verschijnt een lange code die start met xpub en daaronder een QR-code.**

5. **Open je wallet, in dit geval Mycelium.**

6. **Maak eventueel een nieuw account aan** *en schrijf je 12 woorden op,* **dit heet de Master Seed bij Mycelium (bij nieuwe installaties vraagt Mycelium of je de Bitcoin Cash-module wilt installeren, dit hoeft niet met een nieuw account dat van na de fork van bitcoin en bitcoin cash is, medio 2017).** De pincode die je daarna kunt instellen, is om de wallet op je telefoon te beschermen. Doen.

7. **Ga in Mycelium naar: Accounts (Rekening) → Toevoegen (sleutel-icoontje) → Advanced (Geavanceerd) → Scan.**

8. **Check of het ontvangstadres bij Mycelium hetzelfde is als bij Receive in je Ledger-wallet.** Als dit niet zo is, heb je waarschijnlijk Segwit geselecteerd in plaats van Legacy bij het opstarten. Gebruik het systeem dan niet en begin opnieuw.

9. **Nu kun je je Ledger goed verstoppen en toch makkelijk nieuwe adressen aanmaken voor ontvangst!**

> **IN DIT HOOFDSTUK**
>
> Initial Coin Offerings: meedoen?
>
> Wat is een airdrop?
>
> Scams en meer

Hoofdstuk 8
ICO's en airdrops

nitial coin offerings hebben ervoor gezorgd dat ik van alle goedkope ethers die ik had probleemloos af ben gekomen. Het was een goede les: vrijwel elke ICO waar ik ooit aan meedeed, is geflopt of zit er dicht tegenaan. Voor mij een paar honderd euro down the drain, jammer maar overzichtelijk. Op misschien eentje na die al een werkend product had voordat ze een ICO deden en dat lijkt de enige die ook daadwerkelijk zwarte omzetcijfers gaat schrijven omdat ze gewoon omzet draaien. Met klanten en zo.

Waarom deed ik dan aan die ICO's mee? Nieuwsgierigheid en in het begin echt wel vertrouwen in bepaalde ideeën. De eerste en bekendste waar ik aan meedeed was Bancor en ik sprak zoveel enthousiaste mensen die ik wel hoog had zitten op meet-ups, dat het me niet meer dan logisch leek. Inmiddels is het eigenlijk gewoon een decentrale exchange en daar zijn er nogal wat van.

Wat is een ICO?

Een ICO is een *initial coin offering*, oftewel een 'tokenemissie'. De afkorting ICO lijkt niet voor niets veel op IPO of *initial public offering* (aandelenemissie) en het heeft er ook wel iets van weg. Een bedrijf, vaak een start-up, of een community, wil met een in hun ogen goed idee geld ophalen voor de verdere ontwikkeling van hun token, waar vaak een smart contract aan gekoppeld zit dat de token speciaal maakt en een onderliggende dienst aandrijft. Het kan ook zijn dat de token later wordt omgezet in een munt op een eigen blockchain, maar om de ontwikkeling te financieren is een ICO best praktisch. Alleen: ondanks dat de kans groot is dat tokens in de toekomst een belangrijk fundament gaan vormen van platforms als Ethereum, betekent dit niet dat de tokens die vandaag de dag zijn uitgegeven in de toekomst ook nog enig nut zullen hebben. Veel tokens zijn niet veel meer dan goed verpakte scams. Sommige zelfs niet eens goed verpakt. En toch liep iedereen er met open ogen in om maar snel rijk te worden.

In de vorige hoofdstukken kwam de grote veroorzaker van al dit leed al aan bod: Ethereum. Je hebt al gezien hoe makkelijk je een smart contract in elkaar kunt zetten en in dit hoofdstuk gaan we in op wanneer je misschien wel een ICO kunt vertrouwen en of het misschien voor jezelf interessant kan zijn, want ondanks alle scams en slecht doordachte tokens van de afgelopen twee jaar kun je op je klompen aanvoelen dat er echt wel *iets* zit in de technologie op de lange termijn. Zoals je ook al in het tokenhoofdstuk las: als bepaalde tokens standaarden worden en smart contracts tokens van allerlei aard gebruiken om met elkaar te communiceren, dan wordt het nog weleens wat. Dus niet getreurd, misschien heb je al wel een van de weinige tokens in je portfolio die het gaat overleven.

Whitepaper

Een ICO wordt over het algemeen begeleid door een whitepaper, letterlijk witboek. Een whitepaper is bij cryptovaluta een document dat beschrijft hoe een technologie of product een specifiek probleem oplost. Bij een whitepaper gaat de schrijver ervan uit dat de lezer is ingevoerd in de materie. Is er geen whitepaper, dan mag je de ICO direct overboord kieperen. In een goede whitepaper staan de plannen van het bedrijf en over het algemeen ook een *roadmap* of stappenplan met wanneer in het proces bepaalde zaken af moeten zijn. Een goede plek om whitepapers te vinden is de site allcryptowhitepapers.com, ooit gestart door een Nederlandse jurist.

Sommige start-ups zijn heel voortvarend en geven zeer gedetailleerde momenten mee wanneer een bepaald onderdeel in een proces klaar moet zijn, maar de meeste houden het bij aankondigingen in termen als *q3 2023* of iets dergelijks, waarbij q3 logischerwijs voor het derde kwartaal in een bepaald jaar staat. Net als bij de meeste softwareprojecten: het wordt vaker niet dan wel gehaald.

Een whitepaper bestaat uit ten minste enkele van de onderstaande onderdelen en op z'n minst uit technische informatie:

> » **Een 'onepager':** het hele project samengevat in een pagina.
> » **Position paper:** een vergelijking met gelijksoortige projecten en waarom dit project beter is of waarom ze een bepaald probleem beter aanpakken dan de concurrenten.
> » **Een lekenintroductie:** waarbij technische kennis niet nodig is, gericht op investeerders.
> » **Technische informatie:** de werking van het voorgestelde systeem wordt verder uit de doeken gedaan. Verwacht ten minste een verwijzing naar het blockchainsysteem dat het project wil gebruiken of naartoe wil migreren op een later tijdstip, en het soort consensusalgoritme, zoals proof-of-work, proof-of-stake, delegated proof-of-stake en dergelijke.
> » **Financiële informatie:** belangrijk als je wilt investeren en wilt weten hoe de poet verdeeld wordt. Denk aan welk deel van de te genereren tokens van de bedenkers

vastgezet wordt, zodat die niet in een keer kunnen cashen, wat de 'kortingen' zijn voor vroeg kopen enzovoort.

» **Informatie over het team:** met links naar cv's en (LinkedIn) profielen.

» **Roadmap:** belangrijk om te weten wat de stappen in het proces zijn, maar zie het als leidraad, niet leidend.

» **Commerciële of handelsinformatie:** overige informatie die van belang kan zijn voor investeerders.

» **Yellow paper:** kom je met enige regelmaat tegen bij bestaande cryptovaluta, het is een document met voorgestelde wijzigingen ten opzichte van de whitepaper, die nog niet formeel zijn toegevoegd of geaccepteerd. Betreft vaak een voorgestelde verandering.

Niet altijd een whitepaper

Niet alle projecten beginnen met een whitepaper. Litecoin begon ooit gewoon met een videopresentatie, anderen forken een project en gaan aan de slag. Weer andere projecten geven meerdere whitepapers uit per projectonderdeel. Iedereen heeft zo zijn eigen manier om dat te doen. Er is geen standaard en er zijn ook geen eisen op wat voor manier je een whitepaper en andere paperassen moet uitgeven. Er zijn natuurlijk ook genoeg projecten begonnen met alleen maar de techniek en die kwamen er later achter dat een investering wel handig zou zijn.

Technische informatie

De techniek is het belangrijkst. Dat hebben we ook gezien bij bitcoin: de bitcoin whitepaper is niet echt gericht op leken. Zelfs de samenvatting aan het begin vergt aardig wat kennis van de materie.

BELANGRIJK

Op dit moment wordt een technische oplossing als belangrijk gezien, als de potentiële markt groot genoeg is. Daarbij moet het probleem dat opgelost wordt, niet op een andere manier al goedkoper of beter opgelost zijn. Met andere woorden: je wil niet ergens een blockchain zien waar al een beter, gecentraliseerd alternatief is. Als decentralisatie werkelijk het gestelde probleem oplost, dan heeft het zin de rest te bestuderen, anders links laten liggen.

Financiële informatie of tokenverdeling

Als je in een project stapt met de nodige bitcoins, ethers of euro's, dan wil je zeker weten hoe het zit met het geld. Waar gaat het naartoe? Vergeet niet: in tegenstelling tot aandelen geven tokens je over het algemeen (maar er zijn uitzonderingen) geen enkel recht.

Een paar zaken zijn belangrijk, namelijk:

» **Hoeveel tokens worden uitgegeven?** Minder is vaak beter, maar dit hoeft niet zo te zijn. Bekijk de reden voor het uitgeven van een groot aantal tokens en beredeneer of dit logisch is. Veel tokens hanteren 18 cijfers achter de komma, dus het zal niet snel gebeuren dat een token niet meer is op te delen in kleinere delen.

» **Is er een minimale en maximale hoeveelheid te verkopen tokens?** Als er geen minimum is, ben je alles kwijt, ook al is de hoeveelheid geld die wordt opgehaald eigenlijk te weinig voor een succesvolle investering. Als er geen maximum is, kan dit bij hype-projecten leiden tot idiote investeringsbedragen waardoor het doel totaal voorbijgeschoten wordt.

Bancor had bijvoorbeeld geen *cap* en haalde de bizarre hoeveelheid van ruim 150.000.000 dollar in ether op in juni 2017. Dan kan je team bij wijze van spreken tientallen jaren vooruit zonder ooit nog een werkend product te hoeven presenteren, het maakt teams verantwoordelijk voor veel te veel geld, waar niemand ervaring mee heeft en de noodzaak om ooit ergens omzet te draaien is er ook niet.

» **Worden er tokens vastgezet van de teamleden?** Stel, 10 procent van de tokens wordt verdeeld over de teamleden en adviseurs en deze groep kan zijn tokens direct na het live gaan verkopen, dan is er duidelijk een exit-scam. Vaak worden tokens aan teamleden door middel van het smart contract voor langere tijd vastgezet. Ze kunnen er wel naar kijken, maar ze kunnen ze niet verkopen.

» **Wat gebeurt er met onverkochte tokens?** In het ene geval worden overgebleven tokens naar rato verdeeld over de investeerders, in het andere geval worden ze geburned of verbrand. Als dat niet duidelijk is: wegwezen.

» **Is er een mogelijkheid nieuwe tokens uit te brengen?** Soms is het logisch binnen een bepaald ecosysteem om op den duur nieuwe tokens uit te brengen of het aantal langzaam te laten groeien. Is er dan een maximum? Afhankelijk van het project, kan dit van belang zijn.

» **Wat is het consensusmechanisme?** Het consensusmechanisme is van belang bij tokens die gebruikmaken van een eigen blockchain of meerdere blockchains combineren. Een gewone ERC20-token gebruikt het mechanisme dat Ethereum gebruikt, op dit moment nog proof-of-work. Maar bij neo's nep5-token is dat delegated proof-of-stake.

» **Hoe zit het met inflatie/deflatie?** Bitcoin is zo gemaakt dat de munt deflatoir is doordat er een eindige hoeveelheid is. Andere tokens, zoals ethereum, hebben geen eindige hoeveelheid en zijn op die manier overgeleverd aan andere marktkrachten.

Product

BELANGRIJK

Product lijkt in veel gevallen veel op de technologie. Het gaat om een technologische oplossing voor een probleem dat niet anders dan met decentralisatie, onomkeerbaarheid of transparantie op te lossen is, anders is een blockchain niet nuttig.

Een deel van de ICO's de afgelopen jaren had al een functioneel product in alfa- of bètafase. Dit soort ICO's heeft vaak een roadmap die enkele maanden tot soms zelfs jaren teruggaat. Met een stevige whitepaper en een goed team, dan is de kans dat een project slaagt vaak al een stuk groter. Maar de communicatie rond ICO's is vaak erbarmelijk slecht, niet in de laatste plaats omdat er alleen maar techies zitten die niet weten hoe te communiceren met leken. Sommige teams bestaan alleen maar uit jonge mensen die de 30 nog niet gepasseerd zijn en die hebben dan nog niet echt veel kaas gegeten van zakendoen, hoe goed een idee of product ook mag zijn.

Roadmap

De roadmap is niet meer dan een leidraad die je een idee geeft van het te volgen of gevolgde tijdspad. We weten allemaal dat softwareprojecten vrijwel altijd uitlopen. Is het tijdspad enigszins realistisch of worden er gouden bergen beloofd? Bij dat laatste verdienen vooral het 'team' en de 'adviseurs' veel. Jij niet.

Veel ontwikkeling gebeurt in testomgevingen. De vraag is wanneer er live gegaan wordt met het mainnet. In Ethereum-termen betekent dit dat overgegaan wordt van een testnetwerk naar het hoofdnetwerk van Ethereum, in andere gevallen kan dit betekenen dat een token op een blockchain als ethereum uitgebracht is en later naar een eigen blockchain gaat die nog in ontwikkeling is. Zo'n project heeft vaak enig uitstel nodig en zorgt vaak voor morrende investeerders. Maar liever een stevig mainnet dan een buggy zooi.

Team en adviseurs

Het is nuttig voor een ICO om adviseurs te hebben waar veel specialistische kennis zit die na een ICO niet meer echt nodig is. Vaak krijgen adviseurs een bepaald aandeel in tokens voor hun diensten terug. Die tokens worden meestal vastgezet, zodat adviseurs ze niet bij het live gaan van het project direct kunnen verkopen.

Het team zelf, de mensen achter het project, zijn de mensen die het doen. Vraag je altijd af wat hun voorgaande ervaring is. Als er wel heel veel grote namen op staan, check dan eerst maar even de LinkedIn van die mensen, want grote kans dat er iets niet klopt. Eventjes wat foto's door een beeldzoekmachine halen is ook niet onverstandig: soms blijkt die belangrijke ontwikkelaar ook rozen te halen, een kat te verzorgen en tandpasta aan te prijzen.

De echte wildwesttaferelen behoren over het algemeen al aardig tot het verleden, maar wees gewaarschuwd.

Andere valkuilen

Omdat er geen regulering is voor ICO's, of in ieder geval niet in Nederland en België, is de mantra van de autoriteiten dat je er heel voorzichtig mee moet zijn. Daar hebben ze volkomen gelijk in. Wil je gokken, prima, maar doe dat met geld dat je geen seconde zou missen.

Verder staan veel ICO's geen investeerders uit bepaalde landen toe. Meestal gaat dit om de Verenigde Staten en China en nog een rijtje kleinere landen. De VS hebben de SEC en die zien vrijwel alles als een *security* en dan moet je aan heel veel regels voldoen. Soms staat ergens 'SEC Compliant'. Dit klinkt aardig, maar de SEC doet niet aan het vooraf goedkeuren van ICO's.

Net als bij de adviseurs: het noemen van grote, belangrijke partners moet ook belletjes laten rinkelen. En ja, Microsoft stelt bijvoorbeeld zijn Azure-platform open voor private ethereum-netwerken, maar dat betekent *niet* dat ze met je samenwerken.

Je kunt natuurlijk hopen dat door in heel veel projecten 50 euro te steken ooit één project tienduizenden procenten stijgt, maar dat is - naast zeer tijdrovend - misschien helemaal niet zo'n goed idee. Blijf dicht bij wat je zelf interessant vindt, dat maakt het een stuk makkelijker om te bepalen of iets werkelijk nut kan hebben.

Meedoen aan een ICO

Wil je meedoen aan een ICO, dan moet je vaak enkele zaken opgeven. Dit kan heel basaal alleen een e-mailadres zijn, tot veel meer informatie, maar dat wijst het proces zelf wel. Tegenwoordig moet je steeds vaker verschillende identiteitspapieren delen, dit heet ook wel KYC of *Know Your Customer*. Vaak zeggen ICO's dat ze dit moeten omdat ze anders ergens een wet overtreden. Ervan uitgaande dat dit inderdaad zo is, voelt het toch vervelend om een kopie van je paspoort of rijbewijs aan een onbekende partij te overleggen. De Nederlandse overheid heeft daarvoor een applicatie ontwikkeld, KopieID, die voor je telefoon te downloaden is. Het advies van de Rijksoverheid luidt:

Geeft u toch een kopie af? Help dan misbruik van uw identiteitsgegevens voorkomen. U moet bijvoorbeeld uw Burgerservicenummer afdekken of doorstrepen. Een veilige kopie van uw identiteitsbewijs maakt u zo:

Maak in de kopie uw Burgerservicenummer onleesbaar, ook in de cijferreeks onderaan.

Schrijf in de kopie dat het een kopie is.

Schrijf in de kopie voor welke instantie of welk product de kopie is bedoeld.

Schrijf in de kopie de datum waarop u de kopie afgeeft.

FIGUUR 8.1: Applicatie van de Nederlandse overheid om documenten zoals paspoort en rijbewijs zo te kunnen fotograferen dat ze niet meer bruikbaar zijn voor criminelen.

Dit wordt niet altijd geaccepteerd! Bedenk voor jezelf of je de ICO je totale id wilt geven.

TECHNISCHE INFO

DE EERSTE GROTE IC(P)O: ETHER

De eerste grote bekende ICO, of zoals het toen nog heette: IPO, was die van Ethereum met ether. In juli 2014 werd de IPO door veel mensen gezien als grote scam. Teksten als: 'Begin met hype, post een videootje of tien, voeg een whitepaper toe, praat wat over decentralisatie en kom dan met een IPO = $$$$$'. Sommigen zagen in Vitalik Buterin een 'gezant van Goldman Sachs' en wat al niet meer. Dat bleek vooralsnog anders.

De Ethereum Foundation startte op 22 juli 2014 met de voorverkoop. De eerste twee weken kreeg je 2000 ether per bitcoin en na 2 weken liep dat lineair af naar 1337 ether per bitcoin. De prijs per bitcoin schommelde toen tussen de 500 en 600 dollar per stuk, wat 1 ether op ongeveer 30 cent per stuk brengt. De totale duur van de verkoop was 42 dagen. In al die cijfers zijn heel wat verwijzingen terug te vinden. 1337 is *leetspeak* voor 'elite' en 42 is het antwoord op alles in *The Hitchhiker's Guide to the Galaxy*-boeken van Douglas Adams.

Het eerste block, het *Genesis*-blok, moet dan nog gemijnd worden. Er bestond dus nog geen publieke versie van de ethereum-blockchain. Die blockchain moest live gaan in de winter van 2014/2015, maar ging dit uiteindelijk op 30 juli 2015.

Tijdens de pre-sale kreeg je een wallet-bestand opgestuurd, zowel via de site als per e-mail, waarmee je uiteindelijk je ether kon claimen als het netwerk live was. Tijdens je aankoop werd er een ethereum-adres voor je gegenereerd, dit kon zonder live mainnet (weet je nog, je kunt offline een publiek en geheim adres maken, vervolgens moeten er ethers naar het publieke adres gestuurd worden en kun jij met de geheime sleutel de ethers gebruiken). Als je precies wil weten hoe dat in z'n werk ging, is zoeken in de blogs rond de tijd van de voorverkoop op blog.ethereum.org (medio 2014) een goed startpunt.

Zelf een ICO doen

Als je zelf een token uit wilt brengen, dan kun je een ICO doen, al is misschien *ito* dan een betere afkorting. Er zijn wat zaken die je van tevoren moet vaststellen, waarbij de belangrijkste is: waarom wil je een ICO doen? Als het alleen is om geld op te halen, dan kun je overwegen een *security token* uit te brengen. Een security token is een token waarbij geld opgehaald wordt voor een specifiek doel, maar waarbij de token zelf niets anders is dan een vehikel om dat geld op te halen. Dit kun je vergelijken met een crowdfund-actie.

Een andere mogelijkheid is dat je een *utility token* uit wilt brengen. Dat is een token die ook een functie uit kan voeren. De token is dan onderdeel van een smart contract, dat weer toegepast kan worden in een decentrale applicatie of dapp.

Die laatste vorm van tokens kwam veel voor de afgelopen twee jaar. Daarbij is een community nodig die de token wil gebruiken in bepaalde toepassingen, maar in de meeste gevallen verwachten investeerders ook een werkelijk rendement op hun investering (dit was de lastige vraag of het dan gaat om tokens met rendement waardoor de regels van de Securities and Exchanges Commission – of SEC – gelden).

BELANGRIJK

SECURITY TOKEN

Dit soort tokens zou wel eens een interessante toekomst kunnen krijgen. Ze zijn in feite een soort aandelen zonder stemrecht. Een security token keert een bepaald percentage van de inkomsten uit aan bezitters van de token. Dit kan natuurlijk best lucratief zijn. Neo lijkt in die zin wel een beetje op een security token, want als je 1 neo hebt, krijg je een percentage in neo gas. Voor 1 neo krijg je ruim 3 procent rendement per jaar bijvoorbeeld. Maar neo is geen goed voorbeeld: het is een blockchain op zichzelf, die gebruikt wordt voor smart contracts, net als ethereum. Denk aan een munt die zorgt voor een percentage van de inkomsten. Zo'n bedrijf keert dan bijvoorbeeld automatisch een bepaald percentage van de inkomsten uit. Zo'n token zelf is natuurlijk gewoon te verhandelen, maar is verder geen interessant smart contract voor anderen om te gebruiken.

Je kunt je voorstellen dat dit een kant is van de tokenwereld die best eens populair zou kunnen worden voor bijvoorbeeld *reverse* ICO's.

Een reverse ICO is een methode waarbij al bestaande bedrijven een ICO doen, met het grote verschil dat er al een bestaande trackrecord is van het betreffende bedrijf. In die zin zien sommigen reverse ICO's als een veiliger belegging dan ICO's van nieuwe bedrijven.

Het voordeel voor een bestaand (groot) bedrijf in het doen van een reverse ICO is dat het een stuk minder complex is dan fondsen ophalen via een IPO. Het uiteindelijke doel kan hetzelfde zijn als met een IPO: geld ophalen voor uitbreiding van het bedrijf of het aflossen van schulden. Een reverse ICO kan ook gebruikt worden om via crowdsourcing nieuwe markten en gebruikers aan te boren, in plaats van alleen maar goedgekeurde investeerders. Het bedrijf in kwestie verkoopt de tokens aan investeerders, maar ook aan andere geïnteresseerden.

De redenen voor een bedrijf om een reverse ICO op te zetten, zijn divers. Ze komen nog niet heel veel voor, maar mogelijk wordt het in de toekomst een handige manier om nieuwe onderdelen op te zetten en zo ook direct interesse van de markt te krijgen.

Waar begin je?

Je hebt al je onderzoek gedaan, je weet dat er mogelijk vraag is naar je product en je hebt uitgezocht dat het écht nut heeft dit op een blockchain uit te voeren en het is geen security token.

Je hebt dus nodig:

» een whitepaper

- een blockchain-netwerk: het woord blockchain is niet te vervangen door 'database' oftewel: je hebt echt een decentraal systeem nodig
- de Howey-test (zie pagina 101): de SEC updatet zijn regels rond ICO's met enige regelmaat. sec.gov/ico geeft meer inzicht, ook hoe de Howey-test gezien wordt. Nederlandse of EU-regelgeving is nog niet heel duidelijk. Bij twijfel, bel de AFM (Autoriteit Financiële Markten).
- ontwikkelaars
- een community

Aankondiging

Een belangrijk aspect van een ICO is de aankondiging zelf. Je kunt dit op verschillende manieren doen, maar je hebt een community nodig van mensen die iets zien in je product. Dit kan via de geijkte kanalen, zoals het Bitcoin Talk-forum, Medium-posts, Reddit en Twitter. Ook wordt in elke grote stad in Nederland en België eens in de zoveel tijd een meet-up of conferentie georganiseerd rondom cryptovaluta. Probeer hier vaak je gezicht te laten zien. Het is direct een prima plek om te weten te komen of je op de goede weg bent.

Andere belangrijke kanalen als de community groeiende is, zijn Slack, Discord en **Telegram**, te gebruiken voor snellere interactie met je community. Afhankelijk van hoeveel je op wilt halen, is het niet gek om op zoek te gaan naar grotere investeerders. Deze verwachten vaak wel een speciale behandeling. Leg alles in ieder geval goed vast!

Communiceer de opbouw van de ICO

Iedereen wil altijd een paar dingen weten. Het meeste staat in de whitepaper of de *investors sheet*. De volgende vragen kun je verwachten:

- **Is er een pre-ICO?** Dit is een ICO om gevoel in de markt te verkennen, directe relaties een extra bonus te kunnen geven (vaak krijg je bij een pre-ICO meer tokens voor dezelfde prijs, bijvoorbeeld 120 tokens voor 1 ether in plaats van 100 tokens tijdens de ICO zelf).
- **Is er een kortingsactie tijdens de ICO zelf?** Bijvoorbeeld meer tokens voor minder tijdens de eerste week enzovoort.
- **Is er een minimum en een maximum?** Dit is belangrijk, zie bijvoorbeeld de Bancor ICO en de The DAO ICO: geen limiet, dit zorgde voor gigantische bedragen, veel te groot voor een klein team om nog goed mee om te kunnen gaan. Zorg voor een minimum en een maximum.
- **Hoe wordt het geld gebruikt?** Dit staat natuurlijk in je whitepaper, maar dit moet overal duidelijk zijn, op je website, in je verschillende socialemediakanalen.

Bouw je smart contracts voor de verdeling na de ICO

Dit heb je natuurlijk allang gedaan, maar je moet dit ook kunnen uitleggen. Hoe functioneert je smart contract? Kijk bijvoorbeeld op ethereum.org/crowdsale of een van de vele GitHub-sites met voorbeelden.

Sturen mensen bitcoins, ether of andere cryptovaluta naar een smart contract? Hoe krijgen ze hun tokens uiteindelijk? In een wallet-adres dat ze tijdens het opgeven in moeten voeren?

KYC en AML

Ken je klant (KYC) en anti-witwassystemen (AML) zijn steeds vaker vereist. Afhankelijk van het land waar mensen vandaan komen, moeten investeringen boven een bepaald bedrag worden geregistreerd. De meeste ICO's kiezen voor de optie dat je alleen mee kunt doen als je een KYC-proces doorloopt. Dit is lastig goed op te zetten. Mensen moeten kopieën van identiteitsbewijzen aanleveren, soms samen met socialemediaprofielen. Hier zijn gespecialiseerde bedrijven voor, die alles uit handen nemen. Informeer je goed, dit is meer dan eens een ondergeschoven kindje, waardoor een ICO uitgesteld moet worden (dat vindt de community vaak niet fijn, maar ook hier geldt: als dat dan zo is, communiceer het ook!).

Pump & dump-schema

Je bent uiteraard gewoon op zoek naar investeringsgeld en je wilt niemand een oor aannaaien. Maar gevaar ligt altijd op de loer. Denk in ieder geval na over het voorkomen van mogelijke 'pump & dump-schema's'. Dit is precies wat het zegt: munten die ineens gedumpt worden op de markt in grote hoeveelheden, kunnen voor grote prijsschommelingen zorgen. Vaak wordt dit georganiseerd door groepen pumpers&dumpers, maar als je token voor grote investeerders en ontwikkelaars geen systeem heeft dat voorkomt dat ze alles in een keer kunnen dumpen, dan moet je terug naar de tekentafel.

BELANGRIJK

Ik ga ervan uit dat als je al bezig bent met het onderzoeken van een ICO, je het bovenstaande en veel meer al weet. Overweeg je het alleen nog maar? Dan is dit echt het minimale wat je moet uitzoeken en dan begint het pas. Maar nogmaals: ik ben geen jurist of iets vergelijkbaars en je kunt dit slechts als eerste kennismaking zien, niet als leidraad voor je project!

Wat is een airdrop?

Een van de gekste dingen van cryptovaluta zijn de airdrops. Zomaar gratis geld. Afgelopen jaar is er een hele industrie ontstaan rond airdrops, van *bots* tot mensen die zelf constant op zoek zijn naar mogelijk geld dat uit de lucht komt vallen. Dit klinkt natuurlijk volledig absurd, maar als je bekijkt waarom airdrops ooit zijn begonnen, is het minder gek dan je denkt.

Een airdrop genereert aandacht voor een munt of token en zorgt voor een grote (of grotere) gebruikersgroep. Hoe groter de groep is die een bepaalde munt gebruikt, hoe meer die munt waard kan worden. Voordat de grote ICO-hausse begon, was het zelfs nog vrij makkelijk om op een van de grotere exchanges terecht te komen met je project en zo had je vooral voordeel met een airdrop.

Inmiddels is dat anders en hopen vele tienduizenden mensen en bots op een gratis klein plukje van die ene munt waarvan ze hopen dat die misschien wel ooit enorm in waarde zal stijgen, zodat je de munt lekker op een All Time High (ath) kunt verkopen. Cashen!

Dat laatste is er praktisch nooit meer bij. Airdrops zijn een vreemde industrie geworden waardoor het doel, een actieve community rond je project bouwen, volledig voorbijgeschoten is. De tijd van interessante airdrops is echt voorbij, op misschien een enkele na.

Hoe werkt een airdrop?

Een airdrop kan op verschillende manieren werken, maar ik zal door de meest voorkomende heenlopen aangaande wat je nodig hebt.

- » **Wallet-adres:** dit is meestal een publiek ethereum-adres waar de ERC20-tokens naartoe gestuurd kunnen worden als het project live gaat. Dit duurt meestal enkele maanden of er gebeurt nooit meer iets. Af en toe zijn er ook airdrops waarbij een NEO-adres nodig is. Zo'n ethereum- of NEO-adres mag niet van een exchange-account zijn, maar van bijvoorbeeld je MetaMask-browserextensie (zie hoofdstuk 4). Voor NEO bijvoorbeeld de Neon-wallet.

- » **Twitter:** je moet vaak een of twee twitteraccounts volgen om mee te mogen doen. Dit wordt dan geverifieerd via Telegram.

- » **Facebook:** soms vragen ICO's je hun Facebookpagina te volgen.

- » **E-mail:** vaak moet je een e-mailadres opgeven om een verificatielink te kunnen aanklikken.

- » **Telegram:** de bekende berichtendienst wordt veel gebruikt om 'loyaliteit' van geïnteresseerden te tonen en is het hart van veel airdrops. In bijna alle gevallen kun je alleen meedoen aan een airdrop via een Telegram-bot. De bot legt je dan verder uit wat je moet doen, zoals het volgen van een bepaalde Telegram-groep, het volgen en soms retweeten van een bepaald Twitter-account en datzelfde soms voor Facebook. Meestal is het ook de bot die je vraagt om je publieke ethereum-adres in te voeren. In een enkel geval moet je vergelijkbare vragen niet via Telegram, maar via een website doorlopen.

- » **KYC:** soms vragen airdrops ook om Know Your Customer waarbij je bepaalde gegevens moet delen. Bedenk of je het waard vindt om je id-kaarten te delen voor een paar cent!

Ik blijf het een raar fenomeen vinden. 'Vroeger' wist je van een airdrop omdat je in een groep geïnteresseerden zat en was je met een tiental tot een paar honderd man aan het chatten over het project in een Telegram-groep, maar dat is een beetje uit de hand gelopen. Er zijn verschillende websites en Telegram-groepen die airdrops voor je verzamelen en via de verwijzingslinks zo ook nog eens een heleboel muntjes opstrijken.

Vervolgens duiken daar tienduizenden mensen op, vooral uit opkomende economieën die allemaal die paar omgerekende dollars of centen in airdrops willen ontvangen. Er worden prachtige bedragen voorgespiegeld met bijzonder interessante wisselkoersen, maar ik denk dat je daar nu doorheen prikt.

Je begrijpt: als je een keer meedoet aan een airdrop van een muntje, nou ja, dan kun je best je eigen Telegram gebruiken. Wil je professioneel airdrops gaan aflopen, dan kun je beter een apart telefoonnummer nemen om een ander Telegram-account aan te maken en datzelfde geldt voor Twitter en Facebook.

Overweeg je zelf na lang zeuren van een marketingmeneer of -mevrouw toch een airdrop voor je project, bedenk dan ook dat je waarschijnlijk heel veel gelukszoekers zult trekken die niets anders zijn dan een slecht en onnodig publiek. Of die jouw project de benodigde boost zullen geven, is maar zeer de vraag.

Aan de andere kant is het bizarre dat grote private investeerders vaak als voorwaarde stellen dat een community groot en actief is. Daarom is het kunstmatig vergroten van (Telegram)communities via airdrops nog steeds gemeengoed.

Airdrops volledig uit het niets

Er is nog een manier om airdrops te krijgen: als je een ethereum-adres (of NEO) hebt waar een bepaalde hoeveelheid ether of neo opstaat, krijg je soms zomaar een plukje muntjes op je account bijgeschreven. Soms is het afhankelijk van hoeveel van de basismunt ether of neo je op je account hebt staan, maar vaak is het ook slechts of er nog activiteit op die account was. Kijk maar eens op oude, grote ethereum-accounts, die zitten vaak vol met vage muntjes die er spontaan naartoe ge-airdropt zijn.

Soms heb je kans op een airdrop als je van een bepaalde munt een bepaald minimum bezit. Dit zijn dan wel vaak airdrops waarvoor je jezelf moet inschrijven. Mocht je de basismunt die ze verwachten interessant vinden, dan is het misschien de moeite waard.

VOORBEELD

Een denkbeeldige munt op het neo-netwerk met de naam ImaginaryCoin (IMG) geeft je IMG als je op een bepaald moment in de tijd meer dan zoveel 100 of 1000 van een bepaalde munt in je neo-wallet hebt zitten. Dat werkt als volgt: er wordt een snapshot van de blockchain van neo genomen, een soort van 'foto', en als jouw account op dat moment bijvoorbeeld 500 of meer van een bepaalde token had, krijg je daar 50 IMG voor. Dit is vrij makkelijk te doen, want, net zoals bij ethereum, zitten de tokens in het smart contract van die andere token en je hoeft alleen de lijst met adressen die in dat smart contract staat langs te lopen. Tevens is het natuurlijk wederzijdse reclame, voor zowel de verschillende tokens als in dit geval NEO.

Scams en ponzi's

Bij ICO's kunnen scams en ponzischema's je een hoop geld kosten. Dat is vaak snel duidelijk aan de opzet: verhulde of weinig verhulde piramidespellen of geldaftroggelpraktijken. Dan ben je ook heel direct het slachtoffer.

Dus voorkom scams bij ICO's door te letten op:

- het team: zitten er bekende namen bij (en trek ze na)
- de kwaliteit van de whitepaper
- de logica van de roadmap

En check internetfora zoals Bitcoin Talk!

Ponzifraude of piramidespel

Een piramidespel of ponzifraude (*Ponzi scheme*) herken je aan verschillende factoren. Een paar opvallende zijn:

- er is een centrale autoriteit
- geen mogelijkheid tot het inzien van de software (vrijwel alle cryptovaluta zijn opensource)
- te mooi om waar te zijn
- gegarandeerde winstmarges
- complexe of geheime strategieën en beloningsstructuren
- lastig om betalingen te ontvangen
- alleen te verkrijgen via iemand anders, waarbij vaak een bedrag aan inleg gevraagd wordt

Scams bij airdrops zijn er natuurlijk ook. Deze lijken over het algemeen minder problematisch. Wat kan er nou helemaal gebeuren als iemand je publieke ethereum-adres heeft? Dan niets inderdaad.

Voorkom scams bij airdrops:

- Een airdrop die wil dat je iets ondertekent via een MyEtherWallet of iets dergelijks: dit is idioot en nooit nodig. Onderteken nooit iets waar geheime sleutels of hardware-wallets voor nodig zijn!
- Soms lijken Telegramgroepen heel legit, maar wordt er na enige tijd geadverteerd met wel heel interessante inkoopbedragen voor al bestaande munten. Zoals: 'Our smart contract will send you back ZRX automatically to the address you use in sending ETH in max 5 hours' en dan een minimale hoeveelheid aangeven. Bijvoorbeeld 1 eth geeft je 4000 ZRX en 5 eth 28.000, dat klinkt toch prachtig?! Ja, inderdaad. Te prachtig.
- Telegram-scammers; omdat je in airdropgroepen zit, krijg je steeds meer spam met prachtige aanbiedingen. Muten en melden als spam.

3
Geld verdienen met cryptovaluta en verschillende toepassingen

IN DIT DEEL . . .

Het is best makkelijk om te handelen tussen verschillende cryptovaluta, maar hoe werkt dat handelen nou eigenlijk?

Veel cryptovaluta zijn eigenlijk geen valuta, maar dat had je al door na het lezen van de eerste twee delen van dit boek. Wat voor verschillende ecosystemen zijn er eigenlijk? Die bekijken we in het laatste hoofdstuk van dit deel.

> **IN DIT HOOFDSTUK**
>
> Snel geld verdienen, kan dat (nog)?
>
> HODL, handelen of gewoon gebruiken
>
> Wisselen tussen verschillende munten zonder exchange
>
> Basistechnieken op cryptobeurzen

Hoofdstuk 9

Geld verdienen met cryptovaluta

Als je louter 'in crypto's' gegaan bent met het idee er snel geld mee te verdienen, dan kun je geluk hebben, maar ook totaal het tegenovergestelde. In die zin is het niet veel anders dan de aandelenhandel, al lijkt het vaak meer op de handel in penny-stocks. En net als met aandelen zijn er sterkere en zwakkere munten. Of nog gekker: er zijn munten die bedoeld zijn als grap en nog steeds rondwaren, zoals dogecoin of jesuscoin. Vergeet zeker niet de ondergewaardeerde projecten waar veel ontwikkelaars tijd steken in het opbouwen van interessante producten die misschien pas over jaren hun eerste nut bewijzen. En naast grappen, onder- en overgewaardeerde projecten, is er nog een groep, de echte shitcoins en de deadcoins. Een shitcoin is meestal een project om snel geld uit de zakken van mensen te kloppen. Soms blijkt een door iedereen gehyped project ineens een shitcoin. Gelukkig wordt de markt heel snel volwassen en herkennen handelaren shitcoins sneller, maar het blijft een strijdtoneel waar *newbies* makkelijk aan de slag kunnen zonder enige kennis en net zo makkelijk in fouten trappen.

Verdienen met cryptovaluta

Geld verdienen kan op veel manieren, maar slapend rijk worden, dat zit er over het algemeen niet in. Ook niet bij cryptovaluta, al lijkt het soms wel zo. Uiteraard zijn er mensen geweest die helemaal in het begin een paar euro wisselden voor een paar bitcoin en dat deze enorm in waarde stegen, maar aan de andere kant had het net zo goed allemaal niks kunnen worden: het was (en is) een groot experiment.

De aardigste manier om geld te verdienen met cryptovaluta is in mijn ogen door ze gewoon te gebruiken. Niet in de laatste plaats omdat je tijdens gebruik ook steeds wat leert. Ze werkloos in een wallet laten hangen of op een exchange laten staan (foei!), daar heeft nog nooit iemand wat van geleerd. En het is heel makkelijk: ontvang ze voor je diensten en betaal er zelf ook mee. De belastingregels behandel ik aan het eind van dit hoofdstuk.

Een andere mogelijkheid is natuurlijk zelf handelen. Dit is de manier waar de meeste mensen aan denken bij 'geld verdienen met cryptovaluta'. Het is in mijn ogen ook de meest linke manier van geld verdienen, want het kan ook stevig verliezen betekenen. Ik ben zelf goed in het niet aan te raden 'Buy high, sell low'-principe. Houd je wel van een beetje spanning en is een waardestijging of -daling van tientallen procenten in korte tijd geen probleem voor je: ga je gang.

We hebben allemaal gezien dat door de grote waardestijging eind 2017 van bitcoin alles meegetrokken werd naar ongekende hoogten. Het was niet de grootste relatieve stijging met relatieve daling ooit, maar het voelde voor veel mensen wel zo. Zeker voor de waaghalzen die bitcoins en altcoins insloegen rond 17 december, toen bitcoin even kortstondig 20.000 dollar of 16.400 euro aantikte.

UPS EN DOWNS

TECHNISCHE INFO

13 oktober 2017: bitcoin breekt voor het eerst door de 5000 dollar heen, om op 17 december kortstondig bijna 20.000 dollar waard te zijn. Vervolgens daalt de prijs gestaag om vanaf half april een redelijk stabiele waarde ergens tussen de 6000 en 7000 dollar te kiezen, op een enkel piekje na. Van 5000 naar bijna 20.000 en vervolgens weer naar zo'n 6000 dollar, voelt psychologisch een enorm stuk groter dan van 1 dollar op 9 februari 2011 naar 22 dollar in een half jaar en vervolgens van 22 naar iets meer dan 2 dollar een half jaar later. Respectievelijk was dat eind 2017 dus een stijging van 300 procent en daarna in 2018 een daling van 70 procent, tegen 2100 procent stijging en een daling van 90 procent in 2011.

TIP

Percentages stijging en daling kunnen daarom verwarrend overkomen. Je kunt overigens leuk door de grafieken heengaan op verschillende sites. Een van de leukere, omdat er ook historische gebeurtenissen bij vermeld worden, is 99bitcoins.com/price-chart-history/.

TECHNISCHE INFO

Percentage stijging of daling berekenen? (nieuw - oud) / oud x 100. Dus (20.000 - 5000 = 15.000) / 5000 = 3 x 100 = 300 procent.

Bij zo'n lineaire grafiek zie je vaak ook de optie staan om een logaritmische grafiek in te zien. Nou zijn logaritmes op de middelbare school zo ongeveer het laatste dat werd behandeld bij wiskunde, dus de kans is groot dat je dit of gemist hebt of niet gehad hebt, omdat je toen geen wiskunde meer in je pakket had.

Een grafiek logaritmisch afbeelden zorgt ervoor dat je absolute groei of daling kunt vatten in het wijzigingspercentage. Daarom ziet zo'n logaritmische grafiek er heel wat steiler uit aan het begin van de prijsmetingen van bitcoin dan bij de lineaire grafiek, of juist dramatischer bij plekken die in de lineaire grafiek helemaal niet zo druk lijken.

FIGUUR 9.1: Lineaire grafiek. (beeld: https://99bitcoins.com/price-chart-history/)

FIGUUR 9.2: Logaritmische grafiek. (beeld: https://99bitcoins.com/price-chart-history/)

VOORBEELD

Een logaritmische grafiek wordt vaak gebruikt om een vergelijking te kunnen maken tussen de percentages. Daarvoor moet de verticale y-as aangepast worden. Op een lineaire y-as wordt alles zonder wijziging verdeeld, bijvoorbeeld: elke 10 euro is één stap. Dus als je van 10 naar 20 gaat is dat dezelfde orde van grootte als van 80 naar 90. Maar van 10 euro naar 20 euro is een verdubbeling, terwijl van 80 naar 90 slechts slechts 12,5 procent meer is, oftewel 1 1/8ste of 1,125 keer meer. Dat is wel iets anders dan een verdubbeling.

Op een logaritmische y-as is de verdeling anders: van 10 tot 20 is een grote stap, maar de stappen worden steeds kleiner. In de bovenstaande logaritmische grafiek van bitcoin is de stap van 0,01 naar 1 net zo groot als de stap van 1 naar 100 of 100 naar 10.000. Dit zijn dus stappen van 100 procent. Naast dat het handig is om (prijs)verandering door de tijd heen te vergelijken, is het ook bruikbaar om sterk verschillende waardes in een grafiek te vatten.

HOOFDSTUK 9 **Geld verdienen met cryptovaluta** 139

Maar als je dit boek leest, kocht je waarschijnlijk niet je eerste bitcoins, ether of antshares (later neo) toen ze nog totaal onbekend waren. Misschien heb je nu ook nog geen cryptovaluta of baal je nog van 'het verkeerde moment'. Als je er echt geld mee wilt verdienen, kun je misschien het best gaan werken met cryptovaluta, want er is heel veel interessants mee te doen!

Marktkapitalisatie

Een van de belangrijkste onderdelen in de cryptovalutawereld is het constant kijken naar de marktkapitalisatie of de *marketcap* van een munt. Velen zien dit als belangrijke graadmeter voor de acceptatie van cryptovaluta, maar het is volledig virtueel en zegt niets over het daadwerkelijke gebruik. Daarvoor moet je kijken naar de dagelijkse transacties.

Daarmee volgen cryptovaluta de weg van de aandelenbeurzen: het bepalen van marktwaarde zonder dat daar een directe waarde tegenover hoeft te staan. Er wordt dan ook te veel naar marktwaarde binnen de cryptovalutawereld gekeken. Daardoor verlies je makkelijk de werkelijke ontwikkelingen uit het oog.

De marktwaarde wordt berekend door het aantal tokens of munten te vermenigvuldigen met de waarde per stuk. Als 1 bitcoin 6000 dollar waard is, is de waarde op dat moment ruim 17 miljoen keer 6000 of een *market cap* van 102 miljard dollar. De graadmeter neemt niet mee of het gaat om munten die werkelijk in omloop zijn of die wellicht als verloren moeten worden beschouwd. Andere munten zijn nog lastiger, zo heeft Ripple een bepaalde marketkapitalisatie, maar van de 100 miljard ripples die bestaan, zijn er 40 miljard in omloop. De rest zit bij het bedrijf.

PAS OP

De markt voor marktkapitalisatiewebsites, of sites die berekenen hoe het 'ervoor' staat, is klein en heel makkelijk te manipuleren! Zo verwijderde de bekendste site, coinmarketcap.com, voor het berekenen van de waardes van de munten begin januari 2018 Zuid-Koreaanse exchanges omdat prijzen daar veel hoger lagen. Het zorgde voor een gemiddelde koersval van 10 procent en zelfs 30 procent bij ripple. Niets was van tevoren aangekondigd en het zorgde voor de nodige stress.

TECHNISCHE INFO

BILJOENDOLLARBEDRIJVEN

In 2018 wisten twee bedrijven, Apple en Amazon, een beursmarktwaarde te overstijgen van *een biljoen dollar*, of *one trillion dollar*, een 1 met 12 nullen voor de komma: $ 1.000.000.000.000.

De reële waarde van bedrijven is anders dan de waarde van aandelen op financiele markten, net als bij cryptovaluta. Er zit een groot verschil tussen het creëren van waarde door beleggers en het creëren van intrinsieke waarde. Bij fysieke bedrijven is intrinsieke waarde de actuele waarde van alle bezittingen met aftrek van de schulden.

> Intrinsieke waarde bij geld was vroeger gekoppeld aan de waarde van het materiaal waar de munt van gemaakt was. Daarom zitten er ook ribbeltjes op de zijkant van een munt: dan kun je niet meer makkelijk kleine beetjes van de munt afslijpen. Dit is nu niet meer belangrijk, maar toen munten vroeger van goud of zilver waren, was dit wel degelijk van belang!

De enorme stijging van de marktwaarde zorgde eind 2017 voor een enorme bubbel bij alle cryptovalua. Zonder uitzondering ging de tegenwaarde in dollars en euro's hard omhoog. En ook weer hard naar beneden.

BELANGRIJK

Wil je met enige rust - zonder dagelijks stress te hoeven hebben over koersen - toch wat cryptovaluta inslaan, hou je dan aan de mantra: kopen als de prijs naar beneden gaat en verkopen als die omhooggaat. FOMO of *fear of missing out* is samen met FUD of *fear, uncertainty and doubt* de allerslechtste raadgever die er bestaat.

Strategieën

Je hebt al een baan waar je niet vanaf wilt en misschien zelfs blij mee bent of je hebt voor jezelf een andere legitieme reden om niet zelf te gaan werken in of met cryptovaluta. Dan moet je andere manieren zoeken om er geld mee te verdienen. Of te verliezen.

PAS OP

Vergeet niet: doe *nooit* iets met cryptovaluta met geld dat je niet kunt missen! Ook niet als je denkt dat het 'nu precies dat goede moment is'. Dat is er namelijk niet. Je gaat als het goed is ook niet naar het casino met geleend geld.

Hodl of kopen en vasthouden

Een van de bekendste strategieën is wel HODL, of kopen en vasthouden. Het is ook wel relatief de meest rustige: naar de dagkoers kijken zul je niet doen. Misschien check je eens in de zoveel tijd de stand van zaken.

Als je door de prijshistorie van bitcoin struint, dan zie je dat de munt vaak lange tijd een bepaalde waarde heeft, even een grote stijging, stevige crash en daarna weer lange tijd zijwaarts beweegt. Dan gebeurt er niet zo veel. Over de lange termijn is bitcoin gestaag meer waard geworden en dit geldt voor de meeste cryptovaluta van enige leeftijd.

TIP

Voor de langetermijnstrategie is het niet zo belangrijk wanneer je een munt koopt, al kan het wel handig zijn om van tevoren te bedenken hoeveel je uiteindelijk wilt investeren, omdat in één keer alles aanschaffen misschien net onhandig is. Dit maakt niet veel uit als de koers lange tijd rond een bepaald bedrag schommelt, maar wanneer je net 500 euro investeert vlak voor een crash, is dat jammer. Beter tien weken 50 euro per week dan 500 in een keer.

TECHNISCHE INFO

Waar komt het woord 'hodl' vandaan? Volgens de Urban Dictionary is het woord voor het eerst gebruikt op het Bitcoin Talk-forum op 18 december 2013 door iemand die iets te veel whisky op had en de titel van zijn topic niet goed meer wist te spellen, ook niet na twee keer proberen. De topictitel werd uiteindelijk: I AM HODLING. Later werd het als acroniem uitgelegd als *hold on for dear life*.

BELANGRIJK

Zoek eerst uit of een munt op lange termijn een kans heeft op overleven. Het aantal nieuwe munten en tokens dat er de afgelopen twee jaar is bijgekomen is enorm, net als het aantal dat weer is verdwenen. De top 10 op sites als coinmarketcap.com of worldcoinindex.com lijkt redelijk stabiel, maar in cryptoland is stabiel misschien niet het beste woord.

Op deadcoins.com stonden in augustus 2018 in totaal 908 cryptovaluta die er niet meer zijn, die een scam bleken, gehackt zijn of een parodie op iets waren. Sommige daarvan komen in meerdere categorieën voor.

Laat je betalen in cryptovaluta

Je laten (uit)betalen in cryptovaluta is misschien belastingtechnisch niet het meest handige om te doen en kan ook problemen opleveren met het omrekenen van je omzet. Maar aan de andere kant is het wel een goede manier om aan cryptovaluta te komen zonder ze zelf te moeten aanschaffen of bij elkaar te mijnen. Over de Belastingdienst in Nederland, zie verderop in dit hoofdstuk.

Zelf mijnen

Heeft dat nog zin, zelf mijnen? Ja en nee. Je kunt kijken of er een bepaalde munt is die nog met een redelijke videokaart te mijnen is. Vervolgens laat je de applicatie gewoon draaien als je aan het werk bent. Op die manier kun je langzaam maar zeker kleine beetjes bij elkaar sprokkelen. Maar dit is geen geld verdienen, het is leren omgaan met de soft- en hardware die je kunt gebruiken om te mijnen. Voor het verzamelen van muntjes met werkelijke waarde, heb je meer geld nodig, een gezond energienetwerk en een goede berekening of je de energiekosten er ook uithaalt.

Op internet is genoeg informatie te vinden over hoe je een zogenaamde *mining rig* in elkaar schroeft. Daarvoor is het wel zaak dat je goed van tevoren bekijkt wat je precies zou willen mijnen. Als iets te mooi lijkt om waar te zijn, zit er vermoedelijk een addertje onder het gras, bijvoorbeeld een specifieke machine met een zeer hoge *return on investment*. Als je voor 2000 euro 44.000 euro per jaar kunt binnenharken, dan is dat bijvoorbeeld te mooi om waar te zijn.

PAS OP

Een beetje mining rig maakt veel herrie, dus in je slaap- of woonkamer niet zo'n succes. Manieren om herrie tegen te gaan zijn bijvoorbeeld de apparatuur laten draaien in een speciaal oliebad. Dan is het muisstil. Ook kun je ervoor kiezen om anderen voor je te laten mijnen, maar bij dit soort operaties: kijk uit of je niet met een scam van doen hebt. Doe eerst goed vooronderzoek.

Geld verdienen met het draaien van een node

Een andere tak van sport is geld verdienen met een soort van 'rente' in plaats van met een zware mijner. Dit doe je door je munten te *staken* (van het Engelse 'stake', aandeel) of een aandeel te hebben in een bepaalde munt. In beginsel komt het erop neer dat je een aantal muntjes moet bezitten en die niet gebruikt, maar inzet om het netwerk in stand te houden. In bepaalde gevallen moet je een minimaal aantal munten hebben en in andere maakt dat weer niet uit. Vaak moet je voor dat *staken* wel een node draaien. Een node is in feite gewoon een computer die je voor dat *staken* altijd aan moet laten staan en waar de wallet van de specifieke munt altijd op draait. Je kunt daarom beter een node van een licht computertje maken, zoals een Raspberry Pi in plaats van een zware desktopcomputer.

Cryptovaluta die je kunt *staken* zijn onder andere: Linda Coin, NavCoin, Reddcoin of Stratis. De percentages die je daarmee verdient, zijn vaak niet hoog, dus is het zaak veel van een bepaald muntje te hebben zodat je meer kans op de *stake* hebt. Over het algemeen werkt zoeken naar een *staking calculator* goed.

TIP

Een aantal munten gebruikt weer andere vormen van belonen van hun 'aandeelhouders', zoals NEO. Neo gebruikt geen proof-of-stake maar *delegated byzantine fault tolerance* en verlangt niet dat je zelf een node draait. Als je neo bezit, krijg je vanzelf gas uitgekeerd. De meeste exchanges die neo aanbieden, zorgen ook voor de verdeling van neo gas, dus let even op of jouw exchange dat ook doet (anders lekker in een eigen wallet zetten als je er niet mee handelt).

Sommige crypto's keren een aandeel uit aan masternodes. Dan mijn je niet, maar houd je wel het netwerk in stand. Een masternode draaien is vaak best aan de prijs. Dash rekent 1000 dash voor een masternode, wat op moment van schrijven overeenkomt met bijna 190.000 dollar. Maar in totaal zijn er een kleine 500 munten die masternodes belonen.

Zo'n masternode draaien, kun je zelf thuis doen op je pc, laptop of op een servertje in de meterkast. Voor bepaalde munten kun je de zogenaamde StakeBox krijgen, een klein kastje met alle benodigde in- en uitgangen dat je in de meterkast kunt hangen met een vaste ethernetkabel naar het modem toe. Je kunt de node ook bij een hostingdienst draaien, zoals Digital Ocean. In dat geval moet je wel zelf je node opzetten en configureren.

TIP

Je kunt heel makkelijk zelf een minicomputertje bouwen dat altijd aanstaat, bijvoorbeeld met een Raspberry Pi 3. Zo'n Raspberry Pi is ook het hart van een StateBox. Als je het leuk vindt zelf computers te installeren en te configureren is zelfbouw een goede optie en goedkoper.

Er zijn ook verschillende platformen die nodes draaien tegen geringe kosten. Over het algemeen betekent dit dat je het gewenste aantal muntjes naar een publiek adres van de betreffende munt moet sturen. Bij dash gaat dit als volgt, maar dit werkt vergelijkbaar voor andere munten, zoals zcoin, pivx en vele andere.

Masternode opzetten voor dash:

1. **Zorg voor een dash-wallet in eigen beheer en stuur exact 1000 dash naar één publiek dash-adres van die wallet.** Die 1000 dash ben je dus niet kwijt, maar kun je niet meer gebruiken zolang je de masternode draait.

2. **Start een eigen dash-server, via een hosting provider gaat dit over het algemeen via een duidelijke instructie.** Uitbetaling gaat meestal maandelijks met kortingen voor langere termijnen.
3. **Start de eigen masternode op afstand na het herstarten van de wallet met de 1000 dash erin.**
4. **Houd af en toe in de gaten hoe je node ervoor staat.**

Handelsplatformen

Het aantal handelsplatformen waar je cryptovaluta kunt verhandelen is enorm en ze verschillen ook gigantisch. In hoofdstuk 11 vind je een overzicht van enkele handelshuizen. De meeste zijn centraal geregeld, maar steeds meer zijn decentraal. Ook verhandelen lang niet alle exchanges dezelfde munten. Sommige verhandelen slechts een handvol en andere hebben een portfolio van vele honderden munten. Dat laatste is ook niet zo vreemd, want elke publiek beschikbare crypto-token is technisch gezien te behandelen als een financiële *asset*, zoals ik ook in hoofdstuk 6 behandel.

We blijven in dit deel van het boek bij de bekendere publieke tokens die in veel gevallen ooit een speciaal doel moeten dienen. De populairste virtuele muntjes zijn op veel verschillende plekken te verhandelen. Dit betekent overigens niet dat het ook de beste zijn, ze waren er gewoon 'vroeg bij'. Als je al een tijdje meedraait, weet je ook dat veel exchanges al heel wat tokens van de lijst geschrapt hebben. Hoe dat hele spectrum zich gaat ontwikkelen, is dan ook nog niet duidelijk. In de tussentijd kun je met handelen wellicht geld verdienen of heel hard verliezen.

VOORBEELD

In vrijwel alle gevallen is één van de grote cryptomuntjes zoals bitcoin of ether een belangrijke basis-munt op de exchanges. Dit betekent dat je andere muntjes kunt kopen en verkopen tegen bijvoorbeeld bitcoin of ether. Dat heet een handelspaar. Je kunt bijvoorbeeld wel monero kopen met bitcoin of verkopen voor bitcoin terwijl je geen monero kunt kopen met zcash of kunt verkopen voor zcash. Dan moet je eerst je monero verkopen door er bitcoin mee te kopen om dan met bitcoin vervolgens zcash te kopen. Dat kan onvoordelig uitpakken. Al kunnen we de mantra 'maar het zou geen crypto zijn als dat niet altijd opgaat' weer aanhalen. Er zijn wel degelijk plekken waar je vreemde paren kunt wisselen tegen elkaar.

PAS OP

Een kleiner aantal handelshuizen biedt ook de mogelijkheid om met fiat geld te handelen. Vaak gaat het dan om Amerikaanse dollars, euro's of Japanse yens. De reden dat niet alle exchanges die optie bieden, is omdat ze dan over vergunningen moeten beschikken om 'ouderwets' geld te gebruiken.

Dan is er nog een speciale categorie cryptovaluta waarbij het de bedoeling is dat die net zoveel waard zijn als bijvoorbeeld de dollar. De bekendste en ook niet onomstreden munt is de USDT of tether (zie ook hoofdstuk 3). In principe moet tegenover elke USDT die in omloop is een echte dollar ergens op een bank staan. Hierdoor is de munt ongeveer een dollar waard. Maar inmiddels zijn er meer van dit soort munten, zoals de TUSD of True USD. Die laatste zou minder centraal worden aangestuurd en sommigen verwachten dat TUSD op den duur USDT gaat vervangen. Het laatste woord is hier nog niet over gezegd, zoveel is wel duidelijk.

Waarom zou je zo'n munt die gekoppeld is aan de koers van fiat geld willen gebruiken? Daar kunnen meerdere redenen voor zijn, waarvan eentje is dat niet alle handelshuizen beschikken over een licentie om fiat geld te gebruiken en zo toch een stabiele munt kunnen aanbieden om tegen te handelen. Dit kan handig zijn als koersen van alle cryptovaluta tegenover de normale dollar kelderen. Je kunt dan al je bitcoins verkopen tegen een virtuele 'dollarkoers' van USDT, zodat je even in rustiger vaarwater zit, waarbij ik er voor het gemak van uit ga dat de dollar redelijk stabiel is ten opzichte van de euro. Oh ja, er is uiteraard ook een EURT en er komen steeds meer 'stablecoins' bij. Zelfs eentje die een-op-een de bitcoin koppelt met ether zodat je op het ethereumnetwerk makkelijk tegen bitcoins kunt handelen.

PAS OP

Tether (USDT) heeft een schimmige reputatie en er gaan de wildste verhalen over rond. Mocht USDT ooit klappen doordat er iets radicaal mis is achter de schermen, dan sleept dit vermoedelijk de koersen van alle cryptovaluta sterk naar beneden. De marktwaarde in augustus 2018 van USDT ligt tegen de 3 miljard dollar aan. Dit betekent dat ze ook ergens 3 miljard echte dollars op een rekening moeten hebben staan. Er zou namelijk, om de koers stabiel te houden, 1 dollar tegenover 1 USDT moeten staan. Misschien wordt het een beetje saai inmiddels, maar wees gewaarschuwd!

TECHNISCHE INFO

TETHER EN BIJZONDERE CONNECTIES

Als je een munt uitgeeft die een-op-een gekoppeld is aan de Amerikaanse dollar en niemand heeft kunnen controleren of dat wel zo is, dan krijg je vragen. Met volgens de verschillende marktkapitalisatiewebsites een totaal aan bijna 2,8 miljard Tether of USDT die in omloop zijn, moet er dus 2,8 miljard dollar tegenover staan, alleen zijn die lang niet allemaal te vinden.

De munt is gerelateerd aan cryptovalutabeurs Bitfinex die, net als de firma Tether Limited, een Nederlander als CEO heeft: Jan Ludovicus van der Velde. Over de CEO is verder praktisch niets te vinden. Dit werd bekend door de Paradise Papers.

Er gaan al tijden verhalen de ronde dat Tether onderdeel zou zijn van een gigantische fraude, vooral als je kijkt naar het belang van de munt ten opzichte van de bitcoin. Zo zou de bitcoin-koers door Tether kunstmatig worden hooggehouden.

De boeken van Tether zijn tot nu toe nog nooit gecontroleerd door een externe, onafhankelijke partij en niemand weet precies hoe het kan dat ze die tientallen tot honderden miljoenen zomaar even kunnen 'bijdrukken'. Wie stort het geld dat op de vermeende bankrekeningen zou staan?

Inmiddels proberen anderen ook dit soort 'stabiele' munten uit te brengen en transparanter te zijn, zoals TUSD of True USD. De hamvraag blijft of je dit soort munten moet willen introduceren in de cryptovalutawereld.

Centrale en decentrale exchanges

In het begin van dit hoofdstuk heb ik het al over centrale en decentrale exchanges gehad. Dit heeft alles te maken met hoe mensen naar de ontwikkelingen in cryptovalutaland kijken. De meeste cryptovaluta zijn bedoeld om in een peer-to-peer-systeem te functioneren zonder directe tussenkomst van een centrale partij. Dit betekent dat de systemen heel veilig kunnen zijn, want alle informatie wordt gedeeld op verschillende plaatsen en niemand kan daarom zo'n netwerk makkelijk hacken, althans dat is de theorie.

Wat doen veel mensen in praktijk: ze vertrouwen hun cryptovaluta toe aan gecentraliseerde partijen, zoals exchanges, waardoor hun geld incens wél gestolen kan worden. Als mensen het hebben over hacken van bijvoorbeeld bitcoin, dan hebben ze het in de regel over hacks bij beurzen of andere centrale instellingen.

TECHNISCHE INFO

De bekendste hack in de cryptowereld is die bij Mt. Gox. Deze hack, of eigenlijk diefstal, sluisde over enkele jaren 850.000 bitcoins weg van de beurs (zie het kader op pagina 152 voor het hele verhaal). Uiteindelijk werden nog 200.000 bitcoins teruggevonden en kwam de schade uit op 650.000 bitcoins. Een andere grote hack vond plaats bij Bitfinex medio 2016. De beurs had veel fondsen op hot wallets staan, maar dit hadden ze gedaan omdat ze dachten een veilig multisignature-systeem ingesteld te hebben. Multisig is een manier waarbij meerdere mensen een transactie moeten ondertekenen. Dit systeem was vermoedelijk niet juist ingesteld, wat leidde tot de diefstal van 120.000 bitcoins.

DE MEDIA EN HACKS

TECHNISCHE INFO

Met het bekender worden van de bitcoin, nam ook het aantal verhalen in de reguliere media toe over hacks bij beurzen. In die jaren hadden de meeste mediahuizen geen kennis over de werking van cryptovaluta, waardoor lange tijd veel verwarring werd gezaaid rond hacks en andere problemen met cryptovaluta. Inmiddels is dat gelukkig veranderd en heeft elke zichzelf respecterende financiële publicatie wel iemand in dienst met meer kennis over het onderwerp.

Je snapt al waar ik naartoe wil: een decentrale exchange is in theorie veiliger dan een centrale, al geeft 'in theorie' wel aan dat dit in praktijk niet per se opgaat. Die veiligheid heeft op dit moment namelijk nog een groot nadeel: snelheid. Als je slechts één muntje wil omwisselen, maakt dat niet zoveel uit. Voor een handelaar die snel wil reageren op koersverschillen en daar z'n procentjes uit wil halen, is dat een ander verhaal. De CEO van Binance, een groot handelshuis, zei in 2018 in een interview dat hij op dit moment wel iets ziet in een hybride vorm van beide systemen.

Een centraal handelshuis werkt zoals je mag verwachten: er is op een locatie een groep mensen die de servers beheert waar alle informatie op staat. Zij beheren ook de *hot* en *cold* wallets van de verschillende cryptovaluta die ze aanbieden. De meeste exchanges hebben het grootste deel van de bezittingen niet in hot wallets staan. Het geld is ook pas nodig op het moment dat iemand besluit zijn bitcoins of andere valuta van de beurs te halen en naar een eigen wallet of andere locatie te sturen. Intern hebben de handelshuizen systemen die snel handelen mogelijk maken en deze systemen functioneren buiten de blockchains van de verschillende cryptovaluta om. Het zou ook wat zijn als al die honderdduizenden transacties op beurzen constant weggeschreven moesten worden naar een blockchain, dat kost tijd, het kost transactiekosten, de huidige blockchains zijn daar helemaal niet op berekend en je kunt je afvragen of een blockchain daarvoor ingezet moet worden.

Waarom zou je dan een decentrale exchange willen gebruiken? Dat kan een ideologische oorsprong hebben: in principe hoef je je niet te registreren als persoon, maar heb je genoeg aan een verbinding met je bezittingen op een blockchain.

VOORBEELD

Een verbinding opzetten met een decentrale exchange (dex) kan door middel van een webinterface die de interactie tussen jou en het smart contract van de dex verzorgt. Jij 'logt' vervolgens in met een hardware-wallet of een andere interface die jouw privésleutels verzorgt, zoals MetaMask voor transacties met ethereum-tokens. Je bent dan niet helemaal anoniem, maar pseudoniem, want je interactie vindt plaats via je publieke sleutels op de blockchain. Je kunt dit heel principieel bekijken: 'ik wil met mijn bezittingen kunnen doen wat ik wil, zonder dat iemand anders direct weet dat ik dit ben', maar je kunt het ook praktischer zien: je hoeft niet weer een login aan te maken bij exchange nummer zoveel.

Als zo'n decentrale exchange niet functioneert met een centrale server, hoe werkt het dan? Hoe kun je dan handelen? Dat kan op verschillende manieren, namelijk via een smart contract of een *atomic swap*. Die eerste manier laat al een mogelijk nadeel zien van een decentrale exchange: er moeten geen fouten in het smart contract zitten. In principe kan iedereen het smart contract inzien en beoordelen, maar de meesten zullen dat niet doen, laat staan allemaal begrijpen.

TIP

Op websites als coinmarketcap.com en worldcoinindex.com kun je naast alle cryptovaluta die in omloop zijn op exchanges ook lijsten van de exchanges zelf vinden. Staat je handelshuis hier helemaal niet in? Onderzoek dan waarom dit zo is. Het kan zijn dat het handelshuis heel nieuw is. Is er helemaal geen volume bij de exchange? Dan heeft het niet zo veel nut om daar nu te handelen.

Op dit moment zijn er enkele decentrale exchanges, waarvan de meeste op de blockchain van ethereum draaien en een enkele op de neo-blockchain. Om met een smart contract van bijvoorbeeld Ethereum te interacteren, moet je over het algemeen wel je ether omzetten naar een token binnen dat smart contract. Pas dan kun je binnen dat smart contract met die token handelen, om vervolgens de tokens die je binnen dat smart contract kocht, weer uit het smart contract te halen. Het kan zijn dat elke handeling een klein beetje transactiekosten vraagt in de vorm van gas, waardoor het niet bepaald ideaal is voor snel handelen.

Om je een klein beetje een idee te geven van een decentrale exchange, geef ik hier een voorbeeld van Idex. Niet omdat ik Idex de beste of mooiste vind, maar omdat het de decentrale exchange met het grootste volume is. De oudste bekende is inmiddels in ongenade gevallen, EtherDelta, en vervangen door ForkDelta. Dan zijn er nog vele andere waar ik nog even van noem: Radar Relay, dat gebruikmaakt van het 0x-protocol. Maar nu eerst Idex:

1. **Ga naar idex.market.**
2. **Kies Unlock Wallet.** Voor dit voorbeeld gebruiken we software-wallet MetaMask, die kun je makkelijk installeren in je browser (zie hoofdstuk 5).
3. **Na het ontsleutelen van MetaMask zie je rechtsboven een mens-icoontje.** Als je daar overheen zweeft met je muis (zie figuur 9.3), zie je welk ethereum-adres Idex gebruikt. Dat is hetzelfde als het adres in MetaMask.

PAS OP

Je kunt bij een exchange geen testnet gebruiken. Je moet dus echte ethers op je MetaMask hebben staan om er iets mee te kunnen doen. Je moet het Main Ethereum Network geselecteerd hebben in MetaMask.

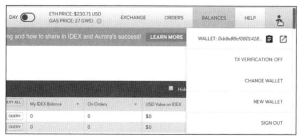

FIGUUR 9.3: Idex: check welke wallet je gebruikt.

4. **Aan de linkerzijde zie je de Markets en My Balances.** Als het goed is, staat er niets bij je balans, ook niet als je wel ether op je MetaMask-adres hebt staan. Dat klopt, want je moet eerst je ether aan het smart contract van Idex toevoegen. Vanaf dat moment vertrouw je op het smart contract van Idex!

FIGUUR 9.4: Plaats waar Idex je balansen aangeeft die je aan de decentrale exchange gekoppeld hebt.

5. **Zonder ether in je wallet, kun je niks want dan heb je geen geld voor gas.** Geld in ether wisselen staat uitgelegd in hoofdstuk 6.
6. **Ga rechtsoven naar Balances → Full Balances.** Hier kun je ether en andere tokens die aan jouw ethereum-adres gekoppeld zijn aan het smart contract toevoegen. Klik in de meest rechter kolom onder Actions op Deposit van de munt die je wilt gebruiken.

FIGUUR 9.5: Bij My Balances moet je op Deposit klikken om fondsen aan de exchange te koppelen.

PAS OP

Let op de minimale handelswaarde voor een *maker* of een *taker*! Je bent maker als je orders toevoegt en taker als je koopt of verkoopt. Let er ook op dat je minimaal 0,15 ether moet storten, of 0,04 ether of het equivalent daarvan in een andere token kunt opnemen!

7. **Deposit: laat de gasprijs gewoon staan waar die staat, tenzij je hem heel hoog vindt, check dan eerst ethgasstation.info.**

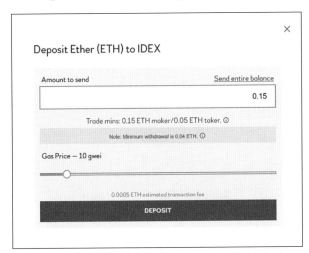

FIGUUR 9.6: Storting van ether op Idex (let op de minimale stortings- en opnamebedragen).

8. **Bevestigen: MetaMask geeft een pop-up waar je moet bevestigen.** Als je een hardware-wallet gebruikt, moet je daarop bevestigen. Het zal even duren.

HOOFDSTUK 9 **Geld verdienen met cryptovaluta** 149

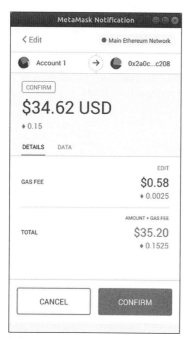

FIGUUR 9.7: MetaMask pop-up voor bevestiging.

Op etherscan.io kun je de transactie mooi volgen. Je ziet dat de transactie naar het smart contract van Idex gaat. Even later zie je de balans bij Idex veranderen.

FIGUUR 9.8: Idex My Balances na storting.

9. Ga terug naar het hoofdscherm van Idex en zoek je favoriete token uit in de linker lijst en selecteer deze.

10. De rechterzijde van het scherm toont nu een grafiek en de mogelijkheid tot kopen van je token.

PAS OP

Onder Buy staan de aanbodprijzen en onder Sell de vraagprijzen. Als je snel iets wilt kopen, moet je een prijs onder de ask-kolom kiezen, maar bij kleine markten kan het prijsverschil tussen vraag en aanbod erg groot zijn!

VOORBEELD

Een fictieve token (MEH) heeft als laagste vraagprijs een prijs van 0,001378 ether. Hierachter zitten de mensen die de MEH-token in bezit hebben en deze willen verkopen. Daaronder lopen de prijzen op. De kolom met lagere prijzen zijn de mensen die de MEH-token willen kopen. Hier is de bovenste bieding 0,00112002 ether per token en dat is best een verschil. Wil je de token enigszins snel hebben, maar heeft het niet heel veel haast? Ga dan net iets boven of net iets onder het hoogste bedrag in de rechterkolom zitten. Als je een speci-

150   DEEL 3 **Geld verdienen met cryptovaluta en verschillende toepassingen**

fiek bedrag per token kiest wat er nog niet staat, bijvoorbeeld 0,00111, dan zie je het best wat jouw kooporder is.

Het stoppen of *cancelen* van je order kan ook. Dat kost je geen gas. De open orders staan bij My open orders, onder de vraag- en aanbodlijst.

11. **Als je order gelukt is, wil je de tokens niet in het smart contract van Idex laten staan! Ga naar Balances en kies daar Withdraw.** Dan haal je de tokens en eventueel je overgebleven ether uit het smart contract weer terug in je eigen beheer.

PAS OP

De 'transfer'-optie betekent dat je tokens naar een andere wallet overschrijft, vergelijkbaar met andere web-wallets zoals mycrypto.com of myetherwallet.com. Deze optie kun je bijvoorbeeld gebruiken om zonder eerst naar een andere site te gaan direct je MetaMask-fondsen over te schrijven naar een adres van bijvoorbeeld een hardware-wallet.

TIP

Bewaar je ethereum-adressen van je hardware-wallet op een handige plaats, zodat je ze makkelijk kunt terugvinden, zonder eerst je wallet te moeten zoeken of bij je te moeten hebben. In etherscan.io kun je een account aanmaken en daar een lijstje van adressen aanleggen, zodat je die makkelijk kunt volgen. Je kunt geen transacties doen vanuit etherscan!

TIP

Vrijwel alle aanbieders van (web)wallets bieden de mogelijkheid om het maximaal aantal te verzenden tokens in één keer voor je in te vullen. Wil je dat er echt niets achterblijft? Ga niet zelf kopiëren en plakken, maar gebruik die functie, omdat vaak de totale balans nog meer cijfers achter de komma heeft dan jij kunt zien.

PAS OP

In cryptovalutaland wordt de punt gebruikt zoals wij in Europa de komma gebruiken voor geld. Eén euro vijftig of anderhalve euro schrijven we als: 1,50 EUR, wij te anderhalve ether schrijft als 1.5 ETH. Zie je een getal staan met een komma erin, dan betekent dit over het algemeen een duizendtal op Amerikaanse wijze. Dus vijftienduizend en een halve ether wordt dan geschreven als 15,000.5 ETH terwijl je vijftienduizend en een halve euro schrijft als: 15.000,50 EUR.

PAS OP

Dat maakt het allemaal niet heel overzichtelijk. Als je voor het eerst aan de slag gaat met een handelshuis, of het nou centraal of decentraal is, probeer dan altijd eerst een actie met een klein bedrag. Een foutje is zo gemaakt en kan je veel geld kosten. Een veelgemaakte fout is het gebruiken van de verkeerde prijs of zelfs nog erger: het volledig verkeerd om invullen van de koers. Het leidt soms zelfs tot enorme koersstijgingen of -dalingen. Je moet er niet aan denken 1000 ether te verkopen voor 1 cent in plaats van 1 ether voor 1000 euro ...

MT. GOX

TECHNISCHE INFO

Stel je voor: iedereen maakt gebruik van je. Eind 2013, begin 2014 ben je zelfs verantwoordelijk voor zo'n 70 procent van alle bitcoin-transacties, terwijl het achter de schermen een zooitje is. Honderden miljoenen aan handelsverkeer vloeien dagelijks door je systemen, maar eigenlijk is het altijd al een wankele bedoening geweest. Uiteindelijk blijk je meer dan bestolen. 850.000 bitcoins zijn in drie jaar tijd ordinair gejat, al komen er nog 200.000 boven water. Later bleek dat een deel van de fondsen weggesluisd en witgewassen is via een net iets schimmige exchange BTC-e. Of die exchange er zelf iets mee te maken had, is niet helemaal duidelijk. Wel is duidelijk dat er zo'n 4 miljard dollar aan Mt. Gox-bitcoins via BTC-e is rondgepompt met als sleutelfiguur ene Alexander Vinnik.

Dat klinkt niet best. Hoe kon dit gebeuren? Het verhaal begint in september 2011 wanneer de geheime sleutels van de *hot wallets* worden gestolen. Hoe? Heel simpel: door het *wallet.dat*-bestand gewoon te kopiëren. Hiermee konden de dief of dieven in principe direct bij een heel groot aantal bitcoins, maar dat deden ze niet.

De dieven draaiden zelf vrolijk mee op hun eigen computer met het ontvreemde bestand. Hierdoor konden ze langzaam en in alle rust heel veel bitcoins afromen. Omdat er twee wallets met dezelfde sleutels draaiden, ging er wel eens iets fout met transacties bij Mt. Gox, waardoor de uitgaven van de dief soms als inkomsten werden gezien. Die inkomsten kwamen terecht bij klanten. Vrijwel niemand zei hier ooit iets van. In totaal werden zo'n 40.000 bitcoins 'verspreid' onder leden van de beurs.

Het afromen van de wallet ging niet constant door. Een groot deel van de diefstal vond plaats eind 2012 en begin 2013. Medio 2013 had de dief al zo'n 630.000 bitcoins afgeroomd.

Het witwassen van de afgeroomde bitcoins ging voor een groot deel, zo'n 300.000 stuks, via BTC-e, maar ook via Mt. Gox zelf en enkele andere exchanges. Dat BTC-e zelf verdachte werd, kwam omdat een deel van de fondsen rechtstreeks op de interne opslag van de beurs terecht kwam.

Uiteindelijk wist privédetectivebedrijf WizSec uit te vinden dat Vinnik te maken had met de diefstal, doordat hij bitcoins uit de diefstal terugstuurde naar Mt. Gox. Door de zogenaamde *coin flow* te volgen van deze en andere diefstallen, kwam WizSec uit bij Vinnik.

Wat is er inmiddels bij Mt. Gox gebeurd? Het in Japan gevestigde bedrijf vroeg faillissement aan op 16 april 2014, nadat het eerst twee maanden had geprobeerd de boel opnieuw op te bouwen onder faillissementsbescherming. De ceo van Mt. Gox, Mark Karpelès, werd op 1 augustus 2015 gearresteerd, maar is sinds juli 2016 weer uit het gevang, al moet hij wel in Japan blijven.

Voor de mensen die hun bitcoins en eventuele fiat-geld terug willen krijgen, zijn inmiddels verschillende zaken bezig. De kans is aanwezig dat een deel van de fondsen terecht komt bij de eigenlijke bezitters, de klanten van Mt. Gox. Met de stijging van de waarde van bitcoin en het surplus aan bitcoin cash, is er voldoende om schadeclaims te vereffenen.

Api's en bots

Een *trading bot* of handelsbot is een geautomatiseerd programma om te handelen op verschillende exchanges. Er bestaan ook arbitragebots, vaak als extra betaald onderdeel van trading bots. Een arbitragebot handelt exchanges, maar die bots laat ik links liggen. Zo'n handelsrobot of trading bot werkt met behulp van api's (*application programming interface*) die vrijwel alle exchanges aanbieden. Maar dat is de technische kant. Waarom zou je een trading bot gebruiken? Omdat het schier onmogelijk is voor een mens om 24 uur per dag, 365 dagen per jaar, alles bij te houden wat er gebeurt op een exchange. Een goed ingestelde trading bot kan zorgen voor een constant rendement over een langere periode. Maar uiteraard kan dit ook precies andersom werken.

TECHNISCHE INFO

Een trading bot heeft een paar zaken van je nodig: namelijk de gegevens van een exchange waar je een account hebt en specifieke toegang tot een api of *application programming interface*, een systeem waarmee een computerprogramma kan communiceren met een ander programma. In dit geval dus een applicatie op je computer of een website die kan communiceren met het handelsplatform.

PAS OP

Met de api-sleutels die een exchange voor je genereert, geef je een website of computerprogramma rechten om acties uit te voeren *op jouw account* met *jouw geld*. Dit betekent dat je niet zomaar klakkeloos de eerste link bij Google moet gebruiken om aan de slag te gaan, want scammers willen die gegevens ook graag gebruiken (oftewel misbruiken). Doe eerst onderzoek naar de verschillende bots en vergeet niet: een jaar in cryptovalutaland is heel erg lang. Iets dat zes maanden geleden niet bestond, kan ineens van grote waarde zijn en iets dat al zes jaar bestaat, kan volledig uit de gratie zijn.

Het aantal bots dat op dit moment bestaat, durf ik niet te schatten. Waarschijnlijk zijn er nog vele in landen waar we de taal niet van spreken. Opvallend is in ieder geval dat enkele populaire bots ergens een oorsprong in Nederland hebben. Verder is er een groot verschil tussen de **moeilijkheidsgraad** van bots, of en hoeveel een bot afroomt van je winst en/of een bot geld kost in de vorm van een abonnement of een vast bedrag.

Een bot voert automatisch aan- en verkooporders voor je uit afhankelijk van de interpretatie van de marktdata. Daarbij besluit een bot wat te doen, door het bijhouden van de koersen en de vooraf ingestelde regels. Je kunt daarbij denken aan zaken als het analyseren van de markt, het bijhouden van het totale handelsvolume, het aantal orders, prijs en tijd.

Een bot doet dus niet zoveel anders dan alles wat een mens ook zou kunnen, alleen kan een bot veel makkelijker heel veel opgegeven orders bijhouden en deze tijdig bijstellen. Je kunt bijvoorbeeld zelf je bitcoin willen verkopen op 11.000 euro en terugkopen als die weer terugvalt naar 10.000 en weer verkopen als de prijs naar 10.500 gaat. Nou is dit een wat grof voorbeeld, maar je begrijpt wat ik bedoel. Als je dit als mens bij moet gaan houden en het is toevallig een rustig weekje, dan zit je wel heel lang achter je computer. Daarnaast kan er ineens iets veranderen waardoor de technische analyse die je gemaakt hebt, misschien niet meer klopt en de bot heeft dat waarschijnlijk sneller door dan jij zelf. Op zich kun je dat in zo'n simpel voorbeeld nog wel met een stop-loss-order ondervangen, maar als je er honderden hebt uitstaan, wordt dat lastig. Maar handelstechnieken, en wat bots dus ook toepassen, bespreek ik uitgebreid in de paragraaf Basistechnieken op exchanges, verderop in dit hoofdstuk.

Dat een bot beslissingen voor je neemt, betekent niet dat je zelf *geen* beslissingen meer neemt. Een bot kan je dus helpen, maar het is slechts gereedschap en je neemt de beslissingen nog steeds zélf! En, zoals bij alles wat te maken heeft met cryptovaluta, de meningen over het werkelijke nut verschillen nogal.

Enkele bekende en minder bekende tradingbots. Genoemde prijzen en functies zijn slechts ter indicatie en kunnen afwijken:

- **Haasbot:** bestaat sinds 2014 en is ontwikkeld door Haas Online. Een bekende bot met veel mogelijkheden en uitbreidingen. Kosten: per drie, zes, of twaalf maanden een bedrag. Goedkoopste beginnersabonnement vanaf 0,028 btc per drie maanden. Ondersteunt negentien exchanges.

- **Cryptotrader:** ook een bekende bot en buiten Nederland misschien wel de populairste. Hoeft niet lokaal geïnstalleerd te worden maar draait gewoon via je browser in de cloud. Heeft veel verschillende plans, dat maakt het wat verwarrend. Vanaf 0,0026 btc per maand. Ondersteunt de meeste grote exchanges

- **Zenbot:** een open-source trading bot, te downloaden via GitHub. De bot gebruikt bepaalde kunstmatige-intelligentietechnieken om hoogfrequent te kunnen handelen en arbitrage tussen exchanges uit te voeren. Vereist iets meer configuratie, eventueel te installeren in Docker. Ondersteunt negen exchanges.

- **Gekko:** een gratis open-source trading bot, te vinden op GitHub. Via een webinterface kun je alles in de gaten houden. Installatie is moeilijk, maar de ontwikkelaar is bezig met Gekko Plus wat een clouddienst moet worden. De open-source versie ondersteunt 25 exchanges.

- **Gunbot:** veel ingebouwde strategieën en veel mogelijke add-ons. Ondersteunt negen exchanges. De kosten bestaan uit een eenmalige licentie die begint bij 0,065 btc. In dat geval kun je slechts één exchange tegelijk bedienen.

- **Cryptohopper**: relatief nieuwe bot en volledig web-based. Communiceert met twaalf exchanges. Hanteert maandelijks bedrag in dollars, vanaf 19 dollar per maand.

- **GSMG:** Een bot van Nederlandse huize, volledig web-based. Geen maandelijkse kosten, behalve dan dat de bot bij succesvolle trades 25 procent in ether van de winst afroomt. Of dat veel of weinig is, mag ieder voor zich bepalen. Je kunt het ook zien als nuttig, want de botmaker wil dat je goede trades doet. Werkt met Bittrex en Binance moet ergens in de komende tijd toegevoegd worden.

Uiteindelijk hangt het er heel erg vanaf wat je precies wil bereiken met je bot. Misschien wil je er zelfs wel meer: een die niet agressief is ingesteld en heel rustig maar gestaag iets doet, een waar je heel veel kunt instellen en wat al niet meer.

Atomic swaps

Het nieuwste van het nieuwste op gebied van cryptovaluta uitwisselen is wisselen zonder tussenkomst van een exchange tussen verschillende blockchains via atomic cross chain swaps, atomic swaps in het kort. Ze kunnen zelfs off-chain uitgevoerd worden. De eerste atomic swap is ergens in 2015 gedaan, al verscheen het eerste idee al in mei 2013 op de Bitcoin Talk-mailinglist. De eerste swap is gedaan tussen NXT en bitcoin door JL777. De Komodo-community is tot nu toe het meest actief met atomic swaps.

TECHNISCHE INFO

Om atomic swaps uit te voeren heb je geen exchange nodig. Het werkt door gebruik te maken van zogenaamde Hash Timelock Contracts (HTLC). Htlc is in feite een tijdgebonden smart contract tussen twee partijen. Hierdoor is het mogelijk een transactie op elk moment in het proces te stoppen, zonder dat een van beide partijen z'n fondsen kwijtraakt. Hiervoor is een duidelijke ordening van de transacties nodig.

PAS OP

Voor het uitvoeren van een atomic swap moet er wel iemand anders zijn die de gewenste cryptovaluta aanbiedt. De andere partij moet ook je aanbod accepteren en de transactie bevestigen binnen een bepaalde tijd. Zonder andere partij, gebeurt er dus niets.

VOORBEELD

Je wil wat viacoin wisselen tegen litecoin. Dat kan heel simpel: je zoekt iemand die litecoins met je wil wisselen tegen een afgesproken wisselkoers. Je stuurt je viacoin op de viacoin-blockchain naar het viacoin-adres van de ander en je gaat ervan uit dat de ander zijn litecoin op de litecoin-blockchain naar jouw litecoin-adres stuurt. Je voelt al aan: dit is vragen om problemen. Misschien dat dit met een vriend nog goed gaat, maar met onbekenden op internet is de kans wel erg groot dat jij je munten verstuurd hebt en je nooit wat terugziet van de ander.

Om de transactie te kunnen starten, moet je eerst je viacoin via SCRIPT, een taal waarmee simpele smart contracts op heel veel blockchains mogelijk zijn, vastleggen in een soort virtuele kluis op de viacoin-blockchain. Datzelfde doet de ander met zijn litecoin. Je zet beiden dus je fondsen tijdelijk vast in een kluis die alleen maar met twee sleutels te openen is.

Dan komt de volgende stap: het uitwisselen van de sleutels. De kluizen kunnen alleen door de gebruikers opengemaakt worden met én de juiste sleutels én de juiste handtekening. De manier om een kluis open te maken, geef je elkaar door middel van een geheim x dat binnen een van tevoren vastgelegde tijd opgelost moet worden (htcl). Nu open je de litecoin-kluis met je geheim x waarmee je de viacoin-kluis hebt afgesloten. Doordat je x gebruikt hebt, kan de ander die nu ook zien en gebruiken om de viacoin-kluis te openen. Als de ander eerst zijn kluis met litecoins opent met zijn geheim, dan werkt dat andersom hetzelfde.

Schematisch ziet dat er zo uit, waarbij A de viacoin heeft en B de litecoin:

A kiest een willekeurig cijfer x

A bouwt Transactie 1 (TX1) op: betaal *via* aan <publiek *via*-adres van B> als (x voor $H(x)$ bekend is en ondertekend door B) of (ondertekend door A en B)

A bouwt Transactie 2 (TX2) op: betaal *via* van TX1 aan <publiek *via*-adres van A>, met tijdslot van 48 uur, ondertekend door A

A stuurt TX2 naar B

B ondertekent TX2 en stuurt deze terug naar A (nu is TX2 ondertekend door A en B)

A stuurt TX1 naar het netwerk met de ondertekening van B uit TX2 (dit is de eerste keer dat er iets naar het netwerk gestuurd wordt!)

B bouwt Transactie 3 (TX3) op: Betaal *ltc* aan <publiek *ltc*-adres van A> als (x voor H(x) bekend is en ondertekend door A) of (ondertekend door A en B)

B bouwt Transactie 4 (TX4) op: Betaal *ltc* van TX3 aan <publiek *ltc*-adres van B>, met tijdslot van 24 uur, ondertekend door B

B stuurt TX4 naar A

A ondertekent TX4 en stuurt deze terug naar B (nu is TX4 ondertekend door A en B)

B stuurt TX3 naar het netwerk (dit is de tweede keer dat er iets naar het netwerk gestuurd wordt) met de ondertekening van A uit TX4

A activeert TX3 door x te gebruiken

B activeert TX1 door x te gebruiken (B kon x niet kennen zonder dat A deze gebruikte)

TIP Zoek op YouTube naar 'Komodo Atomic swaps explained' of ga naar: https://www.youtube.com/watch?v=PeavTHz8LSA).

TIP Dit soort 'swaps' zijn soms beter voor te stellen als je ze zelf een keer tekent of er je eigen verhaal van maakt. Voor mij is de combinatie van een verhaal en een schema het meest praktisch, maar dat is voor iedereen persoonlijk.

Basistechnieken op exchanges

De kans is groot dat je dit boek kocht, omdat je na veel wikken en wegen besloot te gaan handelen in cryptovaluta. Handel in cryptovaluta is vrij makkelijk bereikbaar voor mensen met een Nederlandse identiteit en bankrekeningnummer door het iDeal-systeem. In België wordt het ook makkelijker om via Bankcontact cryptovaluta te kopen. Vrijwel alle beurzen accepteren mensen met Nederlandse en Belgische identiteitsbewijzen en het is ook makkelijk om aan basiscryptovaluta te komen, door deze aan te schaffen via een van de vele sites waar je gewoon met je bankpas, iDeal of Bankcontact aan muntjes kunt komen, al kun je met sepa vaak ook euro's rechtstreeks op beurzen storten.

TIP Stortingen via sepa naar een beurs duren langer dan een storting met cryptovaluta. Op dit moment zijn er nog geen beurzen die iDeal of Bankcontact accepteren. Het snelst is om bij een handelaar waar je met je bankpas kunt betalen cryptovaluta te kopen en deze munten rechtstreeks naar het wallet-adres van de beurs te laten sturen. Vaak is het dan binnen een paar minuten gepiept.

PAS OP

Zoals altijd: doe je het voor het eerst, test met een laag bedrag. Niet alle beurzen accepteren deze manier van cryptovaluta overmaken. Sowieso moet je in bijna alle gevallen boven een bepaald bedrag ook identiteitsbewijzen overleggen aan de aanbieders van deze diensten.

PAS OP

Er is maar één basisregel voor het handelen in cryptovaluta (en ook op de normale beurs trouwens): investeer nooit geld dat je niet kunt missen! En stel jezelf de vraag: hoeveel ben ik bereid te verliezen? Want met de koersen van cryptovaluta weet je het maar nooit: koersstijgingen en -dalingen van 20 procent per dag zijn geen uitzondering.

Bestensorder of market order

In het Nederlands heet dit bestensorder, maar omdat de meeste beurzen geen of slechts marginaal Nederlands als taal aanbieden, gebruik ik liever de beide termen. (Voor uitleg over diverse belegingsstrategieën zie bijvoorbeeld Beleggen voor Dummies, 4e editie van Hans Oudshoorn en Peter Siks.)

TECHNISCHE INFO

Als je een bestensorder uitvoert, dan geef je de opdracht om tegen de best beschikbare koers te kopen of te verkopen. Dit heeft zowel voor- als nadelen. Het grote voordeel is: heb je snel iets nodig, dan wordt het ook snel uitgevoerd. Het nadeel: je weet nooit zeker welke koers je betaalt of welke koers voor je aangeboden munten of tokens betaald wordt.

Het is zaak dat je, voordat je een bestensorder uitvoert, kijkt wat er op dat moment in het **orderboek** staat. Het orderboek toont meestal links de bied- of *buy*-orders en rechts de laat- of *sell*-orders. Vaak toont een orderboek tegen welke prijs de laatste transacties zijn uitgevoerd, maar het wil niet zeggen dat dit de prijs is die je er zelf voor betaalt of dat het de prijs is die je voor je verkooporder krijgt.

FIGUUR 9.9: Screenshot US Dollar met ethereum classic-markt van handelshuis Bittrex.

VOORBEELD

Stel, je hebt 2 ethereum classic (etc) en die wil je verkopen. Voor het gemak pakken we een prijs van 10 euro. Je ziet keurig 10 euro staan bij de gemiddelde prijs op de beurs en denkt: dat is mooi, want ik betaalde een jaar geleden 5 euro. Verdubbeld! In het orderboek zie je links bovenaan staan: 56 etc voor 9 euro per stuk en rechtsboven worden 33 etc verkocht voor 11 euro per stuk. Dat is helemaal mooi denk je, het geheel is niet 20 maar 22 euro waard! Je schiet een bestensorder in. Je komt van een koude kermis thuis: je krijgt er slechts 18 euro, minus transactiekosten van de beurs voor terug! Dat had je niet verwacht.

Wat gebeurde er nou? Je zag 10 euro als laatste prijs staan, maar je verkocht de boel voor slechts 9 euro per stuk. Het verschil tussen die 11 en 9 euro heet de *spread* en de biedprijs ligt altijd onder de vraagprijs. Dus als je de 2 etc aanbiedt met een market- of bestensorder, wordt die altijd onder de laatste vraagprijs verkocht. Andersom werkt dit hetzelfde: als je had willen kopen voor 10 euro en je schoot die bestensorder in, dan had je gekocht voor 11 euro per stuk in plaats van 10.

PAS OP

Als je een market- of bestensorder uitvoert, dan steek je als het ware de spread over, zowel de koop- als verkoopkant op.

PAS OP

We gaan nog een stapje verder: je hebt 25 etc en die verkoop je in een keer tegen een bestensorder. We zagen net dat er vraag is naar 20 ether voor 9 euro per stuk. Maar je wilt er 25 verkopen. De volgende biedprijs is 8 euro voor 3 etc en 7 euro voor 6. Nu verkoop je 20 etc voor 9 euro per stuk, 3 voor 8 euro en 2 voor 7 euro. Ai, dat had je misschien niet zien aankomen. Je ontvangt dus 218 euro voor je 25 ether, terwijl je misschien dacht 250 euro te ontvangen, minus de kosten van de exchange.

BELANGRIJK

Exchanges rekenen vaak kosten of een *fee* voor handelen, vaak uitgedrukt in een percentage tussen de 0 en 1,5 procent. Veel exchanges hebben tegenwoordig eigen tokens waarmee je de fee kunt betalen. Vaak scheelt dat de helft! Tevens zijn de tokens van de beurs zelf vaak ook weer verhandelbare tokens. Een goed voorbeeld van tokenomics!

VOORBEELD

Andersom geldt natuurlijk hetzelfde. Denk je met je 250 euro 25 etc in te kopen, dan kom je bedrogen uit. De eerste 20 zijn al 11 euro per stuk, dus daarmee ben je sowieso al 220 euro kwijt. Dan blijft er 30 euro over en stel dat de volgende aangeboden ethers 15 euro per stuk kosten. Dan houd je dus slechts 22 ethereum classic over in plaats van de gehoopte 25. Als de exchange 1 procent fee rekent, houd je 21,78 etc over.

Waarom zou je dan ooit een bestensorder uitvoeren en niet eentje met een veiligheidsstop? Dat kan om verschillende redenen: je hebt haast en zeker cryptovaluta die niet zo populair zijn, die wisselen wel eens heel traag van eigenaar.

VOORBEELD

Stel je wilt de obscure munt Obscura kopen (dit is een niet-bestaande munt, maar je weet maar nooit: misschien bestaat die inmiddels wel!), want je denkt dat die binnenkort heel populair gaat worden, dan kun je wel eens heel lang moeten wachten voordat een limietorder uitgevoerd wordt. Misschien vis je dan wel achter het net! Om toch een aantal obscura op de kop te tikken, moet je misschien toch maar een bestensorder instellen. Maar doe dit *nooit* met te hoge bedragen.

Stel: je wilt 1000 obscura bemachtigen en de prijzen liggen tussen de 1 cent en 1,5 cent. Dan kost je dat bij 1 cent een tientje en bij 1,5 cent 15 euro. Wellicht vind je het voldoende veilig om alles wat tussen de 1 en 1,5 cent ligt op te kopen. Dan kun je natuurlijk best een aankoop doen voor 15 euro (plus een tikkie meer voor de exchange) en hopen dat je niet meer betaalt dan 15 euro. Afhankelijk van het orderboek betaal je tussen de 10 en 15 euro. Maar ook dan kan het nog zijn dat snelle bots ervoor zorgen dat de prijs zo snel opgedreven wordt, dat je voor je 15 euro ineens minder dan 1000 obscura te pakken krijgt en de prijzen snel worden verhoogd naar bijvoorbeeld 2 cent. Dan heb je pech en het laat ook direct zien waarom je nooit met hoge bedragen bestensorders uit moet voeren. Sommige exchanges waarschuwen dan ook als je dat doet.

TECHNISCHE INFO

Dat laatste is zeker geen overbodige luxe, het komt voor dat iemand in plaats van dat hij 1000 obscura (of een andere munt) koopt voor ongeveer 15 euro, hij ze juist *verkoopt* voor bijvoorbeeld 1 cent. De persoon in kwestie moet dan natuurlijk al wel 1000 obscura in bezit hebben, maar dit is een van de redenen dat cryptovaluta met kleine handelsvolumes soms zulke enorme sprongen in fictieve waarde maken: als er 'per ongeluk' zo'n order uitgevoerd wordt, keldert direct de koers. Voor grote cryptovaluta is dit veel moeilijker, maar ook hier speelt prijsmanipulatie een rol: grote handelaren met veel geld, ook wel *whales* genoemd, kunnen de prijs beïnvloeden.

Limietorder

BELANGRIJK

Vrijwel alle bekende cryptobeurzen gebruiken de limietorder als standaardinstelling. Na het doorwerken van de voorbeelden bij de bestensorder, zal duidelijk zijn waarom: kopen of verkopen gebeurt nooit tegen een hogere of lagere prijs dan die jij hebt opgegeven.

Het nadeel van een limietorder is wel dat het kan zijn dat je limiet nooit gehaald wordt, waardoor je óf blijft zitten met de cryptomunt die je kwijt wilde of juist de cryptomunt in kwestie niet bemachtigd hebt. Ook kan het gebeuren dat een order niet volledig uitgevoerd wordt. Al met al: opletten geblazen!

VOORBEELD

We houden de gemiddelde dagprijs van ethereum classic op een tientje. In het orderboek staat 10 etc te koop voor 11 euro per stuk, maar je wil er 10 voor 10,50 euro. Zonder ons druk te maken over de procentjes voor de exchange rekenen we uit dat je 105 euro over hebt voor 10 etc. Niet te krijgen op dit moment. Maar de handel in etc gaat snel genoeg, dus je verwacht dat iemand met haast, of iemand die een bestensorder inschiet, ze wel voor 10,50 van de hand wil doen.

In het voorbeeld van het orderboek met aan de koopkant orders voor 9 euro en minder en aan de verkoopkant orders voor 11 euro en meer, sta je met je 10,50 euro-order dus ruim boven die van 9 euro. In het 'echte' cryptobeursleven gaat het overigens vaak om veel kleinere marges van de spread. In ons geval zal er mogelijk snel iemand net boven je 10,50-bod uitkomen met een bod van 10,51. Heel vervelend, moet jij weer wachten tot dat bod vervuld is. Stel dat die persoon (waarschijnlijk een robot of *bot*) met een bieding van 5 ether voor 10,51 per stuk boven je zit, dan wordt bij iemand die een bestensorder van 10 ether uitvoert, eerst de 5 ether voor 10,51 ingevuld en pas daarna ben jij aan de beurt. Dan heb je dus 5 ether gekocht voor 10,50, maar zit je nog steeds te wachten op die laatste 5. Als de markt vanaf dat moment alleen nog maar omhoog beweegt, dan krijg je die laatste 5 nooit te pakken.

PAS OP

De grap is dat je met zo'n limietorder in principe heel precies kunt handelen, maar het kan ook zorgen voor zogenaamde *fomo* of *fear of missing out*, of: (de) angst om het juiste moment te missen. Mensen die aan daghandel doen kunnen

HOOFDSTUK 9 Geld verdienen met cryptovaluta   159

hier bang voor zijn en als er constant iemand net boven je gaat zitten, kun je ervoor kiezen ineens zelf net boven de ander te gaan zitten met 10,52. Dan is het voor die 5 ether geen 52,50 euro, maar 52,60 euro. Slechts een verschil van 0,2 procent, maar je snapt waar dit toe kan leiden, zeker bij grotere bedragen.

Stop-limiet-order

Het hangt een beetje van de beurs af wat de andere mogelijkheden zijn voor orders. Bij een van de grootste beurzen van dit moment staat het woord *stop-limit* in het selectietabje naast *limit* en *market*. Het is een betrekkelijk veilig ordertype en wordt veel gebruikt als bescherming tegen een te grote koersval. Zo kun je je verlies of winst beschermen bij een *long-* of een *short*-positie.

VOORBEELD

Je kunt een stopprijs instellen aan zowel de koop- als de verkoopkant, oftewel de bied- en laatkant van het orderboek. Stel, je kocht je 10 ethereum classic voor 5 euro per stuk. Omdat etc nu 10 euro per stuk waard is, wil je misschien wel winst nemen, maar aan de andere kant verwacht je dat de koers wel verder stijgt. Alleen wil je wel rustig slapen. Om daarvoor te zorgen, bestaan stop-limiet-orders. Ethereum classic staat in dit voorbeeld op 10 euro en je wil je winst veiligstellen. Het kan maar zo zijn dat 100 procent van de winst verdampt in een nachtje tijd. Je stelt een stop-limiet-order als volgt in: de *stop*-prijs is 9 euro met een limiet van 8,50 euro, dan zal de werkelijke order pas het orderboek binnenkomen als de prijs de 9 euro aantikt. Als de stopprijs vervolgens gehaald wordt, voert het systeem de order uit, maar niet onder de limietprijs.

Er zit wel een nadeel aan dit systeem: als er te veel orders zijn voor 8,50 euro per ethereum classic, dan kan het zijn dat je order niet of slechts deels uitgevoerd wordt, afhankelijk van waar je in de rij staat. Duikt de koers nog verder naar beneden, dan heb je pech en blijf je zitten met een deel van je onverkochte ethereum classic.

Stop-loss-order

PAS OP

Een stop-loss-order is een stop-limiet-order zonder limiet. Klinkt logisch toch? Het nadeel kan zijn dat je zo ineens iets verkoopt of juist koopt tegen een veel lagere of hogere prijs dan eigenlijk je bedoeling was. Wat er namelijk gebeurt als de stopprijs gehaald wordt: dan wordt jouw order opgegeven als een bestens- of *market*-order. Als de prijs ineens heel hard daalt, kan het gebeuren dat je meegaat in de mallemolen van grote prijsdalingen, ook wel *flash crash* genoemd.

Trailing-stop-(limiet)-order

Aan de andere kant is het natuurlijk best jammer als je een stop-limiet-order hebt en je stop gehaald wordt terwijl de prijsontwikkeling voor jouw nog positief verder gaat (als de markt zich een tijdje in een richting begeeft waar je je eigenlijk wel prettig bij voelt). In dat geval wil je misschien wel even wachten met het verkopen van je bezittingen of juist wachten met het aankopen van nieuwe muntjes en de kat uit de boom kijken. Dat kan met een trailing-stop-order want hierbij geef je aan wat voor verschil er moet zitten tussen het aan- of verkoopbedrag in percentage of in bedrag. Na het bereiken van het percentageverschil of verschil in bedrag, verandert de order in een gewone stop-loss- of stop-limiet-order, oftewel: je order verandert in een bestensorder of een limietorder.

VOORBEELD

Nu een voorbeeld met ethereum voor een tientje. Je wilt je eth, dus niet etc, verkopen want hij is verdubbeld, maar er zit nog steeds een opwaartse trend in de markt. Je stelt een trailing-stop-order in van 5 procent waarbij de verkoop pas ingaat als de prijs 5 procent lager ligt dan het hoogst behaalde bedrag vanaf het moment dat je de order opgaf. De eerste keer dat ethereum sinds het begin van 2017 op een tientje stond, was rond 4 januari 2017. Hij steeg toen nog 4,4 procent naar 10,44 euro en daalde vervolgens. Vijf procent van 10,44 euro is 52 cent. Dit betekent dat je verkooporder op 9,92 euro lag met deze trailing-stop-order. Lager dan een tientje! De prijs zakte overigens daarna nog iets verder, naar 9,12 euro, om daar vervolgens nooit meer onder te komen!

Je verkocht je 10 ether dus voor 99,20 euro en had er op het laagste moment *ever* nog 10,88 ether voor terug kunnen kopen. Dat laatste red je natuurlijk nooit als mens. Wanneer weet je nou wat het laagste moment was. Daar kun je de aankoop-versie van de trailing-stop-order voor gebruiken, maar dan precies omgekeerd: zolang de markt daalt, koop je niet. Als dan het omslagpunt bereikt is, dan begint je aankoop-moment als het koersverschil bijvoorbeeld 5 procent is (maar dat kan ook een bedrag zijn, bijvoorbeeld 50 cent of een ander percentage).

Het geheel daalde dus tot 9,12 euro. Er gebeurde niets, want de prijs steeg niet met 5 procent. Nu draait het om: op het moment dat de koers op 9,58 staat, oftewel 46 cent hoger, is de vijf-procentgrens gehaald en koop je je ether terug. Een bescheiden winst van 3,5 procent heb je nu gehaald. 10,35 ether in de pocket.

Veel exchanges bieden deze vorm van handelen niet aan, maar je kunt het natuurlijk min of meer zelf bijhouden als je een keer een verloren moment hebt. In dat geval verhoog of verlaag je de stop-limit steeds als je stop gehaald wordt. Maar dat is een arbeidsintensief werkje.

Technische analyse

Technische analyse is het analyseren van koersgrafieken van (crypto)valuta of beurskoersen om te bepalen wat er in de toekomst met de koers kan gebeuren. Het nut van technische analyse of TA is niet onomstreden, fundamenteel analisten vinden het vaak maar niets. Feit is dat veel handelaren het toepassen, waardoor het ook weer een zichzelf versterkend effect heeft, zeker door veel automatisch handelende bots.

Doelen

Bepaal eerst je doel. Dit begint bij wat je wilt investeren, dus de prijs van je investering, en wat je in de toekomst wil bezitten, dus het moment waarop je moet verkopen. Is je doel omgerekend meer euro's of dollars te bezitten? Dan moet je de euro-bitcoinprijs (of andere basistoken waar je mee handelt) in de gaten houden. Een ander doel kan zijn dat je meer bitcoin of ether wil verzamelen.

Waar pas je technische analyse op toe?

Je kunt TA toepassen zowel voor daghandel als langetermijnhandel. Dat laatste kan gaan van dagen tot jaren. Handelen louter op basis van TA is niet aan te raden omdat het slechts een instrument is en andere informatie is minstens zo belangrijk. Er kan maar zo ineens een nieuwsbericht zijn waardoor alles omhoog knalt of instort.

Technische analyse kan een goed middel zijn om van tevoren te bepalen of je in de (nabije) toekomst uit wil stappen of juist instappen, maar er komt heel wat ervaring en kennis kijken bij het succesvol uitvoeren van technische analyse. Kijk voor de grap eerst maar eens bij alle opties die je in kunt stellen bij de grafieken op veel handelsplatformen en waar je de analyse allemaal op kunt baseren.

Veel zelfbenoemde technisch analisten op internet beweren van alles te kunnen en te weten. Niemand heeft een glazen bol of een tijdmachine dus als een youtuber of telegrammer beweert het helemaal bij het rechte hebben: dat kan niet. Zeker bij kleinere munten kan het dan gaan om pump-en-dump-schema's (zie hoofdstuk 8).

De grafiek

De koersgrafiek, daar kan niemand omheen bij handelen in cryptovaluta. Ik ga uit van de grafiek van tradingview.com, maar zeer vergelijkbare grafieken zie je eigenlijk overal. Nadat je een valuta hebt geselecteerd, gaat de site naar de grafiek in kwestie. De standaard-layout is een grafiek van een half jaar waar een tijdseenheid van een dag per *candlestick* aangehouden wordt (zie figuur 9.9). Dit is ook de meest gebruikte grafiek, omdat je met een candlestick beter kunt zien wat er gebeurd is op een bepaald moment in het verleden.

Een candlestick laat zien wat de koers deed op het moment van openen en sluiten. Een rode kaars betekent dat de koers van hoog naar laag ging en een groene betekent dat de koers steeg.

Dat klinkt logisch, maar het heeft alles te maken met het openen en sluiten van het handelsmoment. Als je naar de grafiek kijkt die is ingesteld op een dag, dan is een candlestick de duur van een dag. Als de koers steeg van bijvoorbeeld 5520 naar 5710, dan zie je een vrij lange, groene candlestick, maar niet alle tussenliggende stijgingen en dalingen. Als daarna de koers in een paar dagen steeds iets zakte, zie je per dag een koersdaling met een rode stick, bijvoorbeeld van 5710 euro naar 5680 naar 5640, enzovoort.

De trend

Om te bepalen wat er mogelijk gaat gebeuren, wil je weten wat de lange termijn gaat doen. Er zijn drie soorten trends te onderscheiden: zijwaarts, opwaarts of neerwaarts. Als je analyse toepast, ben je vooral op zoek naar afwijkingen, waardoor je kunt bepalen of er een koop- of verkoopmoment komt.

Je kunt dit in een grafiek zien doordat er ineens een significante wijziging plaatsvond over een bepaalde periode. De trend verandert bijvoorbeeld van neerwaarts naar opwaarts.

Trendlijnen

Over die grafiek kun je vervolgens lijnen leggen. Dit zijn trendlijnen. Die lijnen zijn handig omdat je zo kunt bepalen waar een koers steun of weerstand vindt. Zo'n punt bepaal je op het moment dat een grafiek minimaal twee keer weerstand of steun heeft gehad. Bij steun trek je dan een lijn door de punten die het laagst stonden over een bepaalde periode. Als een grafiek door zo'n lijn heen gaat, dan is dat een handelsmoment. In het geval van steun betekent dit dat de grafiek ineens lager gaat dan de lijn, waardoor een koersdaling ingezet wordt en je mogelijk winst kunt pakken over het tijdelijk verkopen van je tokens en op een later moment weer in kunt kopen.

Volume

De trends beschouwen heeft weinig zin als je niet ook naar het volume kijkt. Het volume moet de trend bevestigen. Volume wordt ook wel volume-oscillator genoemd. Volume moet toenemen wanneer de prijs in de richting van de trend beweegt en afnemen als de prijs in de tegengestelde richting gaat.

VOORBEELD

Bij een uptrend moet het volume toenemen als de prijs stijgt en dalen als de prijs daalt. De reden hiervoor is dat de stijgende trend een stevig fundament vertoont als het volume toeneemt. Het laat zien dat handelaren vertrouwen hebben in de stijging van de prijs en denken dat de stijging door zal zetten. Als het volume laag is, laat het zien dat iedereen de kat nog even uit de boom kijkt omdat handelaren denken dat er een beter moment komt om te kopen of te verkopen. Dit laat vooral zien dat handelaren denken dat de huidige trend nog niet echt verandert.

Als het volume afneemt in een stijgende markt, is dat een teken dat kopers minder kopen en verkopers worden. Dit betekent dat de markt vermoedelijk omdraait naar een dalende markt.

Volume is een belangrijke bevestiging van een trend. De markt moet met de trend mee. De kritiek op die theorie is dat dit vooral opgaat voor langetermijnbeleggen en dat op de korte termijn de signalen van trendverandering te laat komen.

Uiteindelijk is handelen volgens verschillende manieren van technische analyse een kwestie van heel veel tijd investeren in kennis en dit mondjesmaat uitproberen om er beter in te worden. Ook dan is dit nog geen garantie voor succes. Handelen volgens technische analyse is uiteindelijk een kwestie van het combineren van veel theorieën en geen enkele biedt een glazen bol.

Eindspel

Ik weet niet wat je doelen zijn. Er zijn boeken volgeschreven over dit onderwerp en YouTube staat vol met mensen die het uitleggen. Ook zijn er tal van cursussen, sommige duurbetaald. Onvoorbereid aan dit avontuur beginnen is niet verstandig: lees je in en struin door de mogelijkheden van het lezen van grafieken.

De Belastingdienst

Veel mensen buiten de cryptovalutawereld denken dat bezitters van cryptovaluta zo belasting proberen te ontduiken. Mijn beeld is dat dit nogal afhankelijk is van hoe de gebruiker in het leven staat. Hoe dan ook: in Nederland is het verplicht belasting af te dragen over je cryptovaluta in box 3, tenzij je dit 'handelen met cryptovaluta' zo letterlijk neemt dat het je enige bron van inkomsten is of wordt. In dat geval adviseer ik je een gesprek aan te gaan met een goede accountant of belastingadivseur. De lezer die een plukje cryptovaluta heeft om mee te spelen om er wat van te leren of het wil oppotten om er misschien vermogen mee op te bouwen, die is verplicht dit vermogen op te geven bij de Belastingdienst in box 3.

Belastingopgave 2018

PAS OP

Dit is slechts een indicatie en geen advies! Kijk altijd eerst op de site van de Belastingdienst voor eventuele wijzigingen of om je eigen situatie te bepalen!

Sinds 2017 is de manier van opgeven van eigen vermogen gewijzigd. In 2020 wordt dit systeem opnieuw beoordeeld, dus dan is er mogelijk weer een wijziging.

Voorheen werd altijd 30 procent over een fictief rendement van 4 procent gerekend. Dit maakte het rekensommetje heel makkelijk: 100.000 euro boven de belastingvrije voet, daar betaal je 1,2 procent belasting over. Dus in het geval van het 100.000 euro-voorbeeld betaalde je 1200 euro.

Dit is sinds 2017 niet meer het geval. Om de regels iets eerlijker te maken, is bedacht dat spaargeld minder zwaar belast wordt dan geld dat vermoedelijk vastzit in aandelen en andere opties om van veel geld nog meer te maken. Zo moet de kleine spaarder worden ontzien die door de lage rentestand toch al praktisch niks bijplust op zijn spaargeld.

Moment van waardebepaling

Dit is het meest *tricky* onderdeel van belasting betalen over vermogen in je cryptovaluta: welk moment in de tijd moet je nemen om je vermogen te bepalen?

BELANGRIJK

Je bepaalt je vermogen in euro's van je cryptovaluta op 1 januari van het jaar waarover je aangifte doet! Voor 2018 is dit dus de waarde van al je cryptobezittingen op 1 januari 2018, omgerekend naar euro's. 1 bitcoin was op 1 januari van dit jaar ergens tussen de 11.200 en 11.600 euro waard, 1 ether zo'n 633 euro en 1 Tron (trx) 14 cent. Dit is voor veel mensen die eind 2017 'instapten' tijdens de hype misschien niet zo'n fijn idee: als je 2,45 bitcoins en 13000 tron had, zit je dus al boven de belastingvrije voet. Weliswaar met 20 euro, maar toch. Aan de andere kant: als je 5000 euro boven de belastingvrije voet zit, moet je daar 144 euro over betalen. Schiet dus niet direct in de stress. Maar een voorbeeld hoe dit te berekenen is hier op z'n plaats.

BELASTINGVRIJE VOET

TECHNISCHE INFO

Je betaalt in box 3 geen belasting over de eerste 30.000 euro. Dit heet in de volksmond 'belastingvrije voet', maar bij de Belastingdienst heet dit heffingsvrij vermogen. Dus: heb je een vermogen van meer dan 30.000 euro (na aftrek van bepaalde schulden), dan moet je over alles boven die 30.000 euro belasting betalen.

Rekenvoorbeeld

VOORBEELD

In dit rekenvoorbeeld ga ik uit van een alleenstaand iemand met een bezit van 130.000 euro zonder schulden. Dan hebben we twee van de drie schijven uit box 3 te pakken. In totaal gaan we in dit voorbeeld belasting betalen over 100.000 euro van de 130.000 euro spaargeld door aftrek van het heffingsvrij vermogen van 30.000 euro.

In de tabel betekent 'Totaalbedrag in schijf' om hoeveel geld het gaat en 'Verdeling bedrag in schijf' verdeelt de schijf in stukjes waarvan de Belastingdienst fictieve rendementen gaat berekenen. In de eerste schijf is dat rendement voor het grootste gedeelte laag: een soort van fictieve spaarrente, in schijf 2 gaat de dienst ervan uit dat je een groter deel van je vermogen belegt met een bijbehorend groter rendement en in schijf 3 gaat de dienst zelfs uit van 100 procent belegd vermogen.

De Belastingdienst gaat bij beleggingen uit van een gemiddeld rendement van 5,39 procent per jaar.

TABEL 9.1 Schijven box 3 (bedragen in euro's)

Schijven box 3	Totaalbedrag in schijf	Verdeling bedrag in schijf	Percentage	Voordeel
1	75.000	67% x 75.000 = 50.250	1,63% x 50.250	819
1	75.000	33% x 75.000 = 24.750	5,39% x 24.750	1.334
2	25.000	21% x 25.000 = 5.250	1.63 x 5.250	85
2	25.000	79% x 25.000 = 19.750	5,39% x 19.750	1.064
Totaal				3.302

(bron: Belastingdienst.nl)

De kolom 'voordeel' is dus het fictieve voordeel dat de dienst je aanrekent. Op 75.000 euro zit dus een totaal fictief voordeel van 2153 euro. De dienst ziet dat als rendement en over dát rendement wordt berekend hoeveel belasting je moet betalen met een rentepercentage van 30 procent. Bij 2153 euro is 30 procent dus

HOOFDSTUK 9 **Geld verdienen met cryptovaluta** 165

646 euro belasting. Bij 75.000 euro spaargeld moet je dus 646 euro afdragen aan de belastingdienst. Er waren jaren in cryptovalutatijd dat je die 646 euro in een paar dagen had verdiend. Dat kan nu uiteraard anders zijn.

Vanaf 975.000 euro aan vermogen in box 3 kom je in schijf 3 terecht en geldt het fictieve rendement van 5,39 procent voor alle vermogen. Maar dan zou ik een accountant inschakelen.

Misschien klinkt het ingewikkeld, maar als je even meerekent wordt het al snel een stuk duidelijker. Ik heb bij het rekenvoorbeeld expres dezelfde bedragen gebruikt als de Belastingdienst op zijn eigen site toepast.

Toekomst

Wat we in de toekomst gaan zien, kunnen we wel een klein beetje voorspellen: veel munten zullen verdwijnen en een roemloze dood sterven. Terecht ook en helemaal niet erg. Er wordt op dit moment verschrikkelijk veel geprogrammeerd en ontwikkeld in de blockchain-wereld en heel veel daarvan is eerder een goede vingeroefening dan dat het heel zinvol is, maar dat kan ook niet anders.

Op de financiële markten heb je daar niet zoveel aan, je weet alleen dat je goed moet blijven opletten.

Wat komt er nog aan? Wellicht zijn inmiddels de bitcoin-etf's goedgekeurd door de Amerikaanse beurswaakhond. Dit betekent dat firma's met bitcoins kunnen speculeren zonder ze zelf in handen te hebben. Onvermijdelijk maar wel jammer in de ogen van de die-hard bitcoin-fans.

Dit betekent wel dat er geld van institutionele beleggers de cryptovalutamarkt in zal stromen. Die fondsen kunnen nu door allerlei regelgeving niet zomaar handelen in cryptovaluta.

In Nederland zijn bitcoin-futures tot nog toe ongewenst. De Autoriteit Financiële Markten houdt dit nog steeds tegen, maar misschien is dat inmiddels anders.

> **IN DIT HOOFDSTUK**
>
> Functionele toepassingen
>
> Een overzicht van verschillende cryptovaluta en hun werking

Hoofdstuk 10
Ecosystemen

Wie passen nu eigenlijk al blockchains toe? Wat voor functionele toepassingen zijn er al bedacht en welke blockchains worden daarvoor gebruikt?

Deze vragen sneeuwen vaak onder in de snel veranderende wereld van cryptovaluta, terwijl de meeste van die muntjes wel degelijk een ander doel nastreven dan alleen maar het zijn van een speculatiemiddel.

Veelheid aan functies

De eerste industrie die duidelijk interesse toont als bitcoin nog niet lang bestaat, is de financiële. Deze industrie probeert zo snel mogelijk het woord bitcoin te vermijden en bombardeert alles tot 'blockchain' of iets met *distributed ledger*, vrij vertaald: gedistribueerde database. Al snel volgen vervoerders die te maken hebben met distributieketens, tot uiteindelijk iedereen denkt dat ze wel 'iets' met een blockchain moeten doen. Dat zorgt onherroepelijk voor desillusie, iets wat veel voorkomt bij nieuwe technologie.

We kunnen hier niet heen om een citaat van Bill Gates uit het boek *The Road Ahead* uit 1996: 'Mensen overschatten vaak wat er de komende twee jaar zal gebeuren en onderschatten wat er in tien jaar gebeurt.' In Gates' geval ging het overigens om de eerste cd-rom-conferentie die Microsoft in 1986 hield, waarbij Gates dacht dat de cd-rom binnen twee of drie jaar belangrijke technologie zou worden. Hij vond zichzelf te optimistisch op de korte termijn, maar onderschatte het belang van de cd-rom op de lange.

Het aantal functionele toepassingen van blockchains is enorm en het is onmogelijk alles in één boek bij de horens te vatten, maar ik waag een poging tot een beknopt overzicht. Ik deel het als volgt in: de functionaliteit, met daaronder een korte uitleg hierover en wat voorbeelden van enkele bedrijven die daar nu mee bezig zijn. Enige overlap met het hoofdstuk 'Altcoins en forks' kun je tegenkomen.

De belofte van blockchain

De belofte van blockchains en cryptovaluta is groot, maar de hype kwam te vroeg om alles al waar te kunnen maken. Er zijn redenen om af te zien van decentrale systemen, maar er zijn in een digitale wereld ook heel wat redenen aan te wijzen om wel voor een (gedeeltelijk) decentraal systeem te kiezen.

Eind 2017 zou alles in een blockchain gestopt worden: van notaris en rechtspraak tot kadastrale intekening. Dit idee is een beetje bekoeld en niet in de laatste plaats omdat het aantal mensen dat code als wet ziet uiteindelijk niet groot is als het er in het fysieke leven op aankomt. Maar zonder grote ideeën gebeurt ook niets kleins. In veel organisaties zorgde het onderzoek naar blockchain-toepassingen voor de hoognodige vernieuwing van soms decennia-oude digitale infrastructuur en het heeft een nieuwe groep mensen laten nadenken over beter samenwerkende systemen. Sommige stukjes krijgen misschien ooit een nuttige toepassing binnen publieke of private blockchains of vergelijkbare systemen en andere niet.

De *commons* of meent

Een van de belangrijkste voordelen die blockchains en tokens kunnen bieden, is het delen van infrastructuur op een manier waarbij die niet meer in bezit is van één organisatie. De infrastructuur is dan onderdeel van een groter geheel die ook wel de *digital commons* wordt genoemd of de 'digitale meent', goed voor gemeenschappelijk nut. Een gemeenschappelijke infrastructuur zorgt voor heel nieuwe mogelijkheden voor individuen, overheden en bedrijven.

Ik heb het hier voornamelijk over publieke blockchains, maar dit wil niet zeggen dat andere systemen hier niet op in kunnen prikken. Op zo'n publiek blockchain-ecosysteem kun je een datastructuur bouwen die niet van iemand is, maar die wel door iedereen gebruikt kan worden. Alle data die toegankelijk zijn via zo'n systeem, zijn onderdeel van de meent of de digitale commons.

Zo'n systeem van digitale commons kan zich omvormen tot een belangrijk onderdeel van het publieke internet. Blockchains worden ook wel een *fat protocol* genoemd, al zal nog moeten blijken hoe dat precies uit gaat pakken.

Fat protocol

De theorie is geopperd in 2016 op een blog van Union Square Ventures en vergelijkt de werking van het world wide web (dus niet het internet, maar het deel dat we gebruiken om webpagina's te bekijken) met blockchains (blockchains gebruiken ook het internet).

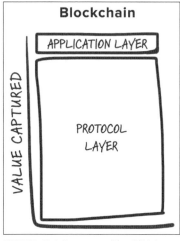
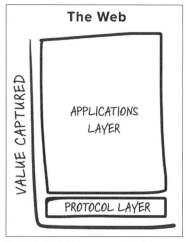

FIGUUR 10.1: Fat protocol (beeld Union Square Ventures-blog).

FIGUUR 10.2: Thin protocol (beeld Union Square Ventures-blog).

Web:

» Transmission Control Protocol/Internet Protocol (tcp/ip)
» Hypertext Transfer Protocol (http)
» Simple Mail Transfer Protocol (smtp)

Al die protocollen vormen de basis voor het rondsturen van informatie over internet, maar niemand verdient geld aan de protocollen. Ook mensen die andere protocollen verzonnen, verdienen hier geen geld aan, zoals Voice Over Ip (voip). Er wordt door bedrijven geld verdiend met de applicaties die ze aanbieden over internet, zoals Google, Facebook en Amazon.

Blockchain:

» Protocol (bv. bitcoin)
» Token (btc)

Het tegenovergestelde van die protocollen die dienen als gemeengoed, zijn protocollen die in zichzelf een monetaire laag zijn. Dat is precies het model met cryptovaluta: de protocollaag zelf is waar het geld zit, zonder dat dit geld in bezit is van derde partijen. Er zijn wel organisaties die de protocollen voor verschillende blockchains beheren, maar ze hebben geen toegang tot de cryptovaluta zelf, die zijn niet in hun handen.

De token bitcoin wordt gebruikt om dingen mee te doen, zoals goederen kopen via bijvoorbeeld marktplaatsen die bitcoin gebruiken, exchanges of winkels die bitcoin accepteren. Daarmee zijn het applicaties die bitcoin toepassen in hun systemen. De applicaties zelf hebben dus niet de waarde, want de waarde zit in het protocol. Hoe meer bedrijven de protocollaag gebruiken, hoe waardevoller de token wordt, wat dus steeds meer waarde toevoegt aan de protocollaag. Zo kunnen die bedrijven die gebruikmaken van de protollaag zelf nooit meer waard worden dan de laag of het protocol zelf.

Als die protocollaag zelf samen met gedecentraliseerde smart contracts ook steeds meer informatie gaat bevatten, dan is die informatie ook nog eens beschikbaar voor iedereen en kan elke partij daar zijn eigen applicatie voor bouwen, die op een bepaalde manier een niche bedient. Maar de data zullen nooit in bezit zijn van de applicatiebouwers of de bedrijven.

Blockchain:

- Protocol (bv. Ethereum)
- Token (eth)
- Smart contracts (gas)
- DApps
- ICO's

Met smart contracts komt er nog een hele laag bij binnen het blockchain-ecosysteem waar iedereen acties mee kan ondernemen. Zo kun je heel complexe ecosystemen bouwen die decentraal het sterkst staan zonder centrale, coördinerende partij.

Dit zorgt voor een token-economie of *tokenomics*. Dat kan gaan om microtransacties, samen met speltheorie. Na het uitbrengen van de zelfregulerende organisatie kan zo'n systeem zichzelf onderhouden en bedruipen. Althans, dat is de theorie en daar houden heel veel mensen zich nu mee bezig.

De start-ups die hier nu mee bezig zijn, beseffen dat ze zich moeten manifesteren op de publieke blockchains en niet in private omgevingen, omdat ze dan eigenlijk niets anders doen dan een ouderwetse database vervangen door een systeem dat niet bedoeld is voor private omgevingen. Hier kan misschien een uitzondering gemaakt worden voor systemen die wellicht ooit op een blockchain kunnen, maar die nu nog niet rijp zijn voor de publieke sfeer.

We hebben het in dit boek vaak over ethereum en bitcoin. Ethereum heeft de eer het eerste echt grote platform te zijn dat smart contracts ondersteunde, samen met een hele grote ontwikkelaarscommunity. Met ethereum heeft Vitalik Buterin een onuitwisbare indruk achtergelaten in de digitale wereldgeschiedenis.

Buiten de ERC20-tokenhausse (zie hoofdstuk 6) is ook veel gebeurd: van nieuwe blockchains tot belangwekkende smart contracts en dapps. Er zijn een paar manieren om de ontwikkelingen in te delen, via verschillende ecosystemen of als internet van gedecentraliseerde applicaties, ook wel Web3 genoemd.

De meeste technieken, blockchains en protocollen die ik hier behandel, hebben gemeen dat ze de eindgebruikers (meer) eigenaarschap geven over hun eigen data, dat de blockchain in principe geen centraal punt heeft dat het geheel controleert en dat iedereen zich kan aanmelden, zonder restricties.

Als indeling gebruik ik functionele toepassingen van blockchains in het algemeen en daaronder enkele voorbeelden van toepassingen.

VOORBEELD

Blockchains zijn heel goed in het aantonen dat er niet is gerotzooid met digitale eigendommen. Dit heet echtheid of authenticiteit. Binnen sommige industrieën zijn veel vervalsingen of komt veel fraude voor. In dat geval kan een goed ingericht smart contract een deel van de problematiek wegnemen. De functionele toepassing is dus: authenticiteit, en daaronder behandel ik enkele toepassingen met een aantal nu bestaande tokens en valuta.

Functionele toepassingen in alfabetische volgorde:

- » authenticiteit
- » financieel
- » gedeelde data
- » organisaties
- » persoonlijk
- » retail
- » technisch

Je ziet dat verschillende groepen overlap vertonen, zo hebben authenticiteit, persoonlijk en financieel gemeen dat ze in veel gevallen een identiteit van een gebruiker vereisen. Ik behandel per onderdeel het hoofddoel en niet de overlap.

TIP

VISUALISATIES

Internet staat vol met de meest prachtige visualisaties van de verschillende ecosystemen waar mensen blockchains in weten te stoppen. De ene nog mooier dan de andere en vaak bedoeld om te imponeren. Uiteindelijk verschillen de indelingen niet zo van elkaar en zijn ze vaak meer mooi dan leesbaar.

Ook veranderen inzichten vrij snel. Wat in 2016 een logische indeling leek, is nu al niet meer correct, omdat bedrijven zijn samengegaan, merken zijn verdwenen, protocollen zijn geëvolueerd en daarmee soms ook naamswijzigingen zijn ondergaan.

Sommige visualisaties gebruiken marktwaarde, maar dat is natuurlijk wel een heel volatiele manier van weergeven. Andere gebruiken weer specifiek een ecosysteem waarbinnen ze andere ecosystemen duiden, zoals het fintech-ecosysteem dat heel veel interne vertakkingen heeft. Je favoriete zoekmachine biedt vermoedelijk snel uitkomst.

HOOFDSTUK 10 **Ecosystemen** 171

Toepassingen nader bekeken

Binnen de verschillende ecosystemen komen we vanzelf langs enkele bekende en minder bekende cryptovaluta en -tokens. Waar nodig zal ik deze extra aanstippen.

Authenticiteit

Elke blockchain heeft zijn eigen cryptomunt en cryptovaluta zijn uiteindelijk digitale *assets* of activa. Projecten op elke blockchain kunnen digitale of fysieke goederen voorstellen. Doordat transacties op publieke blockchains niet aangepast kunnen worden, weet je als gebruiker zeker dat er niet met de data gerotzooid is. Je weet ook dat wat er nu op de blockchain staat, door anderen in te zien is. Daarom is het praktisch om bij goederen en diensten waar van oudsher veel mee gerotzooid of gefraudeerd wordt, een blockchain in te zetten. Denk hierbij aan kleding en elektronica, maar ook medicijnen. De 'markt' voor namaakartikelen is volgens een rapport uit 2017 inmiddels opgelopen tot ruim een biljoen (1 met 12 nullen) dollar per jaar. Sommige projecties gaan zelfs uit van 4,2 biljoen dollar die door nepartikelen uit de markt getrokken wordt. Verschillende blockchain-bedrijven hebben hiervoor manieren bedacht om het controleren van echtheid van fysieke goederen te dekken. Een bekende naam in dit veld is VeChain. Een Nederlands bedrijf dat hiermee bezig is, is SEAL voor luxeproducten en Unchain voor medicijnen.

Het beveiligen van digitale producten met een blockchain is overigens een stuk makkelijker omdat je bij fysieke producten ook nog een oracle nodig hebt (zie verderop in dit hoofdstuk).

In het digitale domein is noodzaak voor authenticiteit en fraudebescherming in combinatie met cryptovaluta nu vooral te vinden bij ticketing en data waar het ook een directe toepassing heeft. Als je een ticket koopt voor een concert of een festival, wil je zeker weten dat je niet te veel betaalt, zeker weten dat het kaartje echt is als je het op de doorverkoopmarkt koopt en zeker weten dat niet iemand anders hetzelfde kaartje heeft. Dit kun je met een centraal systeem oplossen, maar dan ontbreekt nog steeds transparantie. Grote ticketingbedrijven doen er van alles aan om fraude te bestrijden, maar ze blijven altijd schimmig over de manieren waarop. Dit is een industrie waar transparantie ontbreekt en daardoor is een publieke, transparante blockchain te rechtvaardigen bij het uitgeven van kaartjes. In Nederland is daar een bedrijf mee bezig, GUTS Tickets met het GET-protocol.

Andere voorbeelden zijn: Avantix, Blocktix en Ticketchain.

Voor digitale documenten is authenticiteit ook van groot belang. Hoe verwerk je documenten of andere data op zo'n manier dat deze in te passen is in bestaande organisaties? Dergelijke systemen invoeren kan bijvoorbeeld eerst op kleine schaal bij zeer gevoelige documentatie. Elk document krijg z'n eigen tijdstempel en de historische data zijn niet aan te passen. Dit kan vertrouwen vergroten binnen organisaties. Veel bedrijven durven nog niet de stap naar publieke blockchains te maken, want dit voelt nog 'eng'. Factom helpt bedrijven dit toch te doen.

Factom is een zij-keten die de bitcoin-blockchain gebruikt als basis, zie ook het kader Chinese rechtbank gebruikt blockchain als bewijs (in hoofdstuk 1).

Andere voorbeelden zijn: Tierion.

Financieel of fintech

De grootste opkomende groep binnen fintech-toepassingen is op dit moment de groep die valt onder de decentrale handelshuizen of *cryptocurrency exchanges*. Maar ook verzekeren, verzorgen van leningen en investeringsfondsen hebben baat bij decentrale systemen.

Valuta

De bekendste pijler waar blockchains een belangrijke rol in vervullen is die van de valuta, een financieel middel in de vorm van een munteenheid. Deze munten zijn bedoeld als betaalmiddel, waardeopslag of rekeneenheid. Wat lastig is, is dat veel mensen de zogenaamde *marketcap* of marktkapitalisatie van munten nemen en daarmee belang proberen aan te geven. Dit is vooral het handelsbelang en betekent niet dat iets ook daadwerkelijk gebruikt wordt.

Een interessante groep bij de munten is de groep privacymunten. Dit zou je als aparte groep kunnen zien, maar steeds meer technieken van deze munten sijpelen door in andere valuta, al zullen dat soort innovaties en toevoegingen op protocolniveau vaak niet heel snel worden doorgevoerd.

Verschillende bekende munten en privacymunten:

- » **Bitcoin** BTC: de bekendste en oudste munt met de oudste blockchain.
- » **Bitcoin Cash** BCH: sinds deze munt van de bitcoin-blockchain forkte snel opgeklommen tot een van de grotere munten.
- » **Litecoin** LTC: de eerste grote 'rivaal' van bitcoin, lang aangeduid als 'zilver', paste een andere manier van hash-berekeningen toe dan het bitcoin-protocol.
- » **Dash** DASH: ging eerst door het leven als Darkcoin en werd later omgedoopt tot Dash. Biedt betalingen met privacymogelijkheid.
- » **Monero** XMR: privacymunt en populair als betaalmiddel waarbij de verzenders of ontvanger liever niet laten weten dat ze fondsen gebruiken. Actieve community.
- » **Zcash** ZEC: privacymunt met een mogelijkheid om een transactie met of zonder privacyopties te versturen. De privacyoptie is duurder, tevens houdt de organisatie achter de munt een percentage van de mijnerinkomsten voor zichzelf en is daardoor controversieel.
- » **Tether** USDT: bekendste 'stabiele' munt die gekoppeld is aan de Amerikaanse dollar. De koppeling betekent dat tegenover elke USDT een USD ergens in reserve moet staan, vergelijkbaar met hoe vroeger goud garant stond voor de dollar. Controversiële munt omdat weinig bekend is over de exacte financiële huishouding. Inmiddels zijn er meer vergelijkbare munten opgekomen die transparanter willen zijn, zoals de TUSD.

Betalingskanalen

Verreweg de bekendste token voor financiële diensten is Ripple, maar het is niet de enige die een systeem heeft dat als tussenlaag wil functioneren voor digitale betalingskanalen:

- **Ripple** XRP: heeft als doel om het Swift-systeem voor interbancair verkeer te vervangen, maar er zit hier een interessant addertje onder het gras: Ripple Pay bestaat sinds 1997 en probeert sindsdien Swift van de troon te stoten. Sinds Ripple zijn cryptovaluta uitgaf, is de bekendheid van het bedrijf sterk toegenomen. Grootste deel van alle munten onder beheer van Ripple.
- **Interledger**: is geen blockchain, maar een protocol om verschillende blockchains en ledgers met elkaar te laten praten. Het protocol moet elke vorm van mogelijke betaling aan elkaar verbinden. Onderdeel van de W3C-community, oftewel de instantie die de webstandaarden in de gaten houdt. Opvallend: Interledger komt uit de stal van Ripple-ontwikkelaars.
- **Stellar XLM:** is bedoeld om als betalingsinfrastructuur te dienen. Transacties zijn gratis en kunnen binnen enkele seconden verwerkt worden. In september 2018 kondigde IBM aan dat het in een systeem - Blockchain World Wire - Stellar gebruikt. Zit ook structureel in de top 20 van munten met de hoogste virtuele marktwaarde.

Handelshuizen of (decentrale) exchanges

Het aantal tokens en smart contracts dat exchanges of protocollen binnen exchanges moet ondersteunen, is vrij groot. Het belang van deze protocollen is aanzienlijk, want met steeds meer verschillende tokens, valuta en wat al niet meer, is de behoefte om deze allemaal te kunnen inwisselen groot.

Eigenlijk zijn er twee soorten exchanges: decentrale handelshuizen die een eigen smart contract hebben ontwikkeld en de exchanges die specifieke protocollen gebruiken die het wisselen tussen verschillende assets mogelijk maken, zoals het 0x-protocol.

- **0x-protocol** 0x: bedoeld als token tussen decentrale exchanges of dex-en. Handig zodat ook kleinere spelers kunnen putten uit een grotere markt en iedereen toch zijn eigen website kan gebruiken. Kan ook makkelijk elders geïmplementeerd worden.
- **Bancor** BNT: Bancor Network Token als intermediair tussen ERC20-tokens. Is bezig met een eos-netwerkvariant.
- **OmiseGO** OMG: exchange met wortels in Thailand.
- **Idex, ForkDelta, DDEX:** decentrale exchanges voor ethereum-gebaseerde munten.

Verzekeren, lenen en fondsen

Deze drie soorten kunnen heel veel baat hebben bij blockchains omdat hier in principe geen uitwisseling met andere assets nodig is buiten de blockchain-wereld, waardoor de voordelen van een blockchain bewaard blijven (zie ook kopje Oracles, verderop in dit hoofdstuk).

» **Verzekeren:** kan gebruikmaken van reputatiesystemen, waardoor risico's beter afgevangen kunnen worden. Microverzekeringen zijn te implementeren en uitkeringen en inkomsten worden transparanter. In theorie zou je hier een decentrale autonome organisatie van kunnen maken. InsureX, ChainThat en EtherRisc zijn enkele voorbeelden van verzekeraars die ergens een blockchain gebruiken.

» **Lenen:** Microfinanciering is makkelijker in te zetten met behulp van decentrale altruïstische organisaties. In een groter plaatje kunnen schulden ook verhandeld en vereffend worden. Ook mensen zonder officiële papieren kunnen toch (eventueel met een reputatiescore) leningen aangaan. ETHLend, WeTrust en Salt zijn voorbeelden van (micro)financiers.

» **Fondsen:** Denk aan modellen voor peer-to-peer-financiering, waarbij alle acties in een smart contract opgeslagen worden. Hierdoor is geen derde partij meer nodig, misschien alleen nog in geval van een dispuut, maar in een ideale blockchain-wereld zou ook dat autonoom gebeuren. Op dit moment zijn dit soort investeringsvehikels vooral geautomatiseerde systemen om eventuele winsten via een smart contract te delen met de deelnemers. IconomI, Blockchain Capital en in Nederland TriaConta met CombiCoin.

In theorie zouden kosten hierdoor omlaag moeten gaan doordat bepaalde derde partijen wegvallen. Doordat blockchains niet naar het verleden toe zijn aan te passen en met tijdstempels werken, zijn het veilige databases voor dit soort transacties.

Juridisch

Smart contracts lenen zich goed voor bepaalde juridische zaken waar veel automatisering bij mogelijk is. De bedrijven die hier ondersteunend bij zijn, gebruiken vaak andere blockchains om hun smart contracts op uit te rollen, zoals Mattereum, LegalThings One of CodeLegit.

WEB3-TECHNOLOGIE

TECHNISCHE INFO

Om een nuttige decentrale applicatie te bouwen, heb je bouwstenen nodig. Dit wordt in jargon ook wel de Web3-Technology Stack genoemd. Dit is vergelijkbaar met het bouwen van een normale website of app met het verschil dat decentrale onderdelen nodig zijn.

Dit is een snel evoluerend ecosysteem. Om er een goed beeld van te krijgen, kun je het best op internet zoeken naar 'web3 technology stack', dan kom je duidelijk beeldmateriaal tegen waarin je ook de evolutie van de systemen ziet.

Soevereiniteit: beheer je eigen data

Hoe laat je mensen hun eigen data beheren? Hoe zorg je ervoor dat het eigenaarschap bij de eigenaar zelf ligt? Hoe zorg je ervoor dat anderen soms stukjes van je data kunnen gebruiken, maar dit nooit zelf bezitten? Soevereiniteit en privacy zijn bekende en grote woorden binnen de blockchain-wereld, maar misschien ook wel de moeilijkste. Hoe houd je het bruikbaar? Hoe laat je het mensen überhaupt begrijpen? Nu wordt veel werk aan de achterkant gedaan en mondjesmaat zal ook de voorkant, de kant van de gebruiker, beter ingericht worden. Denk hier aan toepassingen als identiteit, vpn's, governance, communicatie, veiligheid en het gebruik van internet. Grote onderwerpen die gestroomlijnd moeten worden door cryptovaluta en -tokens.

Identiteit

Misschien wel de lastigste: in Europa heb je het recht vergeten te worden en is er de algemene verordening gegevensverwerking of *avg*. Dit betekent dat zaken die herleidbaar zijn naar iemand, gewist moeten kunnen worden. Dat is nogal een uitdaging. En toch is identiteit een van de belangrijkste dingen van een mens. Dus: hoe kan iemand zijn identiteit bewijzen, zonder dat een ander die identiteit kan afnemen of kopiëren? Hoe kun je die identiteit gebruiken om bijvoorbeeld te bewijzen dat je 18+ bent bij het kopen van een alcoholische versnapering, zonder dat je je leeftijd geeft? Alsof je een sudoko oplost en aan iemand kunt bewijzen dat hij klopt, zonder dat de ander de oplossing ziet.

Terwijl je nadenkt over die laatste zin ... hier enkele projecten die zich met identiteit bezighouden: Civic, Uport en Tykn.

Vpn's, governance, communicatie en veiligheid

Decentrale vpn's waarbij tokens de dienst uitmaken zijn bijvoorbeeld Mysterium Network of Privatix. Voor governance (of 'bestuur' in goed Nederlands) kun je gebruikmaken van Aragon, Decred of Kleros en voor de veiligheid van je digitale bestanden kun je terecht bij Rivetz Network of Civic.

Toegang tot internet

Zelf bepalen wat een site mag doen. Daar heb je sleutels voor nodig. Je kunt een hardware-wallet gebruiken, maar ook softwaretoepassingen zijn zeer bruikbaar. Denk aan MetaMask (zie hoofdstuk 5) en de Blockstack Browser waarmee je je eigen data opslaat en zo decentrale applicaties kunt gebruiken.

Data en waarde opslaan en delen

Een van de grote beloftes is dat het makkelijker is data decentraal op te slaan, maar moeilijker of onmogelijk om ze nog te wissen. Het maakt niets uit waar je vandaan komt en of je land wel of niet mee mag doen. Maar ook andere zaken delen data: internet-of-things-apparaten. Die praten met elkaar en hoe praten die met elkaar als een deel van het centrale netwerk wegvalt? En als een bedrijf omvalt? Daar moeten standaarden voor komen en die worden ontwikkeld met decentraliteit in het achterhoofd. Of hoe deel je energie? Hoe deel je video? Hoe verkoop je goederen? Hoe houd je bevoorradingsketens bij? Hoe volg je de reputatie van iemand? Hoe krijg je geld voor de content of inhoud die jij hebt gemaakt?

Ik heb nog een half boek nodig om alle projecten die daarmee bezig zijn op te noemen. Dat doe ik hier niet, maar ik pluk er enkele bekendere namen uit en zet er het soort data- of waardedelen achter.

- **Steem** (te gelde maken inhoud, opslag data, social media) : complex socialemediaplatform. Veel mogelijkheden met een ingewikkelde structuur van staking, een eigen token en een eigen blockchain.

- **OpenBazaar** (marktplaats): volledig decentrale handelsplaats. Gebruikers moeten een node draaien met hun artikelen, wellicht verandert dit in de toekomst.

- **Sia** (dataopslag en -delen): zelf ruimte beschikbaar stellen op je server en vervolgens zelf ook bestanden opslaan. Je helpt mee het decentrale datanetwerk in stand te houden. Je betaalt voor opslag, je verdient met beschikbaar stellen van opslagruimte via Siacoin (SC).

- **Effect.ai** (delen kunstmatige intelligentiemarkt): heeft als doel ooit geautomatiseerd rekenkracht voor kunstmatige intelligentie te verhuren, nu nog vooral een marktplaats voor mensen die dat in kunnen richten.

- **Iex.ec** (decentrale cloudcomputing): deel en verhuur je processorkracht.

- **Iota** (internet-of-things): gebruikt geen blockchain maar tangles. Om iot-apparaten met elkaar te laten praten en betalen voor diensten.

- **Po.et** (toeschrijven van data): platform om je online artikelen aan te koppelen zodat je kunt bewijzen dat jij als eerste dit verhaal schreef.

- **Walton** (logistiek): volgen van attributen door een distributieketen.

Ontwikkelaarstools

Dan is er nog een aparte groep die niet echt valt onder zaken die 'normale' mensen tegen zullen komen als toepassingen. Het zijn de gereedschappen die voornamelijk ontwikkelaars prettig zullen vinden.

Je kunt zeggen dat elke cryptovaluta een stukje ontwikkelaarstool is, of meer in de geest van het onderwerp: het zijn de bouwblokken voor Web3 dat momenteel volop in ontwikkeling is. Web3 is in essentie het decentrale web. Dat zal deels bestaan uit centrale servers zoals we dat nu gewend zijn en deels uit decentrale technieken (zie ook figuur 4.1).

Het interessante is dat het in deze categorie niet zoveel uitmaakt of een onderliggend muntje een hoge virtuele marktwaarde heeft, maar dat het iets kan wat de rest niet kan. Bij het in elkaar zetten van een decentrale applicatie of dapp kun je verschillende typen blockchains, tokens of systemen aanspreken. De gereedschappen zijn onderverdeeld in verschillende categorieën

Smart Contracts

De bekendste ontwikkelaarstool is wel het smart contract dat samen met een interface een dapp vormt. Ethereum is de moeder aller smart contract-platformen met de eerste tekenen van leven in 2013, maar de rest van de wereld zat niet stil. De Linux Foundation begon in december 2015 met het Hyperledger project. Andere voorbeelden zijn: NEO, Lisk, RSK en EOS.

Opslag

Je kunt niet iets *op* een blockchain opslaan in de zin van een foto of iets dergelijks. Daarvoor is decentrale opslag nodig. Bijvoorbeeld Interplanetary File System (IPFS), Siacoin (SIA), Stor.j en Swarm.

(Op)schalen

Een van de meest gehoorde problemen bij blockchains is de schaalbaarheid. Als je een snelle blockchain wil, lever je in op veiligheid. Wil je extreme veiligheid, dan lever je in op snelheid én op duurzaamheid. Daarom zijn er veel initiatieven om te zoeken naar manieren om wel te kunnen schalen. Iedereen heeft andere filosofieën. Denk aan Lightning Network (LN voor het bitcoin-netwerk), Plasma (om Ethereum sneller te maken) of BigchainDB.

Interoperabiliteit

Hoe werkt alles dan samen? Dat kan met systemen die tussen al die systemen zitten. Misschien dat op den duur veel van die tussensystemen ook weer in andere systemen terechtkomen, waardoor ze niet meer nodig zijn of minder belangrijk worden. Denk aan Aion, Cosmos, Polkadot en BTC Relay.

Oracles

Een smart contract heeft in veel gevallen ook een verbinding met de buitenwereld nodig. Dit heet ook wel een non-deterministisch smart contract. Stel je hebt een smart contract dat de buitentemperatuur op je balkon bijhoudt en zo bepaalt of de planten water moeten krijgen. Dan zorgt de thermometer voor informatie van buitenaf en is je thermometer het *oracle*.

BELANGRIJK

Een van de grote problemen waar de blockchain-technologie mee te maken heeft, is het vertrouwen van oracles. Als je het probleem van fraude in papieren hebt weggeprogrammeerd met je blockchain-applicatie, dan is er nog steeds iets of iemand die de informatie moet invoeren. Denk bijvoorbeeld aan een bevoorradingsketen waar vroeger een papier kwijt kon raken, waardoor het exacte gewicht niet meer bekend was. Nu kun je het gewicht natuurlijk gewoon onjuist invoeren aan het begin van de keten. Je verplaatst een deel van het probleem.

TECHNISCHE INFO

Oracles kunnen ook iets anders zijn, namelijk onderdeel van een zogenaamde *prediction market* of voorspellingsmarkt. Voorspellingsmarkten worden bijvoorbeeld gebruikt om beurskoersen te voorspellen. Dan wordt gekeken naar bepaalde (geopolitieke) gebeurtenissen en handelt men daarnaar. Om die voorspellingen te doen, gebruiken deze markten de *wisdom of the crowd* of wijsheid van de massa. Omdat niemand over alle informatie beschikt, maar heel veel mensen samen misschien wel, kan dit nuttig zijn. Blockchain Augur probeerde dit ooit met de Amerikaanse presidentsverkiezingen. Andere oracles zijn Oraclize en ChainLink.

Eindgedachte

Het aantal ideeën om slim gebruik te maken van blockchains of gerelateerde decentrale technieken, is enorm. Veel van deze systemen zullen het niet op eigen kracht redden en mogelijk in andere systemen opgaan of gewoon helemaal verdwijnen. Maar dat is niet erg.

Ik word heel blij van alle experimenten en ik merk bij het opschrijven van al die dingen steeds dat er weer meer is. Misschien kun je heel blockchain-puristisch stellen dat de meeste systemen zich helemaal niet lenen voor decentrale oplossingen omdat ze daardoor trager worden en minder goed bruikbaar. Hoe zich dat zal gaan ontwikkelen, weet ik niet.

Voor ik dit hoofdstuk afsluit, denk ik dat het tijd is voor een heel klein stukje geschiedenis. Eind jaren negentig van de vorige eeuw waren web-apps nog zeer in hun beginstadium. De bekendste waren e-maildiensten zoals Yahoo, Rocketmail en Hotmail. In die tijd werd er gesproken over de toekomst van web-applicaties en waar die naartoe zouden gaan. Jaren later, ergens in 2003, kwamen de eerste online tekstverwerkers op (Writely, later Google Docs). Daar kon je een tekst op schrijven, maar voor veel doeleinden was het nog niet geschikt. Inmiddels schrijft een deel van de mensen nog op een lokale tekstverwerker, maar het gros dat ik ken gebruikt online diensten. We zijn inmiddels wel twintig jaar verder.

Het deel van de tientallen

IN DIT DEEL...

Handelen met cryptovaluta gebeurt meestal op exchanges. Een lijst van de bekendste. Let wel goed op het nieuws, je weet maar nooit of een van de beurzen in de problemen raakt.

Het laatste hoofdstuk nuanceert of weerlegt enkele van de bekendste misvattingen rond cryptovaluta.

> **IN DIT HOOFDSTUK**
>
> **Wat zijn de grote handelsplatformen?**
>
> **Een overzicht van de belangrijkste verschillen en overeenkomsten**

Hoofdstuk 11

Tien grote handelsplatformen

Handelen zonder handelsplatform gaat niet. Er zijn heel veel handelsplatformen of exchanges. Welke het best is, kan ik niet zeggen. Soms zoek je een heel specifieke cryptovaluta en dan moet je je ineens weer ergens anders inschrijven. Inmiddels zijn er vele honderden.

Handelen zonder dat iemand je naam kent, wordt ook steeds moeilijker, misschien alleen niet bij decentrale exchanges.

Ik beveel geen enkel handelshuis aan boven het andere. Elke centrale vorm van opslag brengt een bepaald risico met zich mee. Die keus laat ik aan jou zelf.

Binance

Binance is de grootste exchange qua omzet op moment van schrijven. De exchange biedt bijna 305 markten aan met als basismunten btc, eth, usdt en Binance eigen munt bnb. De beurs is als een van de weinige handelshuizen in veel verschillende talen beschikbaar, waaronder een groot aantal Europese talen: Nederlands, Duits, Pools, Spaans, Portugees, Russisch en Italiaans. Verder nog Turks, Koreaans, Chinees, Japans, Vietnamees en uiteraard Engels. Het zorgt soms wel voor wat wonderlijke vertalingen en door elkaar gehusselde talen, maar je kunt natuurlijk altijd kiezen voor Engels.

De geschiedenis van de beurs is slechts kort: het handelsplatform stelde zich open voor klanten op 14 juli 2017 en was binnen zes (!) maanden het grootste handelsplatform.

Oprichter Changpeng Zhao, of CZ in het kort, richtte in 2005 een high-frequency-handelsplatform op in Shanghai om in 2013 het team van Blockchain.info te versterken als derde lid van het wallet-team. Daarna werkte hij nog even een klein jaar bij OKCoin, een grote Chinese exchange, om vervolgens Binance, een cryptovaluta-only-exchange, op te richten. En inderdaad, tot op de dag van vandaag kun je geen 'ouderwets' fiat geld gebruiken op de exchange.

Kraken

Kraken is een oud-gediende in de exchangewereld. Het handelshuis is gevestigd in Californië, maar had in eerste instantie alleen euro's als fiat-handelspaar omdat het geen vergunning had voor dollars. Daarom werd Kraken al snel de grootste in euro-bitcoin en euro-litecoin. Later kwamen daar enkele andere cryptovaluta, de Amerikaanse dollar en het Britse pond bij.

De oprichter van Kraken, Jesse Powell, bedacht om zelf een exchange op te richten nadat hij ondersteuning had geboden bij Mt. Gox om de rotzooi op te ruimen na twee grote hacks in 2011. Na twee jaar ontwikkelen, begon Kraken in september 2013. Kraken voerde in 2015 de mogelijkheid tot margin trading in, met nu tot maximaal 5x leverage. De beurs biedt niet veel cryptovaluta aan, op dit moment 25 in 35 markten.

De beurs kreeg in november 2014 de taak toebedeeld te helpen bij het onderzoek naar de verloren bitcoins van Mt. Gox. Mensen die met hun claim op Mt. Gox liever bitcoins dan Japanse yen terug wilden krijgen, moesten hun claim bij Mt. Gox indienen.

Sinds medio 2018 is de claim gewijzigd en moeten eisers hun claim opnieuw indienen via Mt. Gox. Of Kraken de bitcointeruggave zal regelen, is op moment van schrijven nog niet bekend.

Bittrex

Grote Amerikaanse exchange, trots op zijn roots in Seattle, en begonnen in 2013. Een van de eerste beurzen die heel veel handelsparen aanbood. Handelen met de Amerikaanse dollar kan pas sinds juni 2018. Verder gebruikt Bittrex een stabiele cryptovaluta, namelijk True USD of TUSD. Dit is een andere munt dan Tether of USDT en zou meer open zijn over de financiële huishouding.

De beurs biedt 314 markten aan. Opgericht door Bill Shihara samen met twee voormalig werknemers van Microsoft.

Bitfinex

Bitfinex is de grootste exchange in volume met fiat geld. De exchange heeft zijn hoofdkwartier in Hong Kong en begon als peer-to-peer bitcoin-exchange. De beurs werd twee keer het slachtoffer van hacks. De eerste keer, in mei 2015, werden 1500 bitcoins gestolen. In augustus 2016 ging het om bijna 120 duizend bitcoins, toen omgerekend zo'n 72 miljoen dollar waard.

De beurs heeft nauwe banden met USDT of Tether. Er zijn geluiden dat de beurs samen met USDT de prijs van bitcoin eind 2017 tot grote hoogte heeft weten op te stuwen, maar dat is vooralsnog speculatie. Een deel van het management van de exchange zit ook in het team van USDT. Bedient zo'n 100+ markten.

Huobi

Van oorsprong een Chinese exchange, maar inmiddels met het hoofdkwartier in Singapore. Al opgericht in 2013, maar is sinds 2017 steeds meer naar de Westerse markt gaan kijken sinds de officiële ban op bitcoin-exchanges in China in september 2017.

In augustus 2018 deed de beurs een zogenaamde 'reverse listing'. Het kocht 74 procent van de aandelen van een electronicabouwer in Hong Kong die op de Hong Kong Stock Exchange genoteerd stond, en daarmee heeft Huobi zichzelf op een aandelenbeurs weten te brengen.

Huobi is niet alleen een exchange, het is ook een *over the counter*-handelsplatform, een mining-pool, een investeringsfonds, een blockchain-incubator, een blockchain-applicatie-academy en het heeft een eigen token, de Huobi Token of HT.

Idex.market

Een van de populairdere decentrale exchanges. Speelt niet echt een grote rol in de vorm van een hoog volume, op moment van schrijven tegen de anderhalf miljoen euro per dag. De beurs biedt real-time handelen via een eigen smart contract op de ethereum-blockchain.

Het geheel bestaat uit een smart contract, handels-engine en een *transaction processing arbiter*.

Gebruikers kunnen de exchange alleen gebruiken met eigen sleutels, zoals via MetaMask of een hardware-wallet. Je kunt er dus geen cryptovaluta kopen als je niet al ether hebt.

De beurs heeft ruim 340 ethereum-gebaseerde cryptovaluta en een eigen munt, Aurora, waarmee je korting krijgt en nog wat andere zaken.

Cryptopia

Ondanks dat het een centrale exchange is, zijn er veel 'exoten' te krijgen. 513 markten biedt de Nieuw-Zeelandse exchange aan. Een bijzonderheid is dat het ook een munt aanbiedt die gekoppeld is aan de Nieuw-Zeelandse dollar, de NZDT. Handelen met fiat-paren kan niet. Btc, usdt, nzdt, ltc en doge (!) zijn je basismunten.

De NZDT werd overigens gecreëerd tijdens een blockchain-conferentie in Nieuw-Zeeland. Het ontwikkelaarsteam van Cryptopia bleef – naar verluidt – tot 5 uur 's ochtends op om de nieuwe munteenheid te ontwikkelen en uit te brengen, schrijft nieuwssite Cointelegraph. Binnen acht uur was de munt ook echt in gebruik op de beurs.

OKEx

Naast normale handelsparen, biedt de beurs ook futures aan en is een van de grootste exchanges. Andere opties zijn handelen met marge. Het bedrijf is gevestigd in Hong Kong, maar sinds 2018 ook in Malta, waar het stevige banden heeft met de Malta Stock Exchange om een security-token-platform op te richten onder de naam OKMSX.

Het kunnen handelen met leverage leverde de beurs wel een probleempje op begin augustus 2018. Een grote *whale* gokte duidelijk verkeerd met 416 miljoen dollar in marge en zijn futures moesten ruim onder de prijs verkocht worden. De exchange injecteerde voor de zekerheid 2500 bitcoins in een verzekeringsfonds om de schade voor andere klanten te beperken. Het hele bedrag moest uiteindelijk ook nog gedekt worden door een deel (17 procent) van de winsten van handelaren in de week daarvoor. Dit heet een 'socialized clawback'.

Bitstamp

Een oude exchange opgericht in 2011, ooit als 'tegenhanger' van Mt. Gox en bedoeld voor de Europese markt. Begon ooit in Slovenië, maar inmiddels als bedrijf in Groot-Brittannië geregistreerd en het betaalgedeelte in Luxemburg. In fiat ook een grote exchange en voor euro's een top 4 exchange.

In januari 2015 werden 19.000 bitcoins gestolen, toen zo'n 5 miljoen dollar waard. De exchange bleef een week dicht voor onderzoek.

De exchange biedt niet veel markten aan, slechts vier cryptovaluta, bitcoin, litecoin, ethereum en ripple, en euro- en dollar-paren.

Liquid

Een interessante nieuwe exchange, niet in de laatste plaats omdat het platform moet fungeren als **hub** tussen andere exchanges. Het zou nu al een hub zijn tussen 17 exchanges. De exchange is een combinatie van twee andere exchanges, Quoinex en Qryptos. Het bedrijf erachter is het Japanse Quoine. Het is een soort van centrale decentrale exchange en daarvoor introduceerde het World Book, een soort van wereldwijd orderboek. Het moet dan ook veel meer worden dan alleen maar een exchange. Ook 'gewone' banken en overheden moeten er als het ware op 'in kunnen prikken'. Hoe dat allemaal werkt, staat in een uitgebreide whitepaper van de exchange.

Iedereen kan aan de slag op het platform, maar om fondsen uit de exchange te onttrekken, moet je een *know your customer*-systeem doorlopen.

Bonus: Bitmex

Bitmex is geen normale exchange, maar een derivatenmarkt. Qua handelsvolume enorm en groter dan Binance, al rommelt het er de laatste tijd aardig. Je kunt hoge leverage of hefbomen inzetten: 1:100. Het liquidatieproces is wel erg ondoorzichtig. Geen plek voor beginners, zo fluistert het internet. Er zijn andere handelsplaatsen voor bitcoin-futures, ook in Nederland zelf.

> **IN DIT HOOFDSTUK**
>
> Zijn cryptovaluta wel zo anoniem?
>
> Hoe pareer je de bekendste misvattingen?

Hoofdstuk 12

Tien misvattingen rond cryptovaluta

Met grote regelmaat kom ik mensen tegen met een mening over cryptovaluta, zonder dat ze die zelf ooit virtueel aangeraakt hebben. Soms sta je werkelijk met een mond vol tanden omdat de stelling die ze poneren rond cryptovaluta kant nog wal raakt. Gelukkig zijn de meeste opmerkingen al vele malen gemaakt en is een antwoord nooit ver weg.

Aan de andere kant moet iedereen wel vragen blijven stellen over cryptovaluta, want daar wordt alles en iedereen beter van, niet in de laatste plaats de kwaliteit, de bruikbaarheid, het nut en wat al niet meer van de vele verschillende cryptovaluta. Maar die vragen, daar gaat het hier niet om. Daarom volgt een opsomming van de tien meest voorkomende misvattingen rond cryptovaluta, waarbij wel de kanttekening gemaakt moet worden dat er geen enkele algemeenheid geldt voor álle cryptovaluta.

Cryptovaluta zijn anoniem

Bitcoin kreeg zijn eerste bekendheid doordat de munt werd gekoppeld aan Silk Road, de handelsplaats op het TOR-netwerk. Naast kattenplaatjes en huisraad kon je daar ook zaken aanschaffen die in de meeste landen als illegaal bestempeld zijn en dat alles met de munt bitcoin. Maar ondanks dat bitcoin een hoge mate aan privacy biedt, is het gebruik ervan niet anoniem. Het is pseudoniem of pseudo-anoniem.

De meeste cryptovaluta werken op min of meer dezelfde wijze als ze via een publieke blockchain gebruikt worden. Dat zijn eigenlijk alle blockchains waar je als 'normaal' mens bij kunt komen.

Waarom zijn cryptovaluta zoals bitcoin dan niet anoniem? Om bij bitcoin te blijven, dit komt doordat elke transactie in de publiek beschikbare blockchain van bitcoin opgeslagen wordt.

In tegenstelling tot banktransacties is een bitcoin-transactie niet aan de naam van een persoon gekoppeld. Toch is het met geavanceerde technieken mogelijk transacties tot personen te herleiden. Aan de andere kant is het ook weer mogelijk met bepaalde technieken het erg moeilijk te maken om bitcoin-transacties te herleiden. Als je dan toch iets anoniem wil doen, gebruik dan contant geld (cash), dat is veel anoniemer dan bitcoin.

BELANGRIJK

Onthoud: bitcoin is pseudoniem of pseudo-anoniem.

Maar cryptovaluta zouden cryptovaluta niet zijn als er niet iemand was geweest die wel een vorm van elektronische *cash* heeft bedacht die anonimiteit verzekert. Denk aan Monero, Zcash en Dash. Alle met hun eigen manier om dat te doen. Het is ook al mogelijk om anonieme transacties te doen via ethereum, maar dat is nog geen sinecure op moment van schrijven.

Het is voor illegale activiteiten!

De vermeende anonimiteit van bitcoin zou ook illegale activiteiten in de hand werken. Dat imago draagt bitcoin, en daardoor vele andere cryptomunten, nog steeds met zich mee. Dit was ook een belangrijke reden voor banken om wel al vroeg onderzoek te doen naar de achterliggende systemen, maar het woord 'bitcoin' volledig te vermijden. De woorden 'blockchain' en 'distributed ledger' werden al snel synoniem voor alles wat met (onderzoek naar) cryptovaluta te maken had en zo kon het gewraakte woord bitcoin mooi vermeden worden. Inmiddels zijn banken er een stuk minder bang voor en zijn enkele Nederlandse banken al sinds de eerste helft van 2018 bezig met onderzoeken of het aanbieden van wallets niet interessant kan zijn (wellicht lees je dit boek op het moment dat dit al zo is).

Maar terug naar bitcoins voor illegale activiteiten: bitcoin heeft waarde en alles van waarde kan voor illegale activiteiten gebruikt worden, maar het is ontwikkeld puur als elektronisch contant geld. Op dit moment is keiharde cash nog steeds het meest gebruikte geldmiddel voor illegale activiteiten. Mede door de pseudonimiteit van bitcoin, is het niet ideaal voor illegale transacties. Dat bitcoin vaak in verband met illegale activiteiten in het nieuws komt, heeft eerder te maken met berichtgeving dan met het werkelijke gebruik ervan. Met het gros van de bitcoins wordt op dit moment gespeculeerd en ze worden gebruikt in landen met zeer zwakke valuta. Ook steeds meer andere cryptovaluta worden gebruikt voor betalingen. Veel ontwikkelaars en andere medewerkers bij cryptovalutabedrijven krijgen deels of volledig in cryptovaluta uitbetaald. Op die manier komt er langzaam een reële economie van de grond buiten die van staatsgeld.

Investeren in cryptovaluta is gevaarlijk

Zoals bij elke vraag naar waar wel of niet in te investeren: doe zelf onderzoek en besluit of je het veilig of juist spannend genoeg vindt.

Cryptovaluta zijn ponzifraude

De waarde van bitcoin en andere cryptovaluta wordt bepaald door de gebruikers, net als andere waardesystemen, zoals goud of kunst. Er is geen centrale autoriteit, zoals een Centrale Bank.

Een ponzifraude of *Ponzi scheme* is opgezet om uiteindelijk ineen te storten, terwijl de waarde van cryptovaluta wordt bepaald door de gebruikers. Daarbij komt dat veel cryptovaluta open standaarden zijn. Dit laatste betekent dat iedereen de software in kan zien en eventueel aanpassen. Er is geen centrale autoriteit die bepaalt wat de waarde is.

Een leuk weetje is dat mensen wel altijd geïnteresseerd zijn in ponzifraudes. Toen het ethereum-netwerk net live was, bouwden veel mensen voor de lol ponzifraudes: je kon aan de programmacode van de smart contracts heel goed zien wat de precieze uitkomst zou zijn, en met een toen vrijwel waardeloze munt was dat natuurlijk best grappig om te bouwen.

Het gaat alleen om geld!

Een blockchain kan voor veel meer transacties dan alleen geld gebruikt worden, zoals bezit van grond, voor het vastleggen van contracten en zelfs het uitvoeren van simpele computerprogramma's.

Het woord 'blockchain' is een begrip om aan te duiden dat een database- en transactiesysteem werkt op een manier afgeleid van bitcoin. Door verbeteringen sinds bitcoin het levenslicht zag, kan er nu meer met de blockchain van bitcoin dan toen. Nu is het bijvoorbeeld mogelijk om een transactie pas uit te voeren nadat twee of meer mensen hier toestemming voor geven (multisig). Andere blockchains, zoals die van Ethereum, maken complexere transacties mogelijk. Dit gaat zover, dat het woord 'computerprogramma' of 'applicatie' beter op zijn plaats is. In het geval van Ethereum heet zo'n applicatie ook wel DApp.

Elke transactie kost heel veel energie

Nee, het maakt niet uit hoeveel transacties uitgevoerd worden, het mijnen heeft daar niets mee te maken. Dat kost altijd net zoveel als er computers zijn die meerekenen. Dus of het nou 1 of 5000 transacties zijn, dat maakt niet uit.

Het mijnen kost energie om het netwerk veilig te houden, althans, bij proof-of-work is dit het geval. De grote vraag is of je het dat waard vindt of niet voor de veiligheid van een netwerk. Misschien is één superveilig netwerk dat veel energie gebruikt te billijken?

Bitcoin is gehackt

Tot op het moment van schrijven is het bitcoin-netwerk nooit gehackt geweest. Er zijn wel veel gecentraliseerde systemen die van bitcoin gebruikmaken gehackt of bestolen, denk maar aan Mt. Gox uit hoofdstuk 9.

Er zijn wel munten die problemen gehad hebben met hacks, doordat ze te weinig rekenkracht in hun netwerk hadden. Dit had bitcoin in het eerste begin kunnen overkomen. Het systeem dat bitcoin en veel andere munten gebruiken, proof-of-work, is het veiligst met veel computers die in het netwerk meerekenen.

Cryptovaluta worden gebruikt om mensen af te persen

Afgelopen jaren is er een grote hausse geweest van afpersingspraktijken waarbij mensen bitcoins moesten gebruiken om hun computers weer veilig te stellen. Doordat bitcoin pseudoniem is, is dit geen slimme keus van dieven omdat er altijd een spoor achterblijft in de bitcoin-blockchains.

Andere cryptovaluta die privacy hoog in het vaandel hebben staan, zouden hiervoor gebruikt kunnen worden. De vraag is of je privacy hoger in het vaandel hebt staan dan criminaliteit. Uiteindelijk moet iedereen beter om leren gaan met de gevaren die bij digitale systemen kunnen optreden, net als dat je geleerd hebt eerst uit te kijken voor je oversteekt.

Voldoende computerkracht kan het bitcoin-netwerk overnemen

Hoe groter het netwerk, hoe minder goed mogelijk dit wordt. Bij bitcoin is een immense hoeveelheid computerkracht nodig om ook maar één blok te kunnen wijzigen, nog even afgezien van de hoeveelheid energie. Stel dát het zou lukken, dan moet je het netwerk alsnog inhalen, want de langste keten wint. De aanvaller kan alleen zijn eigen transactie wijzigen en heeft dan sowieso een fork gemaakt waarmee niemand verder rekent.

Stel: een natie heeft voldoende geld om dit allemaal te doen. Bitcoin heeft een hoeveelheid computing die niemand meer aan zou kunnen. Dan zou je zoveel chips moeten genereren. Je krijgt dominantie voor een blok op het netwerk, maar iedereen merkt het. Dus het systeem wordt gewijzigd en het werkt niet meer en ze zijn miljarden verloren om het uit te voeren. Het enige dat ze bereikt hebben is één double spend.

Als ze dit doen, kunnen ze beter meedoen om bitcoin te minen, dat levert ze meer op. Maar wie doet mee aan de NSA-blockchain? Iedereen blijft op de oude fork, de moeilijkheidsgraad gaat naar beneden. Het maakt niets uit voor het systeem. (vrij vertaald naar een talk van Andreas Antonopoulos)

Als alle munten gemijnd zijn, stort het systeem in

Bitcoin en veel andere munten gebruiken een systeem van beloning om ervoor te zorgen dat mensen de rekenkracht van hun computers inzetten voor hun netwerken. De meeste munten die dat systeem gebruiken, gaan uit van deflatie: de munt wordt meer waard door het verdwijnen van munten en doordat meer mensen ze gaan gebruiken.

Bij bitcoin zijn maximaal 21 miljoen munten te minen en de laatste minibeetjes daarvan worden rond 2140 (!) gemined. Wat er dan precies gebeurt, weet niemand, maar als het netwerk zijn populariteit weet te behouden, zullen transactie-fees voldoende moeten zijn voor het bekostigen van het netwerk. Ook zit er tegen die tijd zoveel waarde in het netwerk dat niemand dit zomaar zal willen laten schieten.

Verklarende woordenlijst

In deze lijst vind je een overzicht van de belangrijkste begrippen die in dit boek aan de orde komen, met een korte beschrijving. In het boek is het woord de eerste keer dat het voorkomt, vetgedrukt weergegeven. Via de index (achter in het boek) kan van de belangrijkste begrippen nagegaan worden waar ze in het boek voorkomen.

Adres. Een adres van een cryptovaluta is een hash-waarde van een publieke sleutel. Een bitcoin-, litecoin- of ethereum-adres is in feite een publieke sleutel die zo omgezet is dat de sleutel beter voor jou als mens te lezen is. Alleen gebruikers met de geheime sleutel kunnen acties uitvoeren met waardes op het publieke adres.

Afsplitsing. Wordt vaak 'fork' genoemd en vindt plaats als er een verandering in het protocol komt die incompatibel is met de vorige versie. Een blockchain splitst zich dan in verschillende ketens. Zie ook fork.

Airdrop. 'Gratis' muntjes, meestal ter promotie. Soms echt gratis, vaak moet je iets afstaan, zoals een e-mailadres, Twitter-handle of Telegram-handle.

Altcoin. Alle cryptovaluta anders dan bitcoin.

Asymmetrische versleuteling. Manier van versleutelen waarbij gebruikgemaakt wordt van een openbare en een geheime sleutel. Bestaat sinds de jaren zeventig van de twintigste eeuw.

Bevestiging. Houdt in dat een transactie in een blok opgenomen is. Bij elk volgende blok, komt er een bevestiging bij. Het gebeurt niet vaak, maar het kan misgaan. Daarom: wacht altijd eerst minstens één bevestiging af bij hogere bedragen.

Bitcoin. De eerste cryptovaluta die van een blockchain gebruikmaakte. Bitcoin is gedecentraliseerd in een peer-to-peer-netwerk.

Blockchain. De grote doorbraak van het bitcoin-protocol. In een blockchain worden transacties op onveranderlijke wijze vastgelegd.

Blok. (ook block) Elk blok verwijst naar het vorige blok, waardoor een keten van blokken gevormd wordt. Door de terugverwijzing naar het vorige blok is het vrijwel onmogelijk een blok in de keten te wijzigen, omdat elk opvolgend blok dan ook gewijzigd moet worden.

Block explorer. Een website of ander systeem waar je de inhoud van de blokken van een blockchain op kunt bekijken. Praktisch om transacties te volgen of acties van smart contracts te doorgronden.

Bot. Een manier om automatisch opdrachten uit te voeren op een exchange, zodat je niet zelf hoeft te handelen.

Byzantijnse fout-tolerantie. Manier om in een netwerk waarin niemand elkaar vertrouwt, toch de juiste informatie te kunnen delen. Een proces is Byzantijns wanneer het acties wel uitvoert die niet de bedoeling zijn of niet uitvoert die wel de bedoeling zijn.

Community. Veel cryptovaluta hebben een actieve community van ontwikkelaars. Iedereen kan iets bijdragen, je hoeft niet per se een programmeur te zijn.

DApp. Een decentrale applicatie of dapp bestaat vaak uit een smart contract en een gebruikersinterface. Dat laatste houdt meestal een website in.

DEX. Decentrale exchange, waardoor er geen enkele partij is die de fondsen beheert. Zie ook exchange.

Deterministische wallet. Wallet die met behulp van bepaalde startwaarden, zoals een seed, hele reeksen aan cryptovaluta-adressen kan genereren.

Digitale handtekening. Manier om te bewijzen dat je de eigenaar bent van de geheime sleutel die bij de publieke sleutel hoort, zonder dat je de geheime sleutel prijsgeeft.

Dubbele besteding. Ook wel het *double spending problem*. Het vaker uitgeven van dezelfde munt is in theorie mogelijk, daarom moet je altijd op een aantal bevestigingen wachten. Vuistregel: hoog bedrag, wacht op bevestiging.

ERC20-token. Token op de ethereumblockchain waar het gros van de cryptovaluta op dit moment mee gebouwd is.

Exchange. Platform om te handelen in verschillende cryptovaluta. Ook handelsplatform genoemd.

Fiat. Geld dat zijn waarde niet ontleent aan de materie waar het uit gemaakt is, zoals bij goud. Meestal vanuit de overheid uitgegeven munteenheid. In het Nederlands is het 'fiduciair geld', maar de term 'fiat geld' komt steeds meer in zwang.

Fork. Een afsplitsing van een blockchain.

Full node. Vaak wallet-software die de hele blockchain van een cryptovaluta downloadt en controleert. Belangrijk voor het in stand houden van de netwerken.

Genesis-blok. Het eerste blok van een blockchain.

Handelsplatform. Zie exchange.

Hardware-wallet. Een fysieke wallet om sleutels voor je cryptovaluta in op te slaan. Vaak een usb-stick met een speciale chip die via een usb-verbinding met de computer een cryptovaluta-wallet kan ontgrendelen. Zie wallet.

Hash-functie. Een cryptografische functie, heet ook wel een eenrichtingsfunctie: je stopt een willekeurige reeks van cijfers en/of letters in een rekenmodel, waar vervolgens een bepaald getal uit komt. Je kunt nooit het getal wat er in gestopt werd achterhalen.

Hiërarchisch deterministische wallet. Wallet met een publieke en geheime hoofdsleutel, waarmee een wallet-hiërarchie gemaakt kan worden. Zo kun je ook meerdere munten in één wallet kwijt vanuit dezelfde hoofdsleutel.

Hub. Een onderdeel van een netwerk met veel verbindingen naar andere punten in dat netwerk.

ICO. Initial Coin Offering, of een manier om geld op te halen voor projecten of bedrijven.

Lichtgewichtwallet. Een wallet die niet de hele blockchain van het betreffende cryptovaluta-netwerk hoeft te downloaden. Is afhankelijk van volledige nodes.

Merkle-boom. Boomstructuur om transacties in blokken samen te vatten. Door de Merkle-boom of Merkle tree kan er niet met transacties in een blok gerotzooid worden. Ook is aan te tonen dat een transactie in een blok zit zonder het hele blok te hoeven bekijken.

Mijnen. Het verzamelen van transacties in een blok. Afhankelijk van de cryptovaluta, krijgt een mijner een vergoeding in de vorm van de cryptovaluta die de mijner mijnt, vaak samen met transactiekosten.

Moeilijkheidsgraad. Cryptovaluta die je kunt mijnen, worden naar verloop van tijd vaak moeilijker om te mijnen omdat er zwaardere apparatuur voor nodig is. Afhankelijk van de cryptovaluta past de moeilijkheidsgraad zich automatisch aan om wel altijd dezelfde tijd voor het genereren van een blok te hebben.

Niet-bestede transactie-uitvoer. Bij cryptovaluta zoals bitcoin heb je de munten op een adres als de uitvoer nog niet bij een andere invoer gebruikt is. Ethereum gebruikt bijvoorbeeld een account-balansmodel, waarbij een adres meer functioneert als een 'rekeningnummer'.

Node. Een node in een digitaal netwerk is een apparaat met een verbinding naar dat netwerk. Dat kan elk apparaat zijn, van laptop tot mobiele telefoon. Een node in een cryptovaluta-netwerk is een apparaat waar de specifieke software op draait van dat netwerk om het in stand te houden.

Nonce. Soort van tellertje dat de blockheader steeds een beetje aanpast tijdens het mijnen in een poging een hash-waarde te vinden die aan de eisen van het betreffende protocol voldoet.

Orderboek. Lijst met aankoop- en verkooporders op een exchange. Aankooporders komen aan de biedkant en verkooporders aan de laatkant.

Peer-to-peer-netwerk. Netwerk zonder centrale partij, waarbij alle deelnemers gelijk zijn.

Proof-of-stake. Manier van toekennen van het mogen berekenen van het volgende blok aan iemand met tokens van een bepaalde cryptovaluta. In essentie zuiniger dan proof-of-work, maar nog niet bewezen net zo veilig. Er bestaan veel varianten op deze manier van mijnen.

Proof-of-work. Ook wel 'bewijs van inspanning' genoemd. Een aantal cryptovaluta gebruikt proof-of-work. Hierbij moet een mijner bewijzen dat er een bepaalde inspanning is geleverd om een blok te maken. Dit bewijs is niets anders dan het berekenen van een getal met in de software bepaalde eisen, bijvoorbeeld 'zoek een getal met vijf nullen aan het begin'. Een mijner moet dan heel vaak opnieuw proberen of hij dat getal kan berekenen.

QR-code. Soort vierkante streepjescode waarmee alles zichtbaar gecodeerd wordt bij cryptovaluta. Zo hoef je geen adressen over te schrijven, maar maak je een foto met je telefoon en krijg je het juiste adres te zien.

Script. Simpele 'programmeer'-taal voor bijvoorbeeld bitcoin om instructies in te kunnen beschrijven, zoals voor een multisig-wallet waarbij meerdere mensen moeten tekenen om een betaling te mogen doen.

Smart contract. In essentie is een smart contract geen (juridisch) contract, maar een simpel computerprogrammaatje dat verschillende stappen uitvoert zoals beschreven. In jargon is 'smart contract' onderdeel van een decentrale applicatie, zie DApp.

Software-wallet. Elke soort wallet die draait op een computer of smartphone door middel van software. Kan zelf sleutels opslaan, maar kan ook als interface dienen om een hardware-wallet te gebruiken. Zie wallet.

Sweepen. Het importeren van geheime sleutels in andere wallet-software. Zo kun je bijvoorbeeld papieren wallets importeren.

Telegram. Belangrijk communicatiemiddel rond cryptovaluta.

Transactiekosten. Afhankelijk van het type cryptovaluta betaal je transactiekosten. De kosten zijn afhankelijk van hoe groot je transactie is of hoe ingewikkeld het smart contract is dat je uit wil voeren. Hoe drukker het is, hoe duurder om een transactie snel te doen.

Transactie-uitvoer. Bij cryptovaluta zoals bitcoin heb je de munten op een adres als de uitvoer nog niet bij een andere invoer gebruikt is. Ethereum gebruikt bijvoorbeeld een account-balansmodel, waarbij een adres meer functioneert als een 'rekeningnummer'.

Virtual Machine. Bij cryptovaluta is een virtuele machine een manier om taken uit te voeren van smart contracts en vervolgens de uitkomst van de taak vast te leggen op de blockchain. Het programma wordt dus niet uitgevoerd op de blockchain, maar in de virtuele machine. Denk aan EVM, de Ethereum Virtual Machine.

Wallet. Manier om sleutels op te slaan van je cryptovaluta. Een wallet genereert publieke adressen uit geheime sleutels. Bij cryptovaluta die ook smart contracts ondersteunen, zijn wallets ook de interface tussen de acties op de netwerken.

Index

Symbolen
0x 72

A
airdrop 130
    Telegram 131
altcoins 57
asymmetrische cryptografie 41
atomic swaps 154
authenticiteit 171

B
Belastingdienst 164
belastingvrije voet 165
bestensorder 157
Binance Coin 70
bitcoin 9, 33
    digitale schaarste 9
bitcoin-adres 41
bitcoin-blockchain 53
bitcoin cash 61
bitcoin-core 53
bitcoin-wallet 54
bittorrent 40
blockchain 49, 167
block explorer 41, 46
blockhash 50
blockheader 51
bots 153
brute-forcen 52
Buterin, Vitalik 97

C
Cardano 67
Chaum, David 36
    DigiCash 36
    eCash 36
    I-Pay 36
consensus computing 82
crisis 35
cryptografische sleutels 40
    asymmetrische cryptografie 41
cryptovaluta 17
    cryptoassets 17
    cryptotokens 17

cypherpunks 18

D
dapps 83
Dash 67
    Darkcoin 67
delegated Byzantine Fault Tolerance 69
deterministische wallets 118, 119
DigiByte 73
digital commons 168
distributed applications 83

E
ecosystemen 167
EOS 65
ERC20-tokens 104
ether 81
ethereum 77
    block explorer 95
    Buterin, Vitalik 97
    community 97
    ERC20-tokens 104
    ethereum classic 64
    Etherscan.io 104
    Geth 88
    MetaMask 88
    The DAO 64
    wallet 87
Ethereum Virtual Machine 79
    evm 79
Extended Public Key 119

F
fat protocol 168
Finney, Hall 37
fork 58
full node 53

G
Gartner Hype Cycle 23
gas 81
geheime sleutel 42
    privésleutel 42
geld 9
    florijn 11

Genesisblok 53
goud 12
gouden standaard 11
  goudenmuntenstandaard 11
  zilveren standaard 11
grootboek 50

H
handelsplatformen 144
hardware-wallet 54, 119
hash-functie 42
heffingsvrij 165
hiërarchisch deterministische wallets 118
HODL 141

I
ICO 121
  product 124
  roadmap 125
  team en adviseurs 125
  tokenverdeling 123
  whitepaper 122
identiteit 176
Idex 147
IOTA 68

K
KYC 130

L
limietorder 159

M
marketcap 140
market order 157
marktkapitalisatie 140
masternode 68
meent 168
Merkle-boom 50
mijnen 51, 142
mobiele wallet 54
Monero 66
Mt. Gox 152

N
Nakamoto, Satoshi 33
  verdwijning 37
NEM 71

Neo 69
node 53
  bitcoin-wallets 54
  full node 53
nonce 50

O
OmiseGO 72
ondertekenen 49
oracles 178

P
papieren wallet 24, 54
proof-of-stake 80
proof-of-work 52
publieke sleutel 42
Pump & dump 130

Q
QR-code 25

R
Ripple 64
RSK 108
  Rootstock 108
ruilhandel 10
ruilmiddel 18
  medium of exchange 18

S
script 49
security token 128
seed 118, 119
smart contracts 82
software-wallet 54
Stellar 66
stock to flow 12
stop-limiet-order 160
stop-loss-order 160
store of value 12
Szabo, Nick 37
  bit gold 37

T
technische analyse 161
Tether 145
The DAO 64, 77
tokens 99

trailing-stop-(limiet)-order 160
transactiekosten 45
transacties 44
trendlijnen 163
Tron 69
TUSD 145

U
USDT 145

V
verhouding voorraad-tot-stroom 12
volume 163

W
wallet 53
    papieren wallet 24
Web3 175
web-wallet 54
wei 81
wereldcomputer 78
whitepaper 33, 122
Woods, Bretton 11
World Food Programme 26
Wright, Craig Steven 37

Y
Yap 12

Z
Zcash 71